U0528616

中国近代实业家丛书

丛书主编 ◎ 罗一民

财团首户
无锡荣家

汪春劼 ◎ 著

江苏人民出版社

图书在版编目（CIP）数据

财团首户：无锡荣家 / 汪春劼著. — 南京：江苏人民出版社，2023.4
（中国近代实业家丛书）
ISBN 978-7-214-26862-4

Ⅰ.①财… Ⅱ.①汪… Ⅲ.①荣毅仁（1916—2005）—家族—研究 Ⅳ.①K820.9

中国版本图书馆CIP数据核字（2021）第261984号

书　　　名	财团首户：无锡荣家
著　　　者	汪春劼
责 任 编 辑	王翔宇
装 帧 设 计	周　晨
责 任 监 制	王　娟
出 版 发 行	江苏人民出版社
地　　　址	南京市湖南路1号A楼，邮编：210009
照　　　排	江苏凤凰制版有限公司
印　　　刷	南京新洲印刷有限公司
开　　　本	880毫米×1230毫米　1/32
印　　　张	8　插页5
字　　　数	200千字
版　　　次	2023年4月第1版
印　　　次	2023年4月第1次印刷
标 准 书 号	ISBN 978-7-214-26862-4
定　　　价	52.00元

（江苏人民出版社图书凡印装错误可向承印厂调换）

序

江苏凤凰出版传媒集团推出"中国近代实业家丛书",着重介绍张謇、张之洞、卢作孚、范旭东等人,这是拓展中国近代实业家和中国近代史研究的好事。我衷心希望这套丛书能引起多方面的关注,产生多方面的影响。

向称康乾盛世的大清帝国,到了嘉道年间,实际上已经是落日余晖,回光返照。嘉道年间,从表面上看,基本上还是政局稳定,四海安澜。但害人的鸦片不断进入中国,引起朝野震荡。国人对于鸦片的认识,也是纷纭鼓噪,莫衷一是。许乃济主张实事求是,加以区分,予以引导,即所谓弛禁;邓廷桢等起初赞同此说,但黄爵滋等语调高亢,特别激昂,林则徐等旗帜鲜明,要求除恶务尽,非严禁何以立国?于是乎,禁烟成为当时中央政府的重大抉择。林则徐以湖广总督身份被急调入京,接受咨询,最终被委以重任,以钦差大臣之命南下岭海,这就有了后来的虎门销烟,更有了此后的鸦片战争,也成为中国近代史的开端。天安门广场的人民英雄纪念碑上的第一幅浮雕,就是反映这一重大历史事件的。

以鸦片战争这样的事件开启了近代中国的历史闸门。而当时对鸦片的认识，却相当肤浅，林则徐回答道光皇帝说，是在一种药物里掺杂了乌鸦的肉，故称之为鸦片。由此引发的两次鸦片战争，以及后来的中法战争、甲午中日战争、庚子年八国联军入侵，真真切切使偌大的中国深陷风雨飘摇之中，且不说此后九一八事变之后日本对中国的悍然蹂躏公然践踏，长达十四年。熟读中国近代史的人，大都对太平天国运动、戊戌变法、义和团运动、辛亥革命等特别关注，也对晚清以来的中国究竟该走向何方见仁见智各有解读。面对这样的深陷危机的古老帝国，到底路在何方？怎样才能摆脱几乎要亡国灭种的严峻态势？许多人提出了不少富有建设性的意见、方案，也进行了很多有意义的积极探索。习近平总书记曾说，清代洋务派代表人物之一张之洞，是有改革观念的一个人。清代末年，社会矛盾积重难返，大局变革势在必行，各种观点沸沸扬扬，各种人物粉墨登场，各种议论莫衷一是。张之洞感叹道："旧者因噎而食废，新者歧多而羊亡；旧者不知通，新者不知本。不知通则无应敌制变之术，不知本则有非薄名教之心。"说的就是因把握不好守成和变革的分寸形成共识之难。

我们发现，自鸦片战争以来，一方面是危机日益加深，局势步步糜烂，另一方面，却又有不少人在积极努力，顺应时代潮流，感知世界大势，敏感于地理大发现的今非昔比，洞察到工业革命所带来的地覆天翻，体察到当时中国传统文化已经无力回应西洋文明的磅礴进取之势。他们孜孜以求，或自强求新，或倡扬中体西用，力求拯救这个国家，振兴这个民族。在这样的群体中，有军政人物，有知识分子，有旧式官僚，有民间人士，有商界达人，八仙过海，各显神通。而其中有一批这样的人，尤显突出，他们既可称之为官僚，也可称之为新式知识分子，但又活跃在商界，创办或者推动创办实业，他们有着多重身份但因为在实业上的艰苦实践筚路蓝缕，而成为名之为"实业家"的特定人群。如张之洞，如张謇，如盛宣怀，如卢作孚，如范旭东，如无锡荣家兄弟，等等，薪火相继，生生不息，为这古老帝国创业兴企注入新鲜活力。

机缘巧合，我在江海门户的南通工作有年，对状元实业家张謇逐步有了较多的了解。经过深入细读有关文献，置身濠河两岸多年体察，听不少人研究谈论张謇的种种开拓，日益觉得张南通其人的不简单了不起，深感他的所作所为在当今的现实意义与不朽价值。他在那样的时代，从旧的科举制度的春风得意中毅然转身，登高望远，俯瞰天下，拥有世界眼光，又有切实可行的实业实践，且对改造社会、治理国家有着独到的真知灼见宏伟蓝图，对这样的一代杰出人物，实在是很难随意用贴标签式的简单化来一言以蔽之。通过深入了解张謇，你会发现，晚清以来，张謇、张之洞等对重整河山、民族复兴，并不是简简单单的纸上谈兵大言炎炎，而是务真求实地大展宏图。张謇办纱厂，兴教育，张之洞对他也多有支持。张之洞本属言官清流，但他出京外放到地方工作主政一方之后，切实感受到启发民智的迫在眉睫，切实感受到编练新军的刻不容缓，更切实感受到兴办实业对于振兴国家的至关重要。他从两广总督（一度兼署两江总督）任上到了湖北，就任湖广总督，扎下身子，兢兢业业，抓芦汉铁路建设，抓汉阳铁厂、兵工厂，抓湖北纱厂，耗尽心血，开辟新局。范旭东、卢作孚等或耕耘于化工领域，或尽心于交通运输事业，也都是挺立潮头，为国兴业，诸多事迹，令人感怀。

就张謇、张之洞、范旭东、卢作孚等人，坊间已有不少文本流传。但历史人物常说常新，把这些看似并不搭界的人物置放在一起，是因为新中国的开国领袖曾从近代轻工业、重工业、化工

业、交通业的角度,对他们给予了高度肯定与深切缅怀。前事不忘,后事之师。习近平总书记说,评价一个制度、一种力量是进步还是反动,重要的一点是看它对待历史、文化的态度。根据这样的精神,起意编辑推出这样的一套实业家丛书,希望能够引起读者的注意,激发读者关注实业和近代历史、文化的兴趣,是所愿也。

是为序。

罗一民

2021.10.1

前　言

中国近代政治社会急剧动荡、经济发展困难重重。荣氏兄弟经历了从辛亥革命到北伐战争，再到抗日战争等一系列国家政治的大变动，在革命、战乱、政权颠覆、军阀横行、外资挤压等无穷困扰的夹缝中艰难求生。

他们以实业报国的理念与灵活机动的经营谋略创建了一个庞大的商业帝国，拥有9家大中型纺织厂与12家面粉厂，成为中国民族工商业的首户。

荣氏兄弟是如何走上创业之路的？他们为何要从金融跨界到实业？他们如何融资、实现跨跃式发展？在收购兼并方面他们有哪些失误？面对危机他们如何应对？公司选址上他们如何考虑？他们的合伙人与朋友圈在哪里？他们与政府官员如何互动？"换帅"后会给企业带来哪些震荡？他们的人生完美吗？……这是本书的"问题意识"。

当今处于市场激烈竞争下的企业家们，与荣氏兄弟仍有许多共同语言——如何处理企业与政府、企业与市场、企业与资本、企业与同行、企业与员工的关系等。只是荣氏兄弟身处乱世，比当今的企业家们要多面对两座大山，一是规避战争的风险，另一则是党派推动下的工潮。

梳理荣氏昆仲的奋斗史，从中可见他们的才华、运气、信念、毅力、交往、生活，也可见特定历史时期国家的动荡、民众的艰辛。

现在坊间所见的荣氏研究成果，与荣氏兄弟在工商界的地位很不相符，两人的学术传记、学术年谱尚属空白。市面上呈现他们人生起伏的不少文字，半真半假、鱼龙混杂，令人叹息。

笔者受严格的史学训练，秉持有一份证据说一份话，写作时尽量不溢美不隐恶。由是同那些追求故事性对话性的书籍相比，拙著可读性当然要打折扣，"可信的不可爱，可爱的不可信"，所言甚是。

因王朝时代人们普遍采用农历记时，拙著引用时没有转换成公历，书中特以阿拉伯数字显示阳历月份，以汉字标识阴历月份。

目 录

序 / 1

前言 / 1

故乡以他们为荣 / 1

跨界：从金融到实业 / 18

再跨界：从面粉到纺织 / 30

进军大上海 / 43

机遇与风险：负债扩充的荣氏发展模式 / 59

资本市场中的兄弟情深 / 78

蒋介石的逼捐与荣氏兄弟的政治应对 / 90

不断扩充的社交网络 / 107

改革工头制，度过纺织冰河期 / 134

内涵独特的庆典：创业纪念与祝寿捐桥 / *151*

战火纷飞中的荣氏企业 / *164*

总公司"换帅"的前后 / *178*

百味杂陈的人生 / *193*

同时创办两所私立大学 / *205*

故乡情深：政权鼎革中的选择 / *227*

后记 / *245*

故乡以他们为荣

荣宗敬荣德生兄弟俩为何能打造一个庞大的商业帝国？为何能成为中国工商界的首户？他们旺盛的创造力、非凡的经营才能究竟来自何处？这个问题的答案，要到他们生活和成长的地方去寻找。

一、左邻右舍都有商界先进

荣宗敬荣德生出生于无锡西郊荣巷镇，荣巷镇北青山如屏，山下清水一塘，良田数十顷。沟通太湖与京杭大运河的梁溪河就从荣巷擦肩而过。山水相依，使荣巷既得航运之便，也得资源之利。

荣巷荣氏在荣清（字逸泉）带领下，于明正统元年（1436）携全家30余人来到无锡，选定了荣巷这一片"野稻自生、野茧自成"之域，作为安身立命的地方。荣清将三个儿子自东往西分别安置在间隔有距而又便于联系的一片区域，各自开拓经营，繁衍生息，后来被称为上荣、中荣、下荣。这片区域经过荣氏家族一代代人的努力，良田、鱼池、村庄取代了沼泽和芦苇荡。特别是清末民初以来，荣巷逐步发展成为无锡西郊重要的集镇。

以前因交通原因，人们行动半径小，荣巷周围数十里内的人们便以荣巷为商品集散地。荣巷老街呈弯弯曲曲的"S"形，逼仄狭长，东西走向，全长约380米。路面由片石铺成。至民国中期，街市两面的店铺、作坊鳞次栉比。据1931年统计、街上有酱园2家、槽坊2家、茧行1家、粮食行2家、鱼行2家、绸布庄1家、洋货店3家、中式药店3家、茶食店3家、饭馆3家、面店2家、酒店3家、茶店3家、肉铺3家、裁缝铺1家、染坊1家、漆店1家、理发店2家、皮匠店1家、纸马店2家、铜锡器1家、材板铺1家、杂货店7家、小贩摊6家、铁工厂1家，合计57家。生意兴隆的繁华景象一直沿续到20世纪80年代，锡西农民把荣巷作为购物游玩的首选。此后，由于梁溪路拓宽，在路北沿线建有众多店铺，荣巷老街上的一些商家店铺陆续搬去经营。特别是1991年2月，随着荣巷农贸市场移至梁溪路北面，荣巷老街的市场功能慢慢消失。①

荣巷人善于经商，又有开拓精神，自清中叶，他们在长三角一带做生意的较多，但真正使荣巷富起来的还是上海开埠。

上海开埠后，捷足先登的荣巷人是荣曜亮（1808—1862）与荣剑舟（1809—1863），曜亮在上海开设瑞裕铁号，剑舟在上海开设花号。1860年两人合资一万两银子开办荣广大花号，发展为当时全国四大花号之一。荣广大花号做大做强的同时，也给荣氏家族成员外出就业提供了机会，他们在上海见了世面开了眼界。荣巷随之涌现了一批创业者，如荣永吉（1861—1941），创设成丰铁号，在青浦设磁器行；荣福龄（1861—1943），先后开设上海兆丰搪瓷厂、无锡棚下街酱园、荣巷木行、西泰典当等企业；荣如璋（1863—1933），创办新式纺织企业，与人合设元大花号；荣汉城（1868—1925），早年在源昌铁号、怡大铁号就业，1914年开设锡昌铁号；荣月槎（1869—1932），在上海开设新康盛、新康源颜料号，代销德国、美国颜料等，后由次子荣梅莘接手，自创国产颜料。这些老板比荣宗敬荣德生兄弟（注，后文简称为荣氏兄弟或荣氏昆仲）创业先行一步。

① 无锡市荣巷街道志编纂委员会编：《荣巷街道志》，凤凰出版社，2011年，第573页。

太平天国使荣巷几成废墟，人员伤亡惨重，而上海却因租界这种独特的政治生态，不仅未遭战争的破坏，反而在江南一带一枝独秀，荣巷与无锡部分有识之士抢占先机，在上海创业发家。

因在工商业中能赚得更高的利润，荣巷人对土地投资没有多少兴趣，对打工也几无兴趣，据1931年调查，荣巷镇总人口1792人，纯农1126人，占62.8%；兼工48人，占2.7%；兼商509人，占28.4%；兼渔11人，占0.6%；兼学6人，占0.3%；兼公职89人，占5%；兼其他3人，占0.2%。全镇412户，1亩至5亩403户，5亩至15亩9户，15亩以上的无。① 如按成年人计算，全镇经商人口达到半数。荣氏兄弟自小便在这样的"土壤"长大，当然不可避免地受到这种工商文化的熏陶，希望也能当老板光宗耀祖。

因荣巷赴上海经商者较多，早在清咸丰年间荣巷就开通了到上海的信船。"信船除去搭载人员以外，主要负责传递沪锡两地信件、款项以及将家乡土特产寄给沪地亲人；沪地也托运物品回家等。荣巷信船的主要航程是往返于上海、荣巷之间，路程较远，航路又不止是内河，所以船体较大而且坚固，一般在10吨以上，航运周期为半个月一次。荣巷信船业务最盛时有船6艘。沪宁铁路通车和乡间有了邮局以后，乡人因其便利可靠，习惯上仍旧依靠信船作为重要的补充交通工具。直至中华人民共和国成立前夕，荣巷地区仍有3艘信船定期往返两地，其中2艘为荣巷族人经营。荣巷信船的船员连船主在内不过四五人，大多是一家人。"②

太平天国后，荣巷不仅诞生了一些大老板，且在科举上也

---

① 顾倬：《江苏无锡县农村经济调查第一集（第四区）》，1931年。中共无锡滨湖区委宣传部、无锡市滨湖区档案史志馆编：《滨湖文库》第2册，广陵书社，2021年第490页。
② 江苏省交通史志编纂委员会：《江苏航运史》（近代部分），人民交通出版社，1990年，第78页。

"开胡",1865年,荣阳春之孙荣汝楫(1833—1889)选为拔贡,出任江苏宿迁县教谕。1876年荣光世高中进士,授官工部水司主事。荣汝楫的弟弟荣椿年(1851—1918)为增贡生,荣汝楫的两个儿子荣士赓、荣心耕通过了秀才考试;荣椿年长子荣吉人(1871—1923)考中秀才,其堂弟荣汝栻、堂侄荣本溢也都是秀才。荣巷荣阳春一门中诞生了7位秀才。荣椿年次子荣鄂生(1889—1967)未赶上科举考试的末班车,毕业于两江师范学堂,在当时也算高学历。

荣巷一批官员与功名者的诞生,使荣巷有了更多的政治资源、社会资源、经济资源,正是在荣俊业的帮助下,荣氏兄弟的父亲荣熙泰来广东厘金局工作,从而为荣氏兄弟的创业积累了第一桶金。

荣俊业(1839—1907),年轻时前往松江投入曹恺堂门下,学习做幕宾,得赏识,在曹恺堂举荐下,俊业得以结识松江知府张古虞。张古虞后又介绍荣俊业去福建给福建船政大臣张佩纶当幕僚。中法马尾海战失败后,张佩纶被撤职。1885年得力于张佩纶举荐,有真才实学的荣俊业当上了广东总督巡抚两院衙门的头牌师爷,主掌厘务钱粮等文案,后调山东,任临淄、堂邑等县知县。[①]

20世纪中叶的太平天国运动,把许多荣巷人推到了上海,推到了工商业中,他们在这个大都会发现了更多的可能,也有了更多的选择。荣显庭(1843—1905)在上海开设铁号,他很早就意识到了外语的重要性。1877年,他让9岁的儿子荣月泉(1869—1942)从荣巷来上海,跟从一名外籍女家庭教师学习英语与数理化,1882年他让14岁的儿子报考上海电报学堂第一期——作为中国20位第一批电报人才之一,荣月泉颇受重用,清末便出使

---

① 荣勉韧主编:《梁溪荣氏人物传》,中国华侨出版社,1996年,第35页。

欧洲。民国时,担任交通部电政司司长兼全国电报督办。

荣月泉、荣吉人、荣鄂生后来都加盟荣氏兄弟集团并担任重要角色,荣巷深厚的文化底蕴为荣氏兄弟打造商业帝国提供了良好条件。

为居住生活和光宗耀祖,荣巷众多的致富者于清末民初先后建造了许多富丽堂皇的宅第,至21世纪初保存完好的还有157幢。这些宅第多采用硬山顶平房、回楼、过桥楼、洋楼等中式、西式和中西合璧式的建筑风格,外墙采用清水西式砌法,内部则采用传统木结构,几乎每户都有古朴的砖雕门楼,镌刻着"孝友传家""和气致祥""竹苞松茂""厚德载福"等吉语,在区区不足0.5平方公里的街区建造如此大密度的中西合璧式的住宅民居,不仅反映了荣氏族群的整体经济实力,而且折射出荣氏族群追新求异的文化素质。2002年10月,荣巷近代建筑群被列为江苏省省级文物保护单位。

荣巷荣月泉故居始建于清咸丰年间,续建于民国初年。前后共有五进,每进面阔均为三间,东侧有条长长的备弄贯通前后。中西合璧风格,气派雄浑豪放。故居坐北朝南,原占地面积较大,南北长约100米,东西宽约40米,分前后两个部分。后面部分以传统建筑为主,即为建于咸丰年间的两进老屋,原为平房,到清末翻建成二层楼房。楼后原有花园、池塘,现已荒废。前面部分以西式建筑为主,有三进,均为清水砖墙,第一进为面阔三间的门间,石库门;第二进平房,地坪下设有通风防潮层,走廊上铺设进口彩色地砖,屋顶设进口钢丝网玻璃天窗;第三进是二层楼房,走廊上的车木栏杆、廊檐沿口上的机刻花板以及门窗式样等都呈现着近代中西结合的建筑风格,总建筑面积452平方米。①

荣福龄故居,在荣巷西浜196号,建于清光绪年间。房屋坐

---

① 无锡房屋产权监理处编:《无锡市名人故居》,凤凰出版社,2011年,第75页。

北朝南,共有四进,面阔均为三间。第一进和第四进为平房,中间两进为二层矮脚楼,均是硬山顶砖木结构建筑。其两端高耸的风火山墙及墙上一排排"蚂蝗搭",均显示着该建筑的时代特征和江南民居的地方特色。①

荣瑞馨的豪宅建于1900年,建筑面积900平方米,五开间五进,其中第三第四进为盘楼,后有小花园。这是清末荣巷镇上规模最大地位最显赫的建筑。1907年,其父荣季平70大寿就在此举办,时众多洋行买办巨商大贾与官员从上海等地来此祝贺。

二、十里洋场的"无锡帮"

荣宗敬,原名荣宗锦,晚号锦园,生于1873年(同治十二年),属鸡;荣德生,原名荣宗铨,后取号乐农,生于1875(光绪元年),属猪。两兄弟出生之际,适逢19岁的同治帝离世,4岁的光绪接班。国家大权掌控在慈禧太后手中,此时她正是不惑之年,已执政十多载,积累了丰富的政治经验,对权谋她驾轻就熟,对世界她坐井观天。

1873年在中国出生的名人,当推梁启超,他那枝如椽之笔呼风唤雨,影响迄今仍存。对这位知识领袖,荣氏兄弟似乎关注不多。

1873年在世界出生的名人,当属以后担任英国首相的丘吉尔。

任何人都无法选择自己的时代。荣氏兄弟所生活的几十年,经历了科技与实业的发展:中国有了铁路、公路、机场、轮船,中国有了抽水马桶、电灯、电风扇,但这几十年,中国城头变幻:清政府、袁世凯、直系、皖系、奉系、国民党;中国更是经历了众多的战争:中法战争、中日甲午战争、八国联军、武昌起

---

① 夏刚草编著:《无锡名人故居考录》,黑龙江人民出版社,2005年,第40页。

义后的军阀混战、中日战争。在这个乱世，中央权威不彰，加之租界这个国中之国的存在，使地方精英有了更多"自选动作"的空间，由是各地政治生态迥然有异：一些地方军阀嗜财、横行霸道；一些地方群龙无首、各行其是；一些地方坏人当道、正不压邪。

民国年间的无锡，则在一群优秀地方名流的掌控下，实现了"弯道超车"——长时段无锡都是一个普通的县级建制，20世纪初还隶属于常州府管辖。但到了1936年无锡有纺织、缫丝、面粉、针织、染织、碾米、铁工、砖瓦、造纸等20个工业门类，315家工厂，资本总额1407万元，在全国工业城市中仅次于上海、天津、武汉、广州而位居第五；年总产值7226万元，仅次于上海、广州，居第三位；产业工人总数达6万多人，仅次于上海，居全国第二位。① 尤其值得特别强调的是：无锡这一切是在没有租界没有外资完全靠民族资本打拼出来的，这种情况在全国算得上凤毛麟角。

20世纪上半叶，无锡经济要远超苏州、常州与镇江、南京："苏州为人文杰出之区，自沪宁铁轨通行以来，商市菁华几乎一萎而不能复盛。自辛亥清政推翻以后，公馆锁闭，几乎一蹶而不克再兴，加之以风尚趋于空文，人情安于小就，其上焉者依旧宦情浓厚，其下焉者始终门户争持。分利之人，举目皆是；生利之业，罕乎有闻。而彼投我苏人嗜好之玩物商，窥我苏人罅隙之药物贩，则已据我苏人之堂奥也。不禁为苏人士一忧念、一汗下焉。自苏以西，若无锡、若常州则大不然。无锡境内，各项实业之发达之竟进有殊足令人称羡者。若面粉厂、若丝厂、若纱厂、若布厂、若电灯厂、若榨油厂，区区一县境耳，大小厂著名者已得二十余家，其结合团力，乘时而起，企图诸般新事业者正未有

---

① 庄申主编：《无锡市志》第一册，江苏人民出版社，1995年，第4页。

艾。""武进境内实业亦在活动,比之苏州则略胜,比之无锡则不如远甚。由镇而宁,实业锥形尚未备具,他无论矣。"

苏州、无锡、常州自然条件差不多,为何无锡能成为一匹黑马?实业家穆藕初解释道:"无锡教育之革新先于诸邑,学生界教育界人才之盛甲于他处,锡邑人民中有一大部分勤朴耐劳,工筹画,善经营,且富于冒险性质,易受外界刺激,而有一往直前之概。其因以集事者,殆得力于此多血质与胆汁质之混合体乎?境以内机声隆隆,百业繁昌,人民生计因之而裕。"①

独木不成林。荣氏兄弟能建立庞大的商业帝国,与当时无锡的商业氛围、资本市场相对雄厚正相关。一批在十里洋场富起来的无锡人,带动了众多的乡亲奔赴上海滩,并回报乡梓,投资建厂。最著名的当推周舜卿、祝兰舫、张叔和、唐晋斋等,他们是荣氏兄弟的前辈,同荣氏兄弟的父亲熟稔,荣氏兄弟起步时得过他们的悉心关照。

20世纪前期,无锡出现了六大资本系统,他们中间都有紧密的联系。杨氏是官僚世家,杨宗濂、杨宗翰兄弟1895年斥资创办业勤纱厂,这是无锡近代工业的鼻祖,杨氏兄弟先后于1905、1910年去世,荣德生同他们没有多少交往,但与他们的后代杨翰西关系密切;周舜卿原在上海投资,后回家乡办厂,只是进入民国以后,他的企业发展缺少后劲;薛家是无锡的名门望族,薛福成之子薛南溟开始投资缫丝业,后由其子薛寿萱——荣宗敬的女婿继承其事业;1910年,唐保谦与蔡缄三等人集资创办九丰面粉厂,1920年又创办庆丰纱厂,继荣氏兄弟之后在纺织面粉业占有一片天地;1916年,唐骧庭与程敬堂等集资接盘冠华手工织布厂,将其扩建为丽华机器织布厂,1922年,唐骧庭与程敬堂等集

---

① 穆藕初:《实业与教育之关系》,赵靖主编:《穆藕初文集》,北京大学出版社,1995年,第147页。

资 30 万元，创办丽新染织厂，唐程系统成为无锡工业界的一匹黑马。这六大集团资本变化情况见下表：

无锡近代六大工业资本集团资本增长（单位：万元）

年份	杨氏	荣氏	周氏	薛氏	唐蔡氏	唐程氏	合计
1895	34.2						34.2
1902	34.2	3.9					38.1
1904	34.2	5.0	11.4				50.6
1909	34.2	33	11.4		14.3		92.9
1914	34.2	33	25.7	17.1	28		138
1920	113.6	200	25.7	45.5	114.3	4	503.1
1929	133.6	552	43.6	63.6	128	64.3	985.1
1936	184.2	745	43.6	172.8	300	444.3	1889.6

（转引王赓唐：《知半斋续集》，学苑出版社，2006 年版：216 页）

三、第一桶金源于父亲的积蓄

荣氏商业帝国始于广生钱庄，而广生钱庄的第一桶金来自于父亲荣熙泰十多年的积蓄。

荣熙泰生于 1849 年，他的父亲荣锡畴经商为业，往来于无锡上海间，其生有四个孩子：锦泰、熙泰、和川、龙川。熙泰排行第二。荣锡畴兄弟三人，上有两个哥哥荣锡瓒、荣锡恭。

1860 年 5 月 30 日，太平军打到无锡，1863 年 12 月 12 日清政府李鸿章夺回无锡，三年间无锡人口出现了断崖式下降。1852 年无锡（含无锡县与金匮县）有男丁 671296 人，1865 年统计时男丁仅为 210061 人。[1]

---

[1] 无锡市地方志编纂委员会编：《无锡市志》第一卷，江苏人民出版社，1995 年，第 338 页。

在这惨绝人寰的死亡数字中,有荣熙泰的亲人们:他的祖母袁氏,他的大伯父荣锡瓒(1817—1862)全家,二伯父荣锡恭(1820—1863)全家,他的父亲荣锡畴(1823—1863)与他的两个哥哥及年仅3岁的小弟弟荣龙川。[①]

荣熙泰之所以大难不死,得益于11岁时他便坐船到上海某冶铁坊习业当学徒。他到上海不久,无锡便被太平军占领。

命运的阴差阳错,虽使他避免了遭遇父亲与兄弟的悲惨结局,但也给年幼的他留下了巨大的心理创伤与沉重的经济负担。他与母亲相依为命,艰难度日,1879年,52岁的母亲弃世,此时荣熙泰30岁,他已结婚成家,有3个小孩——6岁的荣宗敬、4岁的荣德生与出生不久的大女儿。

荣熙泰妻子石氏(1851—1908)家住无锡山北井亭里石巷,父亲石庆荣,母亲戈氏,上有一兄与两姐,太平军占领期间,父亲与哥哥都被抓走,下落不明,两个姐姐也夭折了。母亲带着这个最小的女儿东奔西逃,历尽颠沛流离之苦。战争结束后,孤女寡母相依为命。

1869年,荣熙泰与石氏这两个苦命人喜结连理,时荣熙泰20岁,石氏18岁。

战争的巨大破坏,使繁华的江南人口大减,劳动力严重短缺,大量田地无人耕种,于是人们在农田中植桑养蚕,其不仅比种粮食节省人工,也带来更高的经济效益,无锡"自经兵燹以来,该处荒田隙地,尽栽桑树,由是饲蚕者日多一日,而出丝者亦年盛一年"。[②] 荣熙泰夫妇也在家中种桑养蚕。

1881年,32岁的荣熙泰来到浙江乌镇当账房,1883年随太湖水师提督王青山到广东,后在族叔荣俊业帮助下,得任磨刀口

[①] 荣敬本编著:《梁溪荣氏家族史》,中央编译出版社,1995年,第142页。
[②] 李文治:《中国近代农业史资料》第1辑,三联书店,1957,第427页。

厘差的账房。

因荣俊业帮助太仓人朱仲甫谋得广东磨刀口厘金局总办的肥缺，投桃报李，朱仲甫安排荣熙泰任厘金局的账房，每个月可得薪金三十一两八钱银子。1885年荣熙泰随朱仲甫调任三水口大差。1886年，他到肇庆知府任总账。

1889年，肇庆发生大洪水，冲决大坝。朱仲甫奉命堵口，荣熙泰"奋力协助，卓著勤劳，又慨捐百金，为地方富户倡。工成，粤督张称，助力助资，洵属急公好义，以六品衔保举。乡人糊口粤省，病终客邸，柩不能归者，君为运回故土，奔走长途，疲劳不计"。①

当时交通不便，远在广东的荣熙泰难得回家，荣氏兄弟幼年时大多与母亲在一起。荣德生以后回忆道："余十五岁以前，多得母教，父亲旅外时多，无暇内顾也。余母……对余兄弟督教之切，期望之殷，殊非寻常。不如此，恐不上进，不能兴业成家也。"因父亲在外，

荣熙泰画像

母亲要把四个年幼的小孩拉扯大，极其辛苦。母亲的善良朴实、勤劳节俭都对荣德生影响至深。

1893年，在上海打工的20岁的荣宗敬回家同陈氏结婚，18岁的荣德生跟随父亲前往广东工作，他们先坐船到上海，住泰安

---

① 荣汝荼：《诰赠朝议大夫文治君传》，宗菊如、陈林荣：《中国民族工业首户——荣氏家族无锡创业史料》，世界华人出版社，2003年，第575页。

栈。在这里荣熙泰同进士沈淇泉见面。沈淇泉，名沈卫（1862—1945），字友霍，系沈钧儒十一叔，浙江嘉兴人。1890年中进士，1894年授翰林院编修。后任甘肃主考、陕西学政。善诗文，工书法，晚年寓居上海鬻字，名播江南，被推为翰苑巨擘。从人际交往中，可以看到荣熙泰的社会地位并不低。现在一些描述荣氏兄弟的著述，把荣宗敬冠之以"农民工"，说荣氏兄弟出身很贫穷，都有违事实。①

农历二月十五，荣德生与父亲在上海坐上广利轮，船出吴淞口，海天茫茫，这是荣德生第一次坐海轮，一路上他都非常兴奋，十八日轮船停靠广东汕头，他上岸游览，二十日船到香港，"初见之如到外国，满山灯火，可观者惟三条马路，名上环、中环、下环，已有上山吊车。公园以西一片荒山，对面九龙人亦极少，只划船来往，夜间出外必执灯笼，路不拾遗"②。当时香港岛被英国占领已半个世纪，市面比较繁华，而九龙当时仍属清政府所控制，人烟稀少。二十日晚广利轮又开往广州，次日清晨抵沙面招商码头，他们下船到靖海门香港鸿安分栈投宿，第二天他们乘坐河口解饷船，抵达三水河口。

到达河口的第二天，荣德生去见大恩人朱仲甫，朱安排他担任账房程赞甫的助手，程氏是苏州人，粤省候补府经历，为人和悦，他指派荣德生干按号录底、收入、结数、存库单的工作。

"河口为外省大差，每日收入六七百两，十天一解。各委员每月薪三十一两八钱，总办一百两，会办知县班每月一百两，其余职员十余两不等。余每月二十两，加饭费二两，而伙食单位免费供给。"如此体面又轻松的工作让18岁的荣德生心花怒放，"一学生忽就此职，心中甚快，如此做去，不难做官"，荣德生觉

---

① 徐鸣 尚坊伯：《荣宗敬传》，东华大学出版社，2015年，第241页。
② 荣德生：《乐农自订行年纪事》，上海古籍出版社，2001年，第15页。

得自己踏上了一条升官发财的快捷通道。①

农历七月,广东乡试,从外地临时调派的正副考官来到省城,正为南京人顾璜,副为苏州人吴郁生。得知程赞甫在河口,吴郁生立即招程为内账房,程即将河口账席托付给刚刚工作半年的荣德生主持。年轻的荣德生不负所托,小心翼翼,收入解出,每旬旬结,每月月结,不差分厘。九月出榜,康有为考中举人的第八名。主持乡试为一肥差,吴郁生所获甚丰,他在广东购买了几箱端砚,回去送关照自己的京官。为感谢荣德生几个月的帮忙,程赞甫送给荣德生一张监生(即秀才)证书。政府规定,监生证书既可考试获得也可以花钱购买,但费用不菲。

工作轻闲,荣德生有大量时间读书练字,他曾拜台州贡生黄君与朱一新为师,阅读了一些官阶升转与《纲鉴易知录》《曾文正家书》等书籍。

母亲安排十二月二十四日让荣德生与从未谋面的丁氏完婚,1894年农历十二月初,荣德生便从三水动身,坐船到广州,住靖海门鸿安栈,等候招商局轮船。初八上船,十二日到达上海,住泰安栈,再坐船回到荣巷家中。

翌年正月底,荣德生度完蜜月,告别新婚妻子,便与父亲一起前往上海,二月初八坐招商局富顺轮前往广州,在香港上岸,在族人荣铭三之父陪同下,在香港岛各处游览。坐船到广州后仍住靖海门鸿安栈,换坐小轮回三水河口。

上班之余,荣德生专看《大事记》《大清民刑律》《洗冤录》《秋水轩尺牍》等,但进步不显。父亲对曾国藩很崇拜,他要荣德生先读《曾文正家书》,再读《曾文正大事记》。这时,姑丈朱仲甫已捐巡检到广东省会工作,姑母及朱家姑母也劝荣德生用200多两银子捐从九品职,荣德生同父亲商量此事,理由是年轻

---

① 荣德生:《乐农自订行年纪事》,上海古籍出版社,2001年,第16页。

人终要有点小功名作升阶资本。父亲不同意荣德生捐官,他告诉荣德生"小官得资不正,不堪供父母,大官无本事做。如得七品以上之官亦好,甚不容易,因七品正印即是知县,既无本事,亦不易得也"。1899年,荣熙泰去世后3年,又来广东当税吏的荣德生花钱捐了一个布政使经历六品虚衔。"同事云:'捐实官好。'余云:'日后望得保举。'"① 当时当官有三条路,除科举考试、捐官外还有一条是被有实力的官员推荐,荣德生期待能有"伯乐"把他拉进"官群"里,但这样的"伯乐"荣德生始终没有遇到。在广东税务部门几年的工作经历让荣德生对官场有了近距离的观察,他与众多地县级官员有密切来往,这也为他以后经营企业时的政商互动提供了不可或缺的经验。

1895年农历五月,河口发大水,厘金局上班地点只能改在船上进行,一直到秋天,水退去他们才回办公室上班,此时随着甲午战争的失败与中日《马关条约》的签订,经济形势恶化,税收不旺,难以完成所承包的指标,荣熙泰荣德生等连任无望。

深秋,工作无着的荣熙泰因饮用了不卫生的水源,胃口不好,荣德生与父亲一起往小塘,请名医黄赤看病,服药后稍好。

十二月初,父子俩动身回锡,初十到家,合家甚欢。在广东三年间,荣德生"随侍先君,朝夕训导,读书交友,待人接物,一一指示,并一再诫以'小官不可做,大官无此才具,安心商业,亦能发达',凡中外名人之如何成功,如何失败,一一说其根源"。四十多年后,荣德生功成名就,他非常感谢父亲广东这三年对自己的培养,他说:"回忆前尘,如在目前。余一生行事,创业发展,悉照父训,因此深知人固不可以不教也。"②

荣熙泰回到无锡后,脸色有病容,即往名医张聿青处,诊断

---

① 荣德生:《乐农自订行年纪事》,上海古籍出版社,2001年,第29页。
② 荣德生:《乐农自订行年纪事》,上海古籍出版社,2001年,第155页。

为黄疸肝炎，因服污水起病，定心服药十余帖。依言服数帖，稍好，即停止。后又去复诊，仍以前言再服，然胃口不起。1896年正月初，荣德生陪父亲到御医马培之处看病，只见找马医生看病者摩肩接踵，门庭若市，气概阔大，门生开方数人，这一切让荣德生极为羡慕。他当即决定跟马医生学医，"须有初等根底，允为收录，必须《医宗必读》能背诵，粗通医理，方可收入门下"。听到马医生此言，21岁的荣德生回家即买《医宗必读》及药书数部，闭门诵读，预备专攻学医。

元宵过后，荣熙泰与子荣宗敬一起坐船到上海，他想找朋友帮忙，为儿子谋一份工作。几个朋友都建议他开设钱庄，于是他在鸿升码头找到一处市口不错的房子，并自己出1500元，再从朋友那里招股1500元，开设了广生钱庄。荣熙泰"在广十余载，馆谷所得，积有羡金数千缗"①。这笔钱，据说有现洋6000元，它是荣氏兄弟创办实业原始资本的一个重要来源。

从上海回到无锡，荣熙泰便一再劝说荣德生不要学医，而是同哥哥一起把钱庄做大做强："既已开设钱庄，兄弟合力，内外同做，不必学医。医亦不容易，未必能成，成亦要到中年，不若开店容易发展"。他还以自己的几个老朋友周舜卿、祝兰舫、唐晋斋、杨珍珊为例，说明从商的好处与成功的希望。

农历二月初，荣德生听了父亲的劝告去上海，从事自己的老本行开钱庄，宗敬任经理，德生管正账。他们选吉日二月初八开张，因父亲的关系，前来捧场的朋友还不少。收入汇款，每日数千。不久决计在无锡设分庄，德生回无锡打理，兼管江阴、宜兴等汇兑。

1896年农历六月初，47岁的荣熙泰病情恶化，不能起床，

---

① 荣汝荣：《诏赠朝议大夫文治君传》，宗菊如、陈林荣：《中国民族工业首户——荣氏家族无锡创业史料》，世界华人出版社，2003年，第575页。

他给荣德生交代后事，荣德生请马培之医生来荣巷家中治病，马说："舌润津回，方可延长，否则备后事，不必再请矣。"六月十一日，荣熙泰病逝，他走得很平静，"如火之一熄，不觉所苦，但云'到宜兴去矣'。后扶乩，亦云已投生宜兴南乡"。

1908年，荣熙泰去世后的第12年，他的妻子石氏也辞世，终年57岁。

1919年名校上海交通大学募捐建图书馆大楼，该大楼除了上级3万元的拨款外，其余4万多元都来自于捐款，捐款最多的是荣宗敬荣德生昆仲（1万元）。①

为了感谢荣氏昆仲的贡献，上海交大图书馆门前立有荣熙泰的铜像，校长唐文治亲自撰写《荣熙泰先生铜像记》，以志纪念。现在这栋历经百年风雨的大楼依旧矗立在上海交通大学徐家汇校园，成为学校的标志性建筑，也是历史的见证，只是铜像的基座还在，荣熙泰铜像何时消失已无考。

1893年荣熙泰曾在家建屋，为荣氏兄弟结婚准备新房。13年后随着家中人丁的增加，原有房屋已显拥挤。

两兄弟先托人向荣秉之、荣季平商量，购得桑田2亩，出价1000元，当时每亩地价值百元。他们也用500元购买祠堂1亩地，还用500元从子兰处购得1亩田地。

两兄弟请人对这4亩多土地进行平整，1907年3月破土建房，阴历六月十六上梁，至年底完工，共有19间房子，外加照墙、披屋、围墙，花费6000元。

1908年3月，荣氏兄弟乔迁新居。荣宗敬荣德生众多子女在此出生与长大成人。

1922年，荣氏兄弟事业更加发达，他们又购地添新屋——五

---

① 《交通大学校史》编写组：《交通大学校史资料选编》，第一卷，西安交通大学出版社，1986年，第321页。捐1000元的有黎元洪总统、中国银行、周舜卿、虞洽卿、穆藕初，总理段祺瑞捐500元，江苏省省长齐燮元100元，最少的捐五角，共募得洋41496元。

间大厅及后楼，茧行拆去不做，改为厨房。建西花园一个，内有戏台、两宜轩、荷花池、曲径小桥、假山。还配有车库。

在距荣巷一公里外的梅园，荣氏兄弟建有两栋洋房供自己来休假，一是乐农别墅（1919年建成），一是宗敬别墅（1923年竣工）。后1930年在小箕山湖边购滩地250亩，建锦园，其西班牙洋楼成荣宗敬回无锡的休假地。

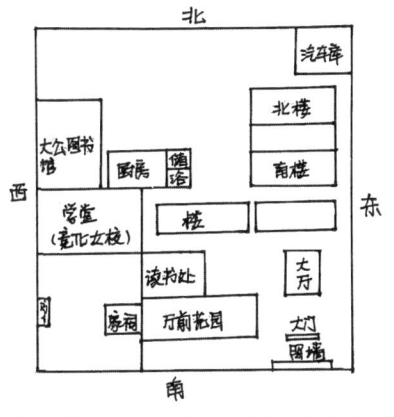

荣巷荣氏家宅示意图，伍裕蓉绘制

荣宗敬喜欢住在大城市、住洋房，而荣德生喜乡居、住平房。两兄弟发达后，在家乡兴办了一系列公益事业，尤其是荣德生，他在家乡斥资修路架桥、兴学建厂，创办大公图书馆，捐资修建龙光塔等古迹。

2012年后，有关方面退还了一批荣氏住宅，无锡在此建荣毅仁纪念馆。

无锡以荣氏兄弟为荣，荣巷古镇更以荣氏兄弟为荣。

跨界：从金融到实业

1900年荣氏兄弟涉足实业时，他俩一个27岁，一个25岁，他们虽然打理钱庄已有4个年头，有了丰富的钱庄知识和经验，但对近代企业的经营却完全陌生。不仅如此，两人只是经营从父亲那里继承来的小钱庄和老家的茧行，不用说在上海实业界，就是在老家无锡，或者就是在无锡梁溪荣氏一族中，几乎也是无名之辈，社会信用也几乎是零。在这样的情况下，荣氏兄弟转向完全没有经验的近代工业谋求发展，是要有相当的勇气与前瞻力的。

一、边建厂边应诉

1900年夏，北京一片混乱。八国联军攻陷首都，慈禧逃命西安，国家前途命悬一线。

乱局中，荣德生匆匆结束了广东的税务工作坐轮船回到上海，只见"沪上风声鹤唳，一日数惊，商人逃入内地者已十之七。余自南市走至北市大马路，由大东门回店，未遇一西人，亦无着长衫之国人，市上闭门者十之六七。地价、物价大跌，惟小麦装北洋颇好，内地到申不少。汇款甚繁，日有五千以上；占利亦优，日有二百元。心中甚畅，想从此余利可向自营实业上注意。"[①]

9月3日，荣德生在上海拜见刚从广东回来的朱仲甫，谋求

[①] 荣德生：《乐农自订行年纪事》，上海古籍出版社，2001年，第32页。

新的出路。因广东政府推行商人包税，55岁的朱仲甫便想另辟新途，"我从事政界数十年，看去乏味，尔兄弟从事商业甚好。余亦欲作实利事业，你看何事最好?"荣德生回答道："近日正在考查制粉，闻已成之厂颇得利，仿之不难。"朱云："有几处?"德生云："四家，天津贻来牟，芜湖益新，上海美商增裕，本商阜丰。"问："去看过否?"德生答："尚未，如果决办，要去看看。"朱云："正合我意。在粤时知无税者只此一物，载在洋人条约。若仿制，风行全国，必爽快，你我决合办。"荣答："只可彼此合力，分头招股。"朱云："甚好，刻下要将全眷送苏（州），再出来详谈。"荣答："如要详谈，来信约之，我到苏便。"①

随后，荣德生通过米行经理袁葆生介绍，前往增裕面粉厂考察，"四周看过，皆在楼下，上楼轧粉间不许看"，想至阜丰粉厂实地学习，告知从不允许外人参观。为了解面粉厂设备行情，荣德生借助乡党介绍，找到瑞生洋行尤葛民打听设备价钱，当时美国机器四百筒十几万，半数起码要七八万，英机与法磨搭用，三百包起码，不满二万。

9月中旬，荣德生坐船从上海来到苏州朱仲甫处，商量粉厂事宜。朱决定"大机器无此财力，招股不易，且从三百包入手。集股三万元，各认一半，或自出，或招来，即此定局。我任立案，尔任购地，决在产麦之区设厂，如无锡可也。"时江苏商务局长吴硕卿，与朱仲甫曾在广东政府部门共事过，竭力帮助，江苏省巡抚与两江总督给予了荣家面粉厂很大的方便，荣家在无锡设厂，拥有"专利十年"②。厂名初为保兴，后改为茂新、再改为茂新第一面粉厂。

荣德生从苏州回到无锡，宗敬回信同意办厂，每人各出3000

---

① 荣德生:《乐农自订行年纪事》，上海古籍出版社，2001年，第33页。
② 十年专利，是指10年内，其他人不能在无锡开设面粉厂。

元，剩余9000元招股。为厂址事，荣德生在无锡城四周实地考察，发现西门外太保墩最佳，其位于环城河与梁溪河交汇处，四面环水，与城仅一墙之隔，交通方便。

太保墩地17亩，分低田与高田，低田每亩60元，高田每亩100元，由同族人荣桂馨与船厂的孙金福作为中人完成交易。厂房由外企洋行设计，由富豪周舜卿推荐的工程队承建。

在购地、招股、向国外订购机器、到苏州向政府立案都办妥后，荣氏兄弟择吉日农历二月初八（1901年）破土，整理基地，正式动工。5年前的二月初八，广生钱庄开业。

面粉厂的开工仪式在无锡城引起了巨大的轰动，轰动的原因不仅在于它是无锡第二家工厂，还在于创建这家工厂的竟是两个当时还没有名气的年轻商人。无锡的第一家工厂——业勤纱厂，由杨宗瀚杨宗濂兄弟创办，杨氏出身官僚，背景深厚，办厂很顺畅。尽管20世纪初清政府一改过去的商为四民之末的传统，开始重商，但民风未改，依旧是"重仕宦而轻商人"。绅士们看不惯荣氏兄弟在自己眼皮底下，建工厂树烟囱，开始了刁难与阻拦。

回顾事情的起因，荣德生也承认有办事不周到的一面。在工厂奠基前一个月，场址所在地的地保潘阿昌就来告知荣德生，"曾否到图董江先生处，讲讲兴办大略"，而荣德生因刚刚创业，日理万机之中，竟把同"地头蛇"事前沟通如此重要的事情也忘得一干二净。这样，工程刚奠基没几天，几位当地的旧绅士就联合起来，一纸诉状告到了无锡县政府，理由是荣家把公田、民地围入界内，工厂的大烟囱同县文庙离得太近，将会影响无锡的"高考"成绩等，让其易地建厂。

面对绅士的兴风作浪，荣氏兄弟与合伙人朱仲甫迅速求助于自己的保护伞——省商务局局长吴硕卿，省商务局要求无锡县政府给民间办厂保驾护航。知县接到省商务局函后，见此事很棘手，也不在他的职责范围之内，便将此案呈报上级政府。"士为四民之首，立论尤当持平。烟囱既隔城垣，何谓文风有碍？该商将公田、民地围入界内，是否属实，由地方官查明，秉公办理"。上司的批复玩起了政坛杂技，其既反对以"烟囱有碍文风"这条理由阻碍建厂，但也告诉下属，如确实如绅士所言侵占公田民地，则另当别论。

时知县为孙襄臣，这位来自于天津的举人从1896年就掌控无锡，到这时已是第6个年头。提出要去查看现场。领头的绅士看势头不妙，决定和解。荣氏兄弟一向认为和气生财，双方面谈，了结此案。①

一波刚平，一波又起。这次起诉荣氏兄弟办厂的是以朱姓为首的另一批旧绅士，他们以"岸驳破坏风水"为借口，不准在运河边上建码头，以逼面粉厂易地改建。知县把此案上报知府，可知府却未明确表态，将球踢回给知县。知县一看这次联名上告的旧绅士有几十个，力量不小，他得罪不起，建议荣氏兄弟还是换一个地方建厂。

荣氏兄弟没有理睬知县的建议，而是抓紧时间赶建厂房。孙知县又来勘查现场，要求停工待命，荣氏兄弟已向国外订购设备，拖延不起，因此照常施工。知县无奈，只好把此案又上报知府。农历六月十六日，常州府派员到现场查勘，见面粉厂办公楼已盖好，其他厂房也在进行中。可旧绅士还在不依不饶地上告。

面对这场互不相让的对抗，知县、知府夹在中间，不易裁决。他们只好把球踢到省府，而省府又要求地方处理。知县觉得双方都得罪不起，又要求上司断定。于是在省府县三级政府一个回合又一个回合的推诿中，面粉厂依工程原有进度不断建设，设

---

① 汪春劼：《地方治理变迁——基于20世纪无锡的分析》，社会科学文献出版社，2012年，第50页。

备也开始进入安装阶段。

到了十一月份,省府下了第八次批复:"知县办理无方,先行摘顶,以观后效;具呈阻挠人,查取职名,听候详参,着刻日详复。"受到处分的孙知县,到联名上告的各绅士家做工作,希望他们不要再上诉,以免激怒上级政府,招来处分。

知县让温君出面做调解。他找到荣德生,询问他的底线。荣明确表态,作为一名商人,本不想打官司,更不想同地方人士意气相争,只是厂房已竣工,设备也安装,再易地也不现实。只要不迁厂址,其他一切都好商量。温君找到原告绅士,他们提出四个要求,工厂将来不准将驳岸伸出,煤灰不许入水,不许高放回声(即汽笛)。邻近的普济堂地一亩,长期租给粉厂,由粉厂承担租金。这样双方达成和解,注销此案。

这两场官司,历时十个月,荣氏为了打赢官司,花掉800元用于交通费与"抄批"(时75公斤小麦只要二元八角五分),而对手凌氏绅士却花掉了8000元,不得不卖掉当铺的股份去填补损失。[1]

20世纪大幕刚刚开启的时候,以荣氏兄弟为代表的新兴力量怀抱实业救国的梦想,登上了无锡的舞台。荣氏兄弟耗神费力打官司能最终胜利,与当时清王朝改弦更张倡导新政奖励实业的大气候有紧密的关联。荣氏兄弟办厂正可谓"生逢其时",当然,从中也足以证明荣氏兄弟具备大实业家的超前意识与敏锐目光。

二、从参股到控股

1902年3月17日(农历二月初八),无锡第一家面粉厂也是全国的第五家面粉厂竣工投产。

明代宋应星在《天工开物》中讲到农业时代中国小麦的加工

---

[1] 荣德生:《乐农自订行年纪事》,上海古籍出版社,2001年,第35—39页。

过程："凡小麦既飏之后，以水淘洗尘垢净尽，又复晒干，然后入磨，凡磨大小无定形，大者用肥犍牛曳转，次者用驴磨，斤两稍轻；又次小磨，则止用人推挨者，凡牛力一日攻麦二石，驴半之；人则强攻三斗，弱者半之；若水磨又三倍于牛犍也。"

从旧式磨坊到机器磨坊无疑是一次技术的飞跃，人也好，动物也好都无法长时段工作；水磨需要具备一定的水文环境，在江南比较少见。而机器磨坊则以蒸汽机驱动石磨，实现了连续式机械化生产。

与面粉厂只有一墙（城墙）两河（内外环城河）之隔的是薛福成的豪宅。这栋豪宅占地2.1万多平方米，雕梁画栋，富丽堂皇，刚落成没几年。荣氏兄弟虽时常从薛宅前的束带河经过，但他们还没有机会进入这栋豪宅一睹它的壮观。荣宗敬当时不会想到，20来年后，他与薛家成了儿女亲家，薛福成的孙子薛寿萱娶了荣宗敬的女儿。

茂新建厂实际耗资4.3万元，其中2万元用于购地、建造厂房、仓库、办公室和沿河驳岸；2.3万元用于购买机器设备，包括4部法国石磨、3道麦筛、2道粉筛和60匹马力引擎。①

开机后，雇工30余人，每日用麦一百三四十石，每石出粉二包有零，每日夜共出粉300包，每石开支4角，袋扯2角。粉出后，没有品牌没有知名度，销路未畅，不数日积压数千包。时人认为机制面粉没有土粉好，各点心店闻风附和，而干面行搀入土粉内，价比土粉还贱。二号售1元4角，三号降1角，四号再小2角，只1元1角。麸皮，门口有人要，每担9角。麦2元8角，145斤做1石，扯扯无大利，约一二角。保兴面粉厂设备简陋，规模不大，产量也低，但荣氏兄弟正是由此起步，走上了开

---

① 上海大学、江南大学《乐农史料》整理研究小组选编：《荣德生与企业经营管理》上册，上海古籍出版社，2004年，第273页。

办民族工业的创业之路。

保兴面粉厂总经理由朱仲甫担任,他在官场几十年,轻松惯了,承受不住办实业的艰辛,加上不幸丧子,"意兴索然,粤省瞿藩台又邀其去粤,乃将厂事交卢少棠。总账房镇江人黄某有专营之意,年终无盈亏"。

1903年荣德生与卢少棠在经营上发生分歧。开工不到两年的茂新面粉厂风波不断,先是大股东朱仲甫从商海重新"上岸",后又是管理层内讧。

朱仲甫要求抽资不干,祝兰舫愿意全资收购,但荣氏兄弟不同意,他们愿与茂新共存亡。

祝是无锡人,后在上海大发,20世纪初,祝是上海叫得响的大老板,资本雄厚。最后,朱仲甫15000元股份,祝兰舫、张石君各接盘4000元,荣氏昆仲股份由6000元增至2万余,公司总股合为4.6万元,荣氏兄弟虽没有控股,但其股份最多,占43%。

保兴股份变动后,张石君任名誉总经理,德生任经理,宗敬任批发经理。三月重新开工,总账房黄氏辞去,至年底有开支无余利。

经过这次重组,荣氏兄弟在茂新掌控了经营权,张石君虽是名誉总经理,但这位茂生洋行买办并不在无锡,仅是挂名。

三、从石磨到钢磨

在荣家事业起步过程中,朱仲甫作用至大,朱仲甫(1845—1922),太仓人,在荣俊业的帮助下,他在广东谋得肥差,投桃报李,他帮助荣俊业的同宗荣熙泰,因朱的关系,荣熙泰与儿子荣德生在广东谋得金饭碗。以后荣德生办厂,又得力于他,顺利拿到营业执照并打赢官司,取得在无锡办厂的"十年专利"保护。朱是荣氏兄弟生命中的贵人。

朱退职后在昆山县城南街购地十多亩，建华屋，全家二十余人与男女工役十余口住在此。其家花园中，开池筑亭，植花种菜。其食米由粤省运来，取其松软而易消化。其饮水系无锡惠泉山之水，由荣德生赠送。朱还购得昆城至新镇地区废田近两千亩，有将废田改创畜牧场所之志，亲拟"昆新垦牧公司"草章，命其侄朱子升总管公司，可畜牧不成，养鱼又失利，公司破产，损失惨重。①

怡和洋行买办、无锡人祝兰舫在投资茂新面粉厂后，决定自设工厂，1904年面粉厂投产，资金30万两，厂址在上海北苏州河新垃圾桥东首，占地4亩多，其买英机卅二英寸六部、十八英寸四部，每日出粉1200包，为沪上第三家。荣德生借助朋友帮忙，得以到华兴面粉厂实地考察，他看到了石磨与钢磨的巨大差距。

茂新面粉厂升级换代，最大的困难在缺少资本。1905年荣氏兄弟想方设法筹得4000两银子，通过怡和洋行购买十八英寸英机六部，其他附助设备，却因财力有限购买不起洋货，只好自力更生，"买柚木二根，准备翻砂造机，购车钻床回厂，各造车间，分部定规，建筑匠亦定。五月初五，择吉拆卸边房，接造三层楼排机间，限日完工，粉机、麦机皆仿造，如限完工。外国机亦到，即装车，至八月初五试好，六日出粉，并无不妥。"

荣德生像

---

① 中国人民政治协商会议江苏省昆山市委员会文史征集委员会编：《昆山文史》第11辑，1993年，第111页。

这次技术改造后，钢磨每日可出粉500包，连石磨可共出800包，此时正逢日俄战争，面粉供不应求，茂新厂开张后几年都业绩平平，可1905年大发，每日余500两，年终余66000两。巨大的利润使荣氏兄弟继续扩大资本，"将添机一切费用出去，股份加足6万元，每股100元，计600股。厂基实用至8万两。"

形势突变，1906至1909年面粉业又时运不济，麦贵粉贱，连亏4载，1908年因参与橡胶投资失败，裕大祥与广生钱庄都受牵连，荣宗敬不得不将开办12年的钱庄关闭。"然茂新股票，则以裕大祥及广生之牵涉，价值大减。按原数折至20%尚无人过问，而荣永达等即潜出收买，辗转而入宗敬、德生之手。合计二人所有股票，足占全额十之九五，外人弗获尝鼎一脔。按茂新股本原止6万两，其后陆续增至120万两。宗、德昆仲于近20年间取得之红利，已超过300余万两。事业逐步之发展，皆由乎此。其长才远驭，机智深沉，殊不可及。"[①]

1909年，荣氏兄弟决定更上台阶，拆去石磨，装美机，价10万，负担不起，便利用分期付款的方式购买美国钢磨。1910年，茂新资本增至20万元，面粉日产能力3000包，相当于建厂初期的10倍。荣氏兄弟不仅努力扩大生产规模，而且大力提高产品质量，从原料选购、原麦搭配，到每一道生产工序，层层把关，切实做到秤足、质优、色白、味纯；并学习外国厂商，改进外形包

茂新面粉公司"兵船"商标

---

① 王禹卿：《六十年来自述》，曹可凡，宋路霞：《蠡园惊梦》，上海交通大学出版社，2015年，第362页。

装，商标改为"兵船"。1912年其压倒"老车"牌，成为行业第一品牌，年终盈12.8万两。1918年又添美机12座，一日夜出粉8000包，资本增至120万元。

四部石磨，上下八片，1910年拆下后，开始放在厂里，后来梅园建成，即被移至园中。1927年，在梅园浒山之巅兴建了豁然洞和敦厚堂景点，山顶平整为广场，被辟作网球场和高尔夫球场。在广场南侧，荣德生设计浇注了八个水泥座子，将八片石磨，放置其上，一方面供游人观赏品茗，同时也用以教育子孙后代不忘前辈创业之艰辛。石磨直径122厘米，厚15厘米，中间有一个下方上圆的22厘米的孔，材料为硅质灰岩并夹以燧石岩，十分坚硬，被称作"炼石"。其中两部，上下四片，于1964年经荣毅仁同意，分别为北京中国历史博物馆和南京博物院征集、收藏。留下的四片，毁于"文革"初期。

1912年，当茂新面粉厂超越对手、在行业独领风骚时，荣氏兄弟回首这10年所走过的路，感慨万端。

1902年茂新投产时，只有39000元资本，使用落后的4部法国石磨，日出面粉300包，资本、规模、设备、产量、质量、价格、利润都比对手落后一大截，可经过一番激烈的竞争，几位"前辈"都被茂新超过。

1878年，轮船招商局会办朱其昂在天津开了一家牌号"贻来牟"的机器磨坊，是为天津第一家近代化私人面粉工厂。多年后，由于操作不当，造成锅炉爆炸，引起厂房大火，工人死伤，机器被毁，此厂遂一蹶不振。

上海的增裕面粉厂是中国出现的第一家机器面粉厂，由英人在1896年筹资创办，生产能力每天800包。1903年，又增加9台钢磨，生产能力增加到日产2000包。1911年7月，又安装160匹马力的三相电动机，淘汰蒸汽机1台，锅炉2台，成为上海第一家使用电动机的面粉厂。1915年该厂出让给日商，后不断衰落，1926年倒闭。

上海阜丰面粉厂由出身世家的官绅安徽寿州人孙多森、孙多鑫兄弟于1898年创建，孙多鑫远涉重洋，到法国和美国考察磨粉机器，最终花7万元，从美国购回了由爱立司机器厂生产的全套面粉加工设备，这是国内进口的第一套制粉设备，包括24英寸及26英寸钢磨共16台、平筛4台、300匹马力蒸汽机及锅炉，并于1899年在上海苏州河边莫干山路进行厂房建造，年底完成机器安装，1900年正式投产，生产能力2500包/日。1904年，阜丰面粉厂增资至30万两，添置了新机器，日产量增至7000余包，工人增至46人，职员增至32人。[1]

曾任职无为知州的章维藩集资21万元于1897年在安徽芜湖创办益新面粉厂，1900年"获利约二万金"。1909年，一场大火让其遭受重创。[2]

除上述4家起步早的"老兵"外，在茂新建成后，又出现了一批有实力的"新秀"。如祝大椿于1904年创办的上海华兴面粉厂，共有钢磨16台，日产面粉3500包；1917年租给荣氏兄弟所开的福新面粉公司，1919年被其并购改为福新第六厂；1904年朱幼鸿创办上海裕丰面粉厂，拥有钢磨9台，日产面粉1800包，1926年歇业。

"有比较就会有伤害"。在拼设备、拼技术、拼资本、拼质量的激烈竞争中，荣氏企业能超越对手，后来居上，成功的背后浸透着荣氏兄弟的智慧与艰辛，几十年如一日，他们如履薄冰，负重前行：

"本厂自开办迄今，屈指三十年矣。此三十年中，虽盈亏互

---

[1] 代四同，《上海莫干山路工业区的历史演进研究》，上海社会科学院硕士学位论文，2018年。

[2] 周忍伟，《传统城市近代工业发展轨迹和特征——芜湖近代工业个案研究》，《安徽史学》，2004年第1期。

见，而主其事者，大抵苦境多而乐境少，未尝有足以自逸之日也。溯夫始创十年中，经营缔造，历尽艰难，而经济之支绌，人事之周章，尤在无乐观可言。其次十年，虽基础粗定，营业渐佳，而扩充之志甚坚，所负责任益大，精筹详画，夙夜操心。最近十年，则范围既广，管理愈难，兼以时局多故，营业胥受影响。途长负重，一己之安危得失，巨万工人之生计所系。故本厂经理人之苦心孤诣，有非外界所得尽知者。"①

因有"专利十年"的保护，茂新初建时在无锡没有竞争对手，其小麦采购在本地就能完成，后"专利十年"到期，无锡出现九丰等众多面粉厂，荣家的小麦采购"舍本埠外，便须至邻近各县及皖南、江北等处，设庄收购，运费既大，蚀耗尤多。至不得已时，原料购办为难，便须停机以待"。那个年代交通落后，帆船每天只能行驶40公里左右，加上缺少有效的防雨防潮设备，小麦的运输管理相当麻烦。上海企业因从国外进口小麦，大轮运输反占优势。

荣德生不仅重视企业的生产管理，保证产品的质量，且对企业的采购与销售都非常重视。茂新苏州设批发处开始设在阊门内大街，以朱姓为经理，每日约有50包去路，但不靠河道，搬运很费事，荣德生发现后，决定改在城外航船必经之路，后在新民桥东找到一处门面房，坐南朝北，沿河，上下便利。

---

① 《茂新第一面粉厂概况》，《茂新福新申新总公司三十周年纪念册》，1929年编印。

再跨界：从面粉到纺织

1900年，荣氏兄弟创办了茂新面粉厂，在中国新兴的机制面粉行业占有了一席之地。1905年，在茂新根基未稳时，他们又决定闯入一片新天地，投资纱厂。纱厂与面粉业相比，不仅规模与资本上了一个新台阶，而且棉纺业当时是中国的主导产业。"日本在20世纪20年代崛起的关键，是纺织品出口。"[1] 正是荣氏兄弟在纱业的成功，才使其享有实业巨子的荣誉。

一、合资办纱厂

无锡第一家近代企业便是创建于1895年的业勤纱厂，由杨艺芳与杨藕芳兄弟集巨资25万两银子创建，杨氏兄弟是官宦世家，其资本雄厚，并能从官家那里得到资金支持。

经营广生钱庄的荣德生1899年借机进入业勤纱厂参观过，庞大的厂房、轰鸣的机器声曾给他以震撼。1903年，经营茂新面粉厂的荣德生在杭州拱宸桥畔的通益公纱厂客房住宿，得到该厂总办高懿诚招待，参观该厂的各个车间，当时他留心观察，期待着也能进军资本雄厚的纺织行业。

荣氏兄弟根本没有办纱厂的大资本，好在他们有一个"无锡老板群"，可以做到众人拾柴火焰高。

老板群的"群主"叫荣瑞馨，他与荣氏兄弟同一个家族，

---

[1] 尼尔弗格森：《世界战争与西方衰落》上，广东人民出版社，2015年，第282页。

1872年生于荣巷，比荣宗敬大1岁，比荣德生大3岁，两家住所相距不远，自小就是玩伴。不过荣瑞馨家庭条件要优越得多，他的祖父荣剑舟（1809—1863）是大老板，创有荣广大花号，荣剑舟去世后，企业由29岁的荣秉之（1834—1902）掌管。荣秉之弟弟荣维均，字季平（1838—1908）只分得部分家产，对企业没有任何影响力。

荣瑞馨因家底雄厚，小时候生活富足，17岁时，作为"小开"（少东家），受父荣季平之命到上海花行当学徒，掌握棉花购售知识，因英语好，18岁他改入上海美商丰泰洋行当行员，先是代洋行收购丝茧，推销棉花棉布，后又兼营洋油（指照明用的煤油）和煤炭。凭着自己的刻苦学习勤勉努力，再加上在花行习业中与无锡、苏州等地商行的诸多联系，荣瑞馨业绩良好，逐步在商界显露头角。1900年28岁的荣瑞馨谋得英商鸿源纱厂代办的职位，这家纱厂总投资84万两银子，与怡和、老公茂、瑞记同列为四大外资纺织厂，纱锭4万余枚，在当时已经是一家具有相当规模的工业企业。荣瑞馨在此职位5年，不仅积累了管理新式工业的宝贵经验，而且也逐步积累起了投资于民族工商业的原始资本。

1900年荣宗敬荣德生兄弟决定创业，开办面粉厂，集股39000元，分为13股，其中朱仲甫15000元，荣瑞馨9000元，荣秉之3000元，两兄弟共6000元，城中零星散股6000元。两兄弟加在一起的股份还没有荣瑞馨一人多，可见此时荣瑞馨实力远在他们之上。

1905年荣瑞馨又"杠上开花"，当上了英商怡和洋行的军装买办，成为这家实力雄厚的外商企业的华人经理，负责推销军械装备。时大买办收入极高，"20世纪初上海汇丰银行和怡和洋行的买办一年的总收入为50,000银圆……有纯收入23,832元"[1]。

---

[1] 刘惠吾主编：《上海近代史》，华东师范大学出版社，1987年，第236页。

这一年春，荣瑞馨邀请茂生洋行买办张麟魁、西门子洋行买办叶慎斋、广生钱庄总经理荣宗敬、茂新面粉厂经理荣德生在1905年共同创办了一家投资公司——"裕大祥商号"，这家投资公司业务范围极广，从经营洋油、洋布、保险业、股票到投资纱厂、面粉厂。

荣瑞馨等5人除创办裕大祥商号外，他们在该年农历七月初七，又与大丰布号股东鲍咸昌、保康当铺老板徐子仪7人商定在无锡设立一家纱厂，即后来的振新纱厂，7个发起人集资30万元，各人认募3万元，其余再招募。实际筹得资金27.08万元。荣氏兄弟本年既参与投资公司，又办纱厂，之所以有此能力，是因为此年日俄战争导致面粉供不应求，茂新每天赢利500余两。

当时作了分工，向国外订购机器由张麟魁承担，购地由荣德生负责，建厂房、招工匠由荣瑞馨安排。后来厂房建设工程以9万元包给了俞姓工程队。工厂用地以茂新多余的8亩地为基础，再购买、租用周边土地，共计28亩，机器向瑞生洋行定购道白生牌纱机。

1906年，振新破土动工，厂房工程建设监理由荣德生承担，他与家人都住在茂新厂区，既负责面粉厂的生产，又负责振新厂的建设，还要关注广生钱庄与家中茧行的业务，异常忙碌，每日只能睡6小时，但此年却是荣氏兄弟亢奋的一年。除事业顺利外，他们终于等来了"传宗接代"的儿子。一年中添三孙让荣德生母亲石氏开心万分，荣德生长子荣伟仁、荣宗敬长子荣鸿元与次子荣鸿三的同年到来，也让荣氏兄弟多年无儿的忧虑一扫而光，此年荣宗敬33岁，已有一妻一妾。

二、振新几次"病危"

1907年振新建成开工，拥有10192枚纱锭，以蒸汽为动力，用油灯照明。这是无锡第二家纱厂，也是无锡第三家企业。

振新总管为张笠江，经理为张云伯，副经理为徐子仪，张笠江同文馆毕业，精通英语，曾在业勤纱厂工作，时振新纱厂机器安装调适及运转，都有外国工程师驻厂指导，张笠江担任翻译。

　　从提议建振新纱厂到购地建房，荣德生作为监督忙碌了一年多，可投产后，荣德生被弃之一边，没有给他任何职务。这一切根源在于荣瑞馨，他是振新大股东，大权在握，借口荣德生要经营面粉厂，不能分心。

　　但由于振新纱厂经理长驻上海，副经理只知读书，企业管理不善，开工没多久，产品便积压，亏损严重，到当年中秋已积欠裕大祥30余万元。

　　股东张麟魁、叶慎斋等坐不住了，他们找到荣德生要他到厂视事，负责管理生产，但荣德生清楚，如果荣瑞馨不改变对荣氏兄弟的看法，自己到振新也是自寻烦恼。可张麟魁与叶慎斋反复请求，加上考虑家族一些散户的利益，荣德生同意出来帮忙到年底，他找到一家好的销售公司，帮忙出售存纱，用回款偿还债务，接着加强企业管理，力求减少开支，增加产量，提高质量。仅几个月，就扭亏为盈。

　　"药到病除"，使诸多股东要求振新改由荣德生经营，荣瑞馨虽内心不乐意，但也抵不住众多股东的呼声，加上他操盘的裕大祥商号投机失败、亏损严重，极大地损害了他的权威。

　　1908年，同时经营纱厂与面粉厂的荣德生悲喜交加。农历三月十四晚，张笠江约他同游惠山，"晚饭后即走，至天明方回，人山人海，一路看会（注：指庙会），不易走也。天明后回至乡间家中，已知二儿生，合家快乐"。

　　在家中添丁不久，荣德生的母亲石夫人病逝，卒年57岁，时荣氏事业刚刚起飞。1930年为母亲八旬冥庆，荣氏昆仲在梅园建念劬塔，纪念母亲养育之恩，该塔已为梅园标志性建筑。

　　1908年秋天，光绪皇帝与慈禧太后先后去世，相隔不到24

小时,存世260多载的清政府已病入膏肓。

屋漏偏逢连阴雨,卷入投机的裕大祥撑不住了,只得倒闭。荣瑞馨、荣宗敬等都大赔。在此形势下,荣氏兄弟决定丢车保帅,关闭已经营12年的广生钱庄,保住茂新与振新。而振新受裕大祥倒闭的影响,原有资本27万已损失一半,"皮包骨头"的振新已岌岌可危。

因荣氏家族有一批人在振新入股与就业,振新纱厂的存亡关系到荣巷众多人的饭碗与利益,族长荣福龄出面解决荣瑞馨与荣氏兄弟的矛盾。

1909年,在族长的提议下,由荣宗敬出任董事长,荣德生任总经理,两兄弟不负众望,在主持振新期间把纱锭从1万增至3万,在太仓常州常熟等棉花产地设立办事处。

荣瑞馨却还想赌一把,结果赔得更惨,为偿债荣瑞馨以振新地产作抵押,向英国汇丰银行贷款,到期后荣瑞馨无钱还款,1910年,汇丰银行转请上海道台蔡乃锽派人来锡,限令还款。一时间满城风雨,各方都来振新讨债。信成银行经理要立即拿纱去抵款,荣德生不同意,与其僵持,"同坐至天明,一夜未睡。裕宁请总督转县查封,因是押款,据理力争,由商会代呈而止"。荣德生赶到上海,与荣宗敬共商,决定请朋友帮忙转押,每天荣德生乘早班车赶到上海,晚班车回到无锡,天天如此,持续38天穿梭忙碌才化解危机。"由李裕成及信成周舜卿共借八万两,用庄活期四万两,厂内凑出四万两,赎回了事。"[1] 关键时候还是信诚银行与聚生钱庄拉了荣氏兄弟一把。

1911年武昌起义爆发,社会震荡,工人四散,各银行与钱庄紧缩银根,市面上借贷利率奇高。后形势稳定,工人停工一个多月后复工,振新纱厂却无现银发放工资,借高利贷无异于饮鸩止

---

[1] 荣德生:《乐农自订行年纪事》,上海古籍出版社,2001年,第57页。

渴。无奈之下，荣德生便自印工资票，指定几家商店代收，解决流动资金，非常时期的非常之策，总算让企业渡过难关。

1912年正月初五，振新召集董事会，总经理荣德生请各董事垫款5000元，把去年底押入上海南市聚生钱庄的300担棉花栈单赎回，可改朝换代社会动荡不安之际，无一位董事愿意垫款，企业因无流动资金不能采购原料，无法开工。当家人荣德生心急如焚，他与会计李友常乘火车奔赴上海聚生钱庄。由李友常先至聚生，见账房浩然，浩然问友常："何以今日可来申？"答云："振新去年因厘大，将货出清，各庄往来归清，未开户，无款取栈单，董事不肯垫款，恐要开不出，来申寻生意。"浩然说："我处关系极大，切不可与老大（即经理孔先生）听见，要吓坏。新年即搁起如许，于我庄不利，快想别法。"李说："德生先生同来。"浩然忽云："如此最好，请他来将栈单取去开车，约日归款可也。"

荣德生通过私交，取回栈单后，便把棉花装货运回无锡，初九振新按时开工，企业可以运转了。

在荣德生的经营下，振新渡过了几次难关，步入快车道，荣氏兄弟通过分期付款的方式购买德国更先进的机器，扩大生产规模。

1913年，根据设计图纸，招标建筑，造价以俞锦棠最低，以1万元包定，材料自办，至8月完工，共用6万余元。德国霭益奇公司派工程师朴克来帮助安装调整设备，朴克为人和蔼文雅，做事认真负责，对中国技术员屠阿兴切实指点，让他熟练掌握电机间的要领。不久纱机也运至装好，"以杨春荣、沈阿虎、刘阿荣为工头，引擎屠阿大，电机屠阿兴，阿大为领袖，老成可靠，事事放心"①。

1914年农历新年过后，振新新车间开机生产。正月十一，祝兰舫与英国怡和纱厂工程师李开福同来参观，他们对振新的新设

---

① 荣德生：《乐农自订行年纪事》，上海古籍出版社，2001年，第67页。

备赞叹有加，对荣氏兄弟引进最新技术、不断开拓进取的精神敬佩万分。祝兰舫为商界大佬，经他的宣传，荣氏兄弟在业界知名度大有提高。

在振新进步的同时，荣氏兄弟面粉厂也迅速扩张，在上海建福新一厂二厂，与荣家有关系者争相入股，荣瑞馨也多次提出入股请求，可大家都不愿与他为伍，这让荣瑞馨对荣氏兄弟很有意见。

三、合伙人不欢而散

1914年荣瑞馨在董事间不断活动，请客游说，借口荣德生太忙，管理企业太多，把荣德生由振新总经理降为经理，对此荣德生没有抗争，他依然努力工作。荣瑞馨又采取挖墙脚之计，把荣德生的亲信荣永达与吴昆生调离，荣德生坚决反对。1915年2月，因荣德生希望所得利润用于企业扩张，到外地建分厂，不要急于分红，董事会对荣德生更不满，把荣德生由经理降为副经理。受此冤屈，荣德生还是没有怨言，工作依旧不松懈，希望能把购机的分期付款早日清结。其后荣瑞馨联络部分董事，命查账员唐屏周查账，两人关系越闹越僵，最终在中间人调停下，双方决定以换股方式解决矛盾，荣德生荣宗敬退出振新，荣瑞馨则退出茂新。

查振新纱厂先后集股五十万元，分作五千股，历年官利红利经董事会议决，添购新机扩充营业至锭子三万枚，截至民国四年八月止，核计盈余三十二万五千元，本利共合成八十二万五千元。荣宗敬荣德生有股本一千三百股。公议每股照应派官利红利升算作洋一百五十元，共洋十九万五千元，按数让与荣瑞馨。

茂新面粉厂原集股六万两，分作六百股，历年添机扩充，所获官利红利截至民国四年八月止，核计盈余二十四万两，本利共合成三十万两。荣瑞馨有股本二百三十股，公议每股照应派官利红利升算作银五百二十五两，共银十二万零七百五十两，按数让与荣宗敬荣德生。

双方公证人为当时地方工商界名流张叔和、施涵香、薛南溟、孙鹤卿、蔡兼三、华艺三、张云伯。商定由荣瑞馨找出现银21210两补差额，彼此将股票互换，分别过割清楚，载明双方不得再有异言。①

换股结束后，荣氏兄弟立即在当时全国发行量最大的《申报》刊登告示——《振新纱厂交替经理召集债权广告》：

启者：本公司业务主任及经理荣宗敬、荣德生昆仲，现已交卸职务，由本会另请新经理接办。除本公司前欠大清清理处及瑞记洋行两款已由本会分别知照，仍由本公司按照契约分期偿还外，其余荣宗敬等经手本公司存欠各款，已照荣君等开列清单，来会核对账册，分别还现。除由荣宗敬昆仲登报召集债权清算外，特此登报广告，请各债权人速向荣宗敬昆仲算结清楚，幸勿自误。此布。董事会谨启。②

振新自荣瑞馨接管之后，出数少，出品次，售价低，开支大，月月亏折，此时他心有悔意，托人与荣德生沟通，欲言归于好，股份换正，振新仍由荣德生来打理，可伤透了心的荣德生再不也愿意与荣瑞馨共事。有不怀好意者主张将账册送入无锡县商会，以匿账未清算为恐吓，不换即起诉。荣德生还是不理睬，荣瑞馨正式在县政府起诉。知县杨梦龄偏听商会诸人之言，即受理传讯，方知内容，草草断结，让荣德生去上诉。荣德生上诉省高厅，并聘请沈楚青等律师辩护，屡次出庭。

时媒体如是报道：西门外振新纱厂规模宏大，为无锡三厂之

---

① 《荣宗敬德生启事》，《申报》1917年4月27日。
② 《振新纱厂交替经理召集债权广告》，《申报》1915年10月18日。

冠，总理荣宗敬、经理荣德生经办多年，颇有盈余，惟因历届并不将红利官利分结各股，股东责荣造册报告又延迟不报，故上年由董事会将荣解职，另举戴某经理厂务，并公推荣瑞馨为总董监察一切，新经理接手后向荣德生追索以前账目，荣只将总账缴出，经查账员唐曹二君查出荣德生移公作私等弊端三十余项，为数甚巨，遂由董事会开列细数，函询荣德生限令逐条答复，兹闻限期已满，荣并不详细答复，该厂董事会已提起刑事诉讼，控诉法庭矣，未知如何解决也。①

为正视听，荣德生在媒体发布长篇广告启事，以澄清事实维护清白。

> 敬启者：鄙人从前经理振新厂务，自觉无愧。乃近来该公司董事会忽以账目含糊为词，控诉鄙人于法庭，淆乱观听，莫此为甚。爰将清宣统二年五月接手至民国四年九月脱离为止，其间之大略情形及账略，略述梗概，以告各股东及各界诸君，尚希公鉴。
>
> 按清宣统二年五月间，振新亏折极巨，资本二十七万元，只存十三万余元，势难支持，即经该厂董事一再商请鄙人任经理。鄙人列为股东，诚以血本攸关，即于是月十三日任职，竭力整顿，意图恢复。不料该厂董事荣瑞馨已将厂基押入汇丰银行，时橡皮风潮起，上海道派员封厂，事势甚危。鄙人兄弟多方挽回，并由周舜卿君等尽力维持，得以转危为安。此中苦况，详知底蕴者尚多其人。所幸是年得有盈余，足以抵补上半年之亏折。自是以后，连年皆获盈余。
>
> 辛亥革命风潮，最属危险，竭尽绵力，得以渡过难关。次年营业渐佳，非添机不足发展，遂议定添锭一万八千。适二次革命又起，往来全绝，而机价待付，建筑需款，无一能

---

① 《无锡纱厂前经理被控》，《申报》1917年4月2日。

延，商之董事，无一应者，股款无着，而进行岂能遽停！筹思十余天，幸得茂新帮助，始能将新机装置完毕。既经出纱，销路大好。民国三年份，计余十四万七千余两，大局为之一定。

讵料董事会从此节节争权，大不满意于经理，而总董瑞馨为尤甚，欲得种种私利，均经鄙人拒绝，以是怀恨日深，而有意谋我矣。鄙人明知其故，屡欲告退，深以脱离关系为快。只以经手事多，隐忍至三月开股东会时，始得当众告退。讵知总董布置未妥，一时无人接手，不得已而仍因循过去。至八月，总董招到垫款经理，遽用公告手段，使鄙人离职。鄙人即于九月初十凭居间人立《振新、茂新互换股份合同》，划分清楚后，即将全厂及各项账目，一并交由商会会长孙鹤卿接收，各批发交由唐水成接收。交代后，毫无异言。

所有前两年各账，因查账员报告含糊，鄙人当众请交商会维查。而商会所请之查账员曹钰如，延不盖印，扬言非有查账费若干，不肯查理。鄙人自问，办理振新，毫无私弊，岂肯如此行为，抗不应允。不料曹钰如一再延宕，始终不理。至上年七月，勉强开出疑问十余条，以图含糊害人。而孙会长对于此事，既不彻究，又不招鄙人质问，将账搁起半年有余，至上月初，始行函知。而瑞馨得某某之暗助，即呈诉县署，希图吓诈。此鄙人与振新之大概情形也。

实业历史如振新者，诚所罕闻。苦心办理如鄙人，而瑞馨尚欲以诈欺手段，毁及个人名誉。结果如此，凡为经理者，能不寒心耶！除向县署辩诉外，特将接手时全厂只有十三万余元，加以招股十五万元之苦况，至脱离时全厂实数达八十二万五千元之实在情形，及乙卯年九月交卸时之账略，一并录请公鉴。希将瑞馨接手后之账逐一比较，其中关系，尚祈各股东勿自暴自弃为幸。

此启。①

启事所述事实确凿，所列账目清楚，这场官司对荣瑞馨日趋不利，于是他找刘柏生从中劝说和解了之，但荣氏兄弟不接受，荣瑞馨与荣氏兄弟的关系更是水火不容。

换股后，荣氏兄弟在茂新股权高度集中。具体如下：荣宗敬27500元，荣德生27400元，项仰斯1500元，查仲康1000元，王禹卿700元，杨经笙、杨菊笙各400元，杨录笙、杨少棠、荣梅春各300元，荣炳泰200元。除荣氏兄弟外的9个股东中，荣梅春、荣炳泰是本家，项仰斯是荣氏兄弟的外甥，查仲康、杨少棠是荣家办厂的助手，王禹卿的7股由荣家赠送，只有杨氏三兄弟与荣家关联度小。

1920年申新三厂在无锡梁溪河申新桥一带购地建厂时，荣瑞馨让振新纱厂经理蒋哲卿出面，暗中派人找茬，双方大打出手，闹得满城风雨。

1920年3月14日，《申报》刊发杂评《申新纱厂之建筑纠葛》：

> 无锡申新第三纱厂建筑争执事件，两方皆当地人，乡土情谊所关，自不难和平解决。即不幸而相持，然一方为发展本地之实业，一方则欲修复已毁之古迹，其争执既非纯为个人间之交涉，理由之孰为充分自不妨取决于舆论，是非易明，更无酿成重大纠纷之理，此可断言者也。特吾人于此别有所感慨者，内地实业之不发达，其原因虽甚复杂，然地方阻力之多，致令企业家望而却步，要亦一端。往往一事业之创办，当地人士或因个人之感情，或以一时之误会出而阻

---

① 《荣德生启事》，《新无锡》1917年5月8日。

挠，就令疏通，立时就绪，已费周章。万一一方走于极端，风潮扩大，则事业却因此停滞。此等现象各地多不能免，官场之所谓保护，不过文告上之口惠，安能消融此种阻力？此吾国实业所以不进也欤！①

《申报》杂评立意非常明确，希望政府能为发展实业保驾护航，而反对者所借理由是重修早已湮没的古迹五洞桥——通过修此桥，使申新三厂的运输船根本无法通过窄小的桥洞，涉及核心利益，申三与荣德生当然要阻止反对者的施工。《申报》发表了申三的来函。

（前略）查五洞桥久已有名无实，与上海之三洋泾桥、南北泥城等桥相同。以现在地势论，振新纱厂购地建筑栈房于前，申新纱厂向市公所购地兴造厂房于后，即使兴复五洞桥，已无道路可通，此一证也。又无锡申新第三纱厂，甫于上年年底开办，呈部饬县保护，乃蒋哲卿不于该厂未开办之先修复五洞桥，独于该厂正在兴筑之际，率领多人至该厂建筑地面阻挠工作，谓非扰乱治安，其谁信之？现有拍来照片，蒋哲卿在场督促，此又一证也。至无锡申新第三纱厂所购地基，或有粮单，或有市公所执照，有地盘图样尺寸可稽，合并附及。②

面对双方的冲突，荣宗敬负责的华商纱厂联合会出面请江苏督军和省长处理此事，未有解决，后求助于工商界名人张謇，"謇复加询访，略得真相，则保存五洞桥古迹云者，蒋所借以侵搅申新之名词。而申新紧逼振新而锭加多者，申新所被搅于蒋之因果。"张謇据此致函省长齐耀琳，"拟请属现在实业厅张厅长前往调停。调停之法，劝申新任造五洞桥以复古迹，责蒋偿还侵损

---

① 《申新纱厂之建筑纠葛》，《申报》1920年3月14日。
② 《为无锡申新三厂建造厂房受阻致〈申报〉函》，《申报》1920年3月14日。

之土石以维实业,当亦可剂于平矣"①。在张謇的帮助下,此事得到妥善解决。

1922年,50岁的荣瑞馨突然病逝,时他的长女24岁、大儿子14岁、次子12岁、三子7岁。

1915年,荣瑞馨接手振新时,振新纱锭数为3万,1922年他去世时,振新纱锭数还是3万,没有任何增加;而1915年荣氏兄弟开始创建申新第一纱厂,到1922年已有三家纱厂,纱锭数达到6万,1930年荣氏兄弟已成为全国闻名的面粉大王与纺纱大王。

荣瑞馨曾是荣巷首富,但面对荣氏兄弟的后来居上,心里失去平衡,最终使双方由合伙人变成了不共戴天的对手。因迷于投机不务实,他的辉煌昙花一现。

"无论是始于上海的无锡绅商还是在无锡本地发家的工商业者,最初创业之时,都离不开与别人的合资、合作。在一开始起步时,单打天下总是力不从心的。但在合作过程中往往又会产生矛盾,或经营不善,或时机不对,因此或者通过磨合后发展壮大,或者干脆抽资。通过实践,实业家逐渐成熟,并得到发展。"②

振新创建时,"8个股东持有相同的股权,没有核心股东,股权分散,聘请不拥有股份的支薪经理人,但企业的绩效说明这种股本结构和分散决策体制是不适合当时的市场条件的"③。荣氏兄弟在振新纱厂的创业实践中得出结论,以无限公司方式办企业较好。无限公司不设董事会,股东会也无大权,总经理由大股东担任,虽负有无限连带责任,却因而掌握经营全权,能够排除小股东的牵制。

---

① 朱江:《荣氏兄弟与张謇的交集》,《纪念荣宗敬、荣德生创业120周年学术研讨会论文集》,2020年。
② 郁有满:《无锡近代兴起的历史人文机缘》,见《郁有满地方史研究文集》,哈尔滨出版社,2010年,第142页。
③ 潘必胜:《中国的家族企业:所有权和控制权(1895—1956)》,经济科学出版社,2009年,第121页。

进军大上海

荣氏兄弟能成为全国首富，与其把企业办在上海有很大关系。1900年荣氏与人合伙在无锡创办茂新面粉厂，1907年再与人合伙在无锡兴办振新纱厂，十多年的努力，使他们积累了一定的管理经验与资本。1912年他们在上海滩创建福新面粉厂，1915年又在苏州河畔兴建申新纱厂，在十里洋场的大举扩张，使他们成为中国的面粉大王与纱业大王。

一、销售奇才王禹卿

荣氏兄弟从无锡进军上海，同王禹卿这位销售奇才有关。王禹卿1879年生于无锡蠡湖畔的青祁村，他比荣德生小5岁，其家距荣巷也仅几公里之遥，王禹卿后成为荣氏集团的元老级人物，拥有了巨额财富，在无锡中山路建起了豪宅（今梁溪饭店所在），在五里湖边建私家园林蠡园。

王禹卿13岁时与家乡的同龄人一样，坐船到120公里外的上海当学徒，其行装只有一床补丁叠补丁的被褥与一床破垫席，每月300文的零用钱，除理发洗澡等必要开支外，王禹卿积至年终仅存900文，购了笋干、线粉、红白糖等，托人带回家给父母。15岁时他的俸钱增加到每月1400文。17岁升兼外账事，"受宠若惊，律身愈俭，服务愈勤。凡应接买卖，权衡货物，出纳账款，以及油麻之扛扎、钉铁之包装、内外巨细诸事无不为。最苦者莫如盘数铁钉，夏季面常黝黑，宛如铁作艺徒；冬季双手破裂，终日疼痛难熬。而扛堆桐油，亦甚费力。每桶计重百余斤，两人搬运堆装，手须高举。力若不胜，往往败事伤身。人皆视为畏途，余独不畏艰辛，盖服役虽劳，而体则日强。每引古人'吃尽苦中苦，方为人上人'之语以自励。"

1898年，19岁的王禹卿回到家乡，这是他当学徒6年来第一次回到故里，在离家的第二年，他的母亲就病逝，为了"学业"，父亲不许他奔丧。学成归来的他站在母亲墓前，看到母亲坟头的青草都已几经荣枯，禁不住泪如雨下。

王禹卿21岁那年，邻居家用火不慎，把他老家的房子全部烧毁。听到消息，王禹卿与兄王尧臣立即从上海坐船赶回，只见"瓦砾遍地，片椽无存。惟有黔柱赭垣，烬余残剩，参差错峙而已。触目伤心，父子三人相抱而哭。当斯时也，居无容身之所，食无隔宿之粮。忍痛支木编茅，结庐栖息，箪食瓢饮，菽水养亲。余生平遭遇厄困，无有过于是者。"①

23岁时，王禹卿遇到了三个不同的老板。第一家是沈元来油麻肆。"主人初极足恭，诱余将崇沙各帮客尽为罗致。数月后即下逐客之令。奸侩狡狠，咄咄可畏。旋入绍帮恒来油麻行。王经理照贤视余以为能，派任烟台、天津、营口、乐亭诸帮客货交易事。余感激效力，不半载，推广营业，较增他人二倍以上。王君礼遇益隆，月俸加至14元。五月间，邻肆起火，店屋栈房俱毁。余适远出收账，留店之衣物，荡焉无余。店中虽获保险赔款，而主人始终游约，靳不分予。"

延及严冬，王禹卿无棉衣过冬。"偶见同乡曹如秀兜售无锡茂新厂飞虎牌面粉与烟台帮，怦然为之心动。即向曹君详询底蕴，且因之而见茂新公司总董张麟魁，经理荣宗敬。倾谈之下，

---

① 《王禹卿自述》//曹可凡，宋路霞：《蠡园惊梦》，上海交通大学出版社，2015年，第363页。

请将厂粉代向客帮推销,惟求先货后银,冀广招徕,得到荣宗敬的同意。即日起,除向各帮兜售桐油外,兼为茂新推销飞虎及帆船牌面粉。对客减少佣金,宽假银期,使之乐从。各帮客果相率来购粉。三数月间,计得佣金千余两。"①这是王禹卿人生中第一次发财,也展示了他非同凡响的销售才能。

1903年,王禹卿正式加入茂新公司,开始经营面粉业。而此时荣家所办企业还刚刚起步,并不为商界看好。但以后事实证明,这是一次强强联合,荣家正是有了王禹卿这位销售奇才,打开了市场;王禹卿也正是由于荣家这个平台,积累了巨额财富。

1903年农历六月,荣德生安排王禹卿渡江,"往江北黄桥、姜堰、泰县等处采办小麦,胡君志珊为主任,余司会计函牍。胡君年高而好色。行家投其所好,乱以酒色,缘为奸利。装厂之麦皆泥重品劣,上峰屡加诘责,嗣派张君介堂、荣君铭三到姜代之"。

刚刚起步的荣德生也因用人不当,让企业蒙受了损失。荣氏让王禹卿当会计与文书,也是未用人之长。好在荣德生很快就发挥王禹卿的长处,让他重回老本行。

王禹卿先来到上海推销积粉,一个月内存货都被他清空。10月间,他又受命赴烟台售粉,该处主任荣杏生处置不当,积压了3万多包,荣宗敬派王禹卿去"救火",如何在人地生疏处打开局面呢?王禹卿想到请烟台丰泰昌驻沪庄客马惠堂写封介绍信。王禹卿从上海坐了两天两夜的大轮到达烟台后,得到丰泰昌经理杨振声的鼎力相助,仅一个来月,便将积压产品销售一空。荣宗敬见到凯旋的王禹卿,极为高兴,奖励他200元。此时的荣宗敬不仅从事茂新面粉的销售,还推销美国面粉。

①《王禹卿自述》//曹可凡,宋路霞:《蠡园惊梦》,上海交通大学出版社,2015年,第362页。

次年开春，王禹卿仍赴烟台销粉，农历7月初，他奉命从山东半岛坐了一天一夜的轮船来到辽东半岛的营口搞推销，在营口这个商业重镇，集聚了江苏、浙江、安徽与山东等地的商旅，王禹卿很快打开局面，3个来月，销售面粉20余万包，获利2万余两，王禹卿从中分得红利千余两。此际面粉畅销，也与日俄在东北激战有关，战争带来面粉的供不应求。

1905年，王禹卿任天津裕大祥号经理兼茂新驻津营业主任，他只有两位同事，一是会计严少兰，一是文书徐初九。作为中国北方商业中心，天津市场繁华，竞争激烈，王的工作也卓有成效。

1908年，对荣氏兄弟来讲是非常艰难的一年，因裕大祥投机失败倒闭，导致广生钱庄关门，茂新振新也受影响，荣宗敬因所亏甚巨，"对外信用全失，债主纷集，门庭若市，堂客全满"[1]，"黄松年见大局危兀，即取款而逸，账房无人。王禹卿先生自津收束回申，即来帮助。王君应付有口才，遂任账房，兼销粉，颇能协力"[2]。

荣家危难之际，王禹卿施手相救，时荣家欠各钱庄银子20来万两，富于口才与公关能力的王禹卿与各钱庄开诚接洽，商议先将各庄尾款结清，整数至来年按月偿还，有王氏信用担保，各钱庄接受了这一方案，让荣氏兄弟逃脱一劫。当时王禹卿既非茂新股东，又非茂新的经理，却为荣氏企业两肋插刀，使荣氏兄弟非常感动。

1909年，茂新一些股东担心该企业债务如山，恐难支撑，便将股票抛出，股价由百余两降至十余两，不到原有的20%，荣氏兄弟暗派荣永达到处收购，只花200两就购进了14股，他们把7

---

[1]《王禹卿自述》//曹可凡，宋路霞：《蠡园惊梦》，上海交通大学出版社，2015年，第366页。

[2] 荣德生：《乐农自订行年纪事》，上海古籍出版社，2001页，第53页。

股送给了王禹卿。荣氏兄弟有着过人的商业才华,从险境中也能发现机会。

经过1909、1910年两年的奋斗,茂新盈余达十几万两,还清了欠款,企业重又焕发生机。尽管王禹卿为茂新的东山再起贡献巨大,但其工资每月只有20元。32岁的王禹卿再也按捺不住对财富的追求,"马齿徒增,蝇头莫致。茫茫后顾,老大堪嗟。既而幡然曰:大丈夫贵乎自立,岂可长此依人?"

这位销售经理与办麦主任浦文汀都不愿再寄人篱下,替他人作嫁衣,他们决定"单飞",脱离荣家创办自己的面粉厂。

他们想办一家200筒的小型面粉厂,10万元的资本成为拦路虎,他们得悉上海新闸桥北郑培之有一块地皮可租,便决定先租地开厂。

王禹卿办厂计划为荣氏兄弟获悉,对于这两位重臣炒自己的鱿鱼,荣氏兄弟没有责备,而是见机行事顺水推舟,提出合资。股本额定4万元,原议四人平分。王禹卿财力有限,只认8000元,浦认12000元,荣宗敬、荣德生各认1万元,以"租地、租屋、欠机"方式来办理。新厂命名为福新,由荣宗敬为总经理,王禹卿之兄王尧臣为厂经理,浦文渭为副经理,浦文汀负责购麦,荣德生为公正董事。时王尧臣在祝兰舫所办的华兴面粉厂当会计,收入稳定,本不愿跳槽,还是其父责之以大义,晓之以利害,才来任职。结果兄弟俩随着荣家面粉厂的不断扩张,财源滚滚,成为千万富翁。王尧臣儿子王云程娶了荣宗敬的女儿,荣家与王家关系更加紧密。

二、刮目相看的企业"繁殖"速度

福新面粉厂通过租地租屋、设备分期付款方式打造,其启动成本很低,荣氏兄弟基本上没多大负担。1913年夏,福新一厂设备安装完毕,荣德生从茂新抽调孙阿关等一批技术人员来帮忙,福新一开机，产品质量便达到了茂新现有的水准。福新一厂在采购、销售、仓储、品牌方面，都可利用茂新的基础，这使福新一起步就有了高平台高起点。

租办的工厂效益极佳，半年内就赚回了本金，他们便在闸北光复路购地建造新厂区，其"坐北朝南，毗连英租界，南濒西苏州河，地当水陆孔道，运输便利。全厂面积约占地十五六亩，厂房为六层楼，长88英尺，阔48英尺，高78英尺。全部墙壁均用钢骨和水门汀筑成。屋顶有蓄水柜，可容水量3000加仑。凡安全自来水龙头及保险门等，设备俱全。公事房在厂房之南，其西有栈房四所，均系二层楼。厂中机器，咸购自美国。全部原动力为430匹马力之马达两具，构造均极精良。每日夜共计用麦2400担，出粉4800包。"该厂由协盛营造厂张继光打造，荣宗敬与张继光建立了深厚的兄弟情谊，张继光成为荣氏企业营造厂房的主要承建商。

1913年5月，荣氏兄弟又集股3万元，以2万两归银租进上海西苏州路中兴面粉厂所有的厂房、机器，分四期缴付，每3个月缴纳一次，先缴纳押金5000两，改为福新二厂，经过修整改造，福新二厂欣欣向荣，每日可产面粉2000包。1914年荣氏兄弟购进二厂附近的垃圾堆，每亩价在1500两左右，并建厂房及辅助建筑，购买设备，共投入10万两。

中兴面粉厂的租期只有两年，期满后，双方协定将中兴面粉厂盘让给福新，改称福新四厂，1919年双方就价格达成一致，为12万元，仅为中兴面粉厂原投资额的四成左右，福新四厂正式建立，其主要负责人与二厂相同，以丁梓仁为经理。

在第一次世界大战中，赚得金盆满贯的福新二厂四厂又于1919年投资筹办福新八厂。八厂规模虽次于七厂，但机器是荣氏所有面粉厂中最好的，其产量也是荣氏面粉厂中最高的。"福新八厂建立之后，和二厂、四厂并列一排，东西长达1300多尺，共占地56亩，南为莫干山路，西沿东京路，东临阜丰面粉厂，北临苏州河，水陆交通十分便利，以福新二、四、八厂为核心的荣氏面粉集团规模初现。并在此后的几十年里，莫干山路不仅是上海的面粉工业中心，更是全国重要的面粉工业基地所在。"① 福八居三厂中间，福二居东，福四居西，到1928年福二有粉磨48，福四有磨32，福八有磨56，三厂共计有粉磨136座。每年用麦508万担，产粉990万包，三厂资本达190万元，共有职员76人，工役494人。② 因三厂管理层相同，这样每厂的人力资源成本相比同行要减轻许多。

1917年，荣氏兄弟又承租无锡大佬祝兰舫的华兴面粉厂，华兴面粉厂1904年创建于上海北苏州路新垃圾桥东首，南临苏州河，占地3亩多，投资30万两，全部机栈均系西式楼房，用的是新式钢磨，荣德生在华兴初建时曾去参观，羡慕不已。当时茂新用的是石磨，一日才产300包，比华兴落后一大截。可十多年过去了，华兴因不善管理，日薄西山，只得出租厂房。1919年华兴被荣氏兄弟收购，分10年还清，改为福新第六面粉厂，他们"力谋整顿，废弃从前之老式引擎，改用工部局马达，各部机件亦大加改良。更于机房对面添造三层楼栈房一所，使机力增加，货储无患，内部焕然一新"③。经理查仲康，副经理王尧臣，技师张文彬，资金40万元，每年用麦60万担，产粉110万包，粉磨18座，商标兵船、宝星，职员20人，工役126人。

福新七厂创建于1921年9月间，在上海英租界大通路，坐南面北，南接新闸路，北濒西苏州河，地当水陆孔道，交通便利。

---

① 代四同：《上海莫干山路工业区的历史演进研究》，上海社会科学院2018年硕士学位论文。
②《茂新福新面粉厂一览表》，《茂新福新申新总公司三十周年纪念册》，上海世界书局，1929年。
③《福新第六面粉厂概况》，《茂新福新申新总公司三十周年纪念册》，上海世界书局，1929年。

全厂面积共约30余亩，厂房为八层楼，长216英尺，宽53英尺，高112英尺。全部墙壁及梁柱，纯用水门汀和钢骨筑成。凡保险门、安全自来水龙头等，各层设备俱全。屋顶更有蓄水柜，可容水量一万加仑。公事房在其北，其左右两旁为一、二、三、四、五号粉麦堆栈，均为平顶，以备夏秋间晒麦之用。由二号栈斜达河岸，悬架空中形如天桥者，面粉输送机也。

厂中机器咸购自美国。全部原动力为6000伏高压，1200匹马力之大马达，亦系美制，构造均极精良。每日夜共计用麦7000担，出粉14000包。该厂是茂新福新面粉厂中规模最大的，集股30万元，荣宗敬与荣德生各占3成，王禹卿王尧臣各占2成，以王禹卿王尧臣为经理。

福新三厂创办于1926年，厂址上海小沙渡路浜北，经理王尧臣，副经理吴昆生，技师张文彬，资金30万元，每年用麦80万担，产粉150万包，粉磨24座，职员30人，工役100人。

福新8个厂中，只有福新五厂不在上海，其设在汉口硚口宗关，1918年开机，经理荣月泉，副经理李国伟、华栋臣，技师华迩英，资金150万元，每年用麦110万担，产粉200万包，粉磨38座，商标牡丹，职员22人，工役180人。

除福新外，尚有茂新系列，1916年荣氏兄弟以每年2万元租金承租无锡惠山浜惠元面粉厂，次年以16万元购进自办。经理陆辅臣，副经理孙荫午，每年用麦30万担，产粉60万包，粉磨18座，商标兵船，职员24人，工役160人。

1917年无锡共有5家面粉厂，除九丰外，其余3家惠元、泰隆、保新都由茂新租办，改为茂新二厂、三厂与四厂，1919年茂三、茂四租期到，均未续租，一为原主收回，一为大丰买去。

1919年，荣氏兄弟还在济南火车站附近购地建茂新四厂，经理张文焕，技师包文高、林福生，资金25万元，每年用麦30万担，产粉60万包，粉磨12座，商标兵船，职员21人，工役

79人。

至1919年,"茂、福新粉销之广,尝至伦敦,各处出粉之多,无出其上,至是有称以'大王'者。"荣氏兄弟从1900年投资创建保兴面粉厂到成为此行业的"龙头老大",获得"面粉大王"的桂冠,用了19年时间。

1928年茂新福新申新30周年纪念时,荣家拥有粉厂12个,资金755万元,每年用麦1138万担,产粉2210万包,有粉磨346座,职员286人,工役1699人。12家工厂中,上海7家,无锡3家,济南与武汉各1家。12家工厂中,规模最大的、设备最好的、产量最高的,也都在上海。

三、担当"老母鸡"的申新一厂

荣氏兄弟1912年到上海发展面粉业,3年后他们又把纱业扩张到了上海。这就是创办于1915年的申新一厂。

1905年荣氏兄弟与荣瑞馨在无锡合办振新纱厂,在荣德生的经营下,纱厂扭亏为盈,规模日益扩大,基础更加稳固,可荣瑞馨却用各种手段排挤荣氏兄弟。荣氏兄弟决定与荣瑞馨分道扬镳,另立新厂。

1915年农历四月初一,振新召开董事会,荣瑞馨还做了充分准备,担心荣氏兄弟"赖着不走",可出乎大家意料的是,荣德生主动请辞。

荣德生回到茂新,新选出的经理张叔和便找到他,荣德生在《乐农自订行年纪事》中记载了他们的对话:

"今日之事,你知道方针否?"余答"不知",云:"我之接手,请你帮我做代理。"余大笑,曰:"我以代理张云伯始,而代理老先生为终乎?决不可。"却之,连走三次,打恭不起。余云:"老先生命我代理错矣,不如向董事会辞职。"彼云:"我有道理,君尚拟再创纱厂否?"答:"学业初成,如何不做？"他说："对！对！拟设何处？本地乎？"余未答，曰："然则上海无疑。上海我熟，园中地皮掮客，将晚日日聚会，托择合式者买之，七天可有回音。"答："如此甚好，拜托！拜托！候信可也。"彼云："无此省事，要互助交换，君为我代理振新，至董事会物色得人为止。且你们既然不合，是否各做或归并？我可作中间人。"是语甚合我意。又曰："吃花酒，我要跟瑞馨，荞胜；做生意，要跟你，稳可赚钱。君创新局，我必入股，不可却我。"①

时年，张叔和65岁，荣德生40岁。张在上海人脉广、信息多，回上海没几天，他就推荐一块地皮，位于苏州河畔的周家桥东。原是程姓殷姓两人用来合办织呢厂，没有成功，另有一家轧油厂，因经营不利，将产业抵押于教堂。两处合计共有基地24亩，办公房屋两座，单层厂房一幢以及几种制油机械和引擎、锅炉等设备，愿以4.1万两价格出售。

荣德生得知后立即动身到上海进行现场勘察，发现此处乃风水宝地，苏州河有几弯，从河口起第一曲至第八曲都是小转弯，到了周家桥，却是个九十度的大转弯，每天子午潮水涨落，由此以西就不很明显。原有厂房虽然已旧，但建筑比较牢固，装纱机1.2万锭，可以不用再造屋，可节省费用与时间。荣氏兄弟当即交了购地定金，并签订了购机合同，4个月把机器从英国运到。

申新股本初定30万元，荣氏兄弟的投资占55%，张叔和占25%，其余20%为散户小股东所占，全部股东共23人。小股东几乎都是荣氏兄弟的老伙计和有关往来户，其中如王尧臣、王禹卿、吴昆生、荣永达、严裕昆、陆辅臣等是茂新或振新的老职员，潘调卿、李裕成则是与荣家企业早有往来的花行和钱庄老板。申新开办后，他们大多担任了该厂重要工作，或与厂有密切

---

① 荣德生：《乐农自订行年纪事》，上海古籍出版社，2001页，第73页

的业务往来，因此对企业的经营管理全心全意，团结一致，力求减少浪费，杜绝漏弊。

荣氏兄弟从农历四月离开振新决意另立新厂，到十月初一申新开机，不到半年时间，真可谓神速。赶上纱业"黄金时代"，申新一厂一投产，便每月能赚上万元，担当起荣家纱业"老母鸡"的角色。

申新一厂由项惠卿任经理，荣永达副之，严裕昆任总管，吴昆生负责收花，刘阿荣为工头，他们原都随荣德生在振新纱厂工作，熟悉业务。

申新一厂开办时，周家桥一带还比较荒凉，四周皆土路，以后工厂又收购了厂旁的空地，添办各部及工人住房184幢，实占地共有40余亩。1917年创设布厂，购布机350架，1918年又购布机760架。所出布匹，除销售各埠外，自制粉袋，供给本公司各面粉厂。1919年建设新纱厂，在慎昌洋行购得美式细纱锭25920枚，并置2200匹马力之新式马达一具。

1917年3月，荣宗敬听说恒昌源纱厂有意出售，便想购进，但荣德生想在无锡办一纱厂，便借"屋破机旧"加以反对；而荣宗敬认为恒昌源设备不良是事实，但该厂地段极好，买了不吃亏。但荣德生坚持说："仅地好无益，制造尚不如地偏而机新，立时可造，自成一局，在锡为佳。"虽然荣德生坚持认为纱厂关键在于设备，有好设备就能生产好产品，就能有好收益，可最终他还是遵从兄长的意愿，同意购买。

荣氏兄弟以40万元购进了恒昌源，该厂由周舜卿、祝兰舫、陆培之等几位无锡乡党合办，有纱锭9200枚，地27亩，它坐落上海公共租界西区，前临宜昌路，后沿苏州河，水陆运输均极便利。

申新二厂自购进后，因设备陈旧与款式众多，生产上一直不顺利，企业效益不好，更换了几茬经理，也不见起色。荣德生对兄长不听其意见、购买此厂耿耿于怀。

可抗战爆发后，这家在租界内的工厂得天时地利之便，几年间加班加点地生产，为荣家创造了巨额利润，使荣家能清理积欠。从这点看，荣宗敬比荣德生更富战略眼光。

1925年申新二厂的股本为50万元，荣氏兄弟持股80%，经理丁梓仁持股20%，丁是荣宗敬的小舅子，后丁利用职权，抽借企业大量资金，到1931年10月，他的欠款已经与他的股款相等，荣氏兄弟决定取消他的股份，以抵消他的债务。通过这一次股转债，申新二厂变为荣氏独资。

申新三厂建在无锡，其意家乡有荣德生打理的茂新面粉，方便管理；从振新退出的荣氏兄弟，在振新旁开办新厂，也有与对手荣瑞馨争高低的意味。

1919年，申三开始创建，股东43人，分三期集股150万元，荣宗敬54万、荣德生投资54.5万元。

荣氏企业中都是荣宗敬的股份要高于荣德生，惟有申新三厂例外，兄长要少5000元。

1919年，荣德生与薛南溟谈妥，购得梁溪河边工艺传习所18亩土地。反对者则在其附近四面买地，以阻挠荣德生建厂，但荣氏兄弟做了不少工作，购得周边92.6亩土地。该厂跨河而建，河之东南为纱厂，东北为布厂，西岸为公事房、职员宿舍及发电、轧花、修机等部。工程还是由老朋友俞锦棠包工，自己办料。1919年秋间，先在华昌旧址建立办公楼，次年正月，建筑电机间、锅炉间、修机间等处，2月建纱厂，年底告竣。

1920年，荣宗敬在汉口筹建申新第四纺织厂，选址汉口，是考虑此地为九省通衢，陕西、河南、湖南、湖北四省棉花集中地，其每年又要购买上海生产的大量棉纱。在此办厂购销两利节省成本。于是在宗关购买了李绥福的一块地产，以后便由荣德生长婿李国伟主持造厂、购机。1922年开机生产，1928年有资金

100万元，锭子17600枚，织机273部，每年用棉55500担，出纱15000件，布12300匹，纱商标人钟、四平莲，布商标双喜，职员50人，男工450人，女工1320人。

申新以后共有9个工厂，除无锡申新三厂与武汉的申新四厂外，其余都在上海。继面粉业后，上海又成为荣氏集团纱业的生产中心。

1921年茂新福新申新总公司成立，荣宗敬的办公地点由三洋泾桥搬至刚竣工的江西路公司大楼，该大楼占地2.8亩，购地与建设共耗资35万元左右，这是一笔不菲的开销。其费用由各厂承担。壮观气派的办公大楼是荣家事业兴旺的一个标志，随之便是人员的增多、开销的增大、关系的复杂。自从搬进这栋大楼后，荣氏事业则变得更加曲折。

四、借力魔都大舞台

上海为荣氏集团发展提供了宽阔的舞台，荣氏企业大多数为何都要落户"魔都"？这既与上海的城市环境也与荣氏的经历、眼界有很大关联。

自从上海开埠与太平天国动荡后，上海便因通商口岸与租界的"优势"而迈上了快速道，吸引着一大批中外冒险家来此创业与打拼，也带动了更多的人来此讨生活。

1843年开埠时，上海城市人口20来万，1915年超过200万，1919年，上海已是拥有245万人口的中国最大城市，差不多是北京人口（85万）的3倍，天津人口（90万）的2.7倍，广州人口（160万）的1.5倍。1949年上海人口超过500万。这500万中来自于无锡的就有8万左右。

无锡近代最早一批成功的企业家都是在上海积累财富的，他们中有钢铁大王丁明奎、电气大王祝大椿、张园园主张叔和、第一家民营银行创办者周舜卿以及与荣氏兄弟同时代的沈瑞洲、陆培之、丁熊照、匡仲谋等。

荣氏兄弟13岁起便来到上海当学徒，其后荣宗敬便一直生活工作在上海，荣德生1938年前则以无锡为中心，除在上海当了3年学徒、在广东跟父亲作了5年税吏外。

20世纪20年代，在荣氏兄弟、杨翰西、蔡兼三、唐骧庭、程敬堂、钱孙卿等一批工商人士的努力下，无锡这个普通县城一飞冲天，继上海、天津、武汉、广州后成为中国第五大工业中心，被誉为小上海，但无锡与上海间的差距不可以道理计。从1918年至1930年，上海、青岛、武汉、天津、通崇海、无锡六个城市纺锤总数占全国总数（东北除外）的85%，分别为55.79%，7.88%，7.33%，5.70%，4.42%，3.36%。上海在全国工业中，可以说一马当先。

荣氏兄弟1912—1932年间，在上海建立了一系列的面粉厂与纺纱厂，这20年恰是上海大发展的20年，他们及时赶上了这趟快速行进的列车。

上海地处中国大陆海岸线的中点，长江的出海口，20世纪20年代初，由上海开往欧、美、日各主要港口的定期客轮可以直接到达伦敦、马赛、汉堡、新加坡、旧金山、西雅图、温哥华、檀香山、神户等，每条航线都有多家轮船公司经营。国内航运方面，1921年，在上海登记的内港船只有300多艘，北至天津，南至广州，西至重庆，近则长三角各内河港口，无处不通。上海有内河、长江、沿海和外洋四大航运系统，出入上海的轮船和吨位都占全国总数的1/5以上。

民国时期中国棉花、小麦都不能自给，需要大量从国外进口，在上海采购原料较内地任何一个城市都要方便与低廉。上海有强大的基础设施、众多的高校，有大量的技术人员与管理专家，有大批的熟练工人，有配套的上下游企业，有雄厚的资本与繁华的市场，这都为在上海创办公司提供了良好的基础。

上海得天独厚的优越条件，使上海形成了产业集聚群。据统计，1930年，列强在华投资额中，英国的76.0%、美国的64.9%、法国的40.9%、日本的66.1%（东北除外）都集中在上海。中资方面，1932—1933年，全国现代棉纺织厂共136家，其中64家在上海；烟草制品厂共60家，其中46家在上海；现代面粉厂共83家，其中41家在上海，全国各种现代工厂共2435家，其中1200家在上海；中国现代制造业工人，有43%在上海；上海的工业产值，占全国工业总产值的51%。[1]

荣氏兄弟把公司总部及大多数企业都设在上海是极其明智的决策。如果他们一直在无锡发展，只能是小步快走，从无锡来到上海这个大天地，才使得他们拥有了更高的平台更宽的跑道，才使他们实现了弯道超车、大步跨越。

近代上海有着复杂的政治生态，"一市三治"——存在三个行政管理机构，即公共租界、法租界与华界。三家各自为政，互不统辖。上海公共租界面积最大时为33503亩（1899年），1914年法租界面积最大时为15150亩（1914年）。华界呈现一治多区、南北分隔的特点。华界市区原在城厢内外，随着城市发展，闸北、沪西陆续城市化，浦东沿江一带也出现仓库、工厂与居民集聚区。1920年前后，华界市区主要在南市与闸北，两地均属上海地方政府管辖，但公共租界与法租界横亘其间，这使得华界管理空间支离破碎。"一市三治，不是人为设计出来的，两租界的存在是对中国主权的严重侵犯，但这个制度框架为上海居民提供了虽没有平等但比较安全、虽没有民主但较有自由的政治空间。"[2]

荣氏兄弟来上海当学徒与创业初期，都住在华界的南市，当

---

[1] 熊月之：《上海城市集聚功能与中国共产党创立》，《学术月刊》2021年第6期。
[2] 熊月之：《上海城市集聚功能与中国共产党创立》，《学术月刊》2021年第6期。

然先是租房，后是购房。1896年他们创办的第一家公司广生钱庄也是在南市，南市处于上海县城南门与黄浦江间，这里道路狭窄，人口稠密，生活成本低廉。以后荣氏兄弟成为富甲一方的企业家后，他们在法租界购置了豪宅。

茂新福新申新总公司大楼在江西路，这里属英租界，离外滩不远，与诸多大公司总部毗邻。在沪的福新申新工厂除后期收购的申六申七在杨树浦外，其他大都在苏州河两岸。

荣氏十多家企业中，多数在租界外，少数则在租界内，这里购地成本要贵，但安全系数要高。日本侵华时，荣氏在租界内的6家企业（福二福四福七福八与申二申九）躲过了炮火，为荣家赚起了巨额财富。

因信用与管理的方便，上海很多机构、企业都优先录用本乡人。湖南人聂云台、聂潞生兄弟经营的恒丰纱厂，所培养或使用的工程师，是清一色的湘籍人，工人也大都是湘鄂籍。安徽人孙多鑫、孙多森兄弟在上海办的阜丰面粉厂，其员工有90%来自安徽。荣家企业所雇佣的职员，2/3为无锡人，1/8职员姓荣。先施、永安、新新、大新等四大百货公司，都是广东人开的，其管理层面的职员几乎全是广东人。

1933年，荣宗敬为解决公司高级人员的住宿，出资建造32幢三层楼房，取名锦园（位于今愚园路805弄），每幢建筑面积103.8平方米，总计建筑面积3322平方米，全部为砖木混合结构。白色的外墙，红色的瓷砖墙裙，朱红色的钢窗，沿窗是齐窗台高的冬青树，很是气派。入住锦园的高级职员家庭几乎清一色全是无锡背景。整条弄堂里说的是无锡话，行的是无锡的风俗礼仪。锦园，宛如愚园路上的无锡村。

机遇与风险：负债扩充的荣氏发展模式

善于利用借贷资本是提高资本使用效率的有效途径，也是荣氏企业快速发展的重要原因。荣氏资本运营的特点是，当多数企业都不景气时，它敢于利用机遇借债发展。这种借债发展的理念和策略，从社会角度看，可以依靠企业家的才能，利用和推动社会闲散资金来创造更多的财富，提高资金的使用效率。从企业的角度看，有利于解脱自有资本短缺的困厄，以小搏大，以少量的自有资本推动和组织更大规模的生产，增强竞争能力，加快发展步伐。

一、举债扩张

1915年，荣氏兄弟设立申新一厂，原始资本30万元，荣氏兄弟占60%股份，生产设备1.9万锭。1917年他们又以40万元购进上海恒昌源，更名为申新二厂，荣氏兄弟占股80%，设备纱锭9200枚。1920年，在无锡开设三厂。1921年在汉口开设四厂，纱锭1万枚，资本30万元。

荣氏所有企业都采用无限公司的组织形式，股东对企业债务要承担无限责任，一旦企业资不抵债，甚至破产清算时，股东必须以个人全部资产来清偿债务。因此，股东相互之间必须充分信任，绝对忠诚可靠，才有长期合作的可能，这就自然地限制了股东的人数。

申三创办股东43人，1933年增资扩股时为46人，1945年

77人，1949年到公私合营时止为111人，新增股东大多是创办股东的股份在家属子女间的析分，而同一时期创办的无锡庆丰纺织有限公司，1920年创办时股东269人，1947年增至858人，股东人数是申三的6至8倍。[①] 无限公司在利于家族控制产权的同时，也带来融资的不便。

1924年起，纺织界全行业不景气，部分企业在寒流中撑不下去，出租或出售。荣氏兄弟逆风行船，在低价时购进。1925年购进德大纱厂为五厂，纱锭2.8万枚。创建于1914年的德大坐落于上海东区华德路高郎桥堍，前面及左侧均沿直通黄浦之小河，水陆运输便利，它占地近28亩，设备尚新。德大也是无限公司，集资范围小，穆藕初任经理，他没有股份，事事请示股东，大股东拥有支配决策的影响力。1921年，德大纱厂总会计结伙挪用公款做私人投机，亏空数十万，1924年以69万两[②]卖给债权人，归钱庄管理，1925年以65万元转荣氏兄弟。

常州纱厂由恽禹九等建于1921年3月，因经营困难而停工，恽禹九求助于老朋友荣宗敬，1925年夏，荣宗敬以15万元承租该厂，时命名为申新六厂，租期两年半，期满后又续租了4年，其有纱锭1.9万枚。

英商之东方纱厂，原为德国商人1896年在香港创办的瑞记纱厂，一战后由英国商号安利洋行接手经管，迁到上海，位于杨树浦36号黄浦江边，占地66亩，纱锭5.4万枚，布机446台。因连年亏损，1928年夏停产，以175万两出售。叶琢堂多次找荣宗敬要联合购买此厂，荣德生反对，理由是该厂设备已陈旧，地段不适合做工厂，周边少生活设施，"工人难立脚，开支必大，出品不出色，销路难去"。荣宗敬却赞成购进，一是看中此厂位置，

[①] 尤学民：《投资与资本运作》，汤可可主编：《依理而行——申新三厂经营文化研究》，凤凰出版社，2020年，第36页。

[②] 1两等于1.4元。

"前临马路，后通黄浦江，大小船舶均可直靠栈房码头，交通便利，无逾于此"，二是叶琢堂的关系。1929年初，集股50万两，荣氏兄弟各出三成，叶占四成，以叶琢堂之子叶达明为经理，取名为申新七厂，不久叶达明被人绑架并遇害，此事对叶琢堂打击极大，他退出申七，由三新总公司照原本分年付还。购买东方纱厂向英国汇丰银行押款200万银圆，年息八厘，每年利息16万元。

1929年，郭乐郭顺兄弟开办的永安纱厂购进了新式设备，荣宗敬见后非常喜欢，也想引进，洋行听到信息后，便上门推销，价格还很"美丽"，荣宗敬购后在申一旁建屋，即以后的申新八厂。荣德生认为公司人才与资金都短缺，只能购2万锭，但荣宗敬不管这一切，坚持大手笔，购4万锭。"申一拆去一切布机及地上已建各屋，造钢骨水泥厂屋二层，颇整齐。"严裕昆任经理，同时负责一厂与八厂。

1931年以申新五厂作抵押，向银行借款160万元，购进厚生纱厂，为申新六厂（常州厂退还），有纱锭7.3万枚，线锭1.3万枚，布机449台，同年以40万两购进三新纱厂机器（纱锭6.9万枚，线锭880枚，布机900台），开设申新九厂，① 所花经费又来自借款。

1932年，利用福新二厂后面50亩土地建申新九厂，原计划以100万造屋，100万改造、修理与搬迁，没有建厂资金，便向英商麦加利银行贷款，再请张继光建厂，1933年九厂完成搬迁与安装，从杨树浦迁至澳门路新址，建筑费用了246万，电气装置100万，加上添置配件等，总计520万元左右，大大超过了原先的预算。

到1932年，荣氏企业扩张达到顶峰，同时拥有21家面粉与纺织厂，其中申新九个厂共有纱锭52万多枚、线锭4万枚、布机

---

① 钱钟汉：《荣氏系统产业资本的形成和发展》，《文史资料选辑》第二十四辑，中华书局，1962年。

5357台，固定资产总值4185.8万元，职工31717人，年产棉纱30.6万件、棉布279.8万匹，分别约占全国民族资本棉纺织厂纱、布总产量的18.4%和29.3%，继"面粉大王"之后，荣氏兄弟又成为中国的"棉纱大王"。"溯该公司发轫之始，约在民国四年，初仅一厂，纱锭一万二千余枚，房屋狭小，设备简陋，在纺织业中更藉藉无名。不二十年，突飞猛进，而即数十倍于初。该公司之手腕灵活，气魄雄伟，确非常人所能及。"①

面对这一成绩，荣德生仍充满危机感，因为他看到中日间巨大差距：

> 较之东邻，与我创造同时，而收效之宏，相去奚啻霄壤。今其国内有七百余万锭，在吾国境内者，已达一百六十余万锭。初创之厂，如大日本、福岛、钟渊等，异常发达，各有数十万锭。盈余积资之厚，机械改良之速，出品之精，销行之远，可畏又可羡也。夫何以优劣相差若是其甚？缘彼十年来，专以人才处理之，政府保障之，资金集中，人才集中，对内对外，无一不全神贯注，视为重务。非若吾之各自为政，工人无教育，职员乏技术，事事散漫，所以难收效也。今后吾业亟宜重视教育，藉群策群力，仿邻国已效之法，或更进之，冀得薄效，庶免强宾夺主之患。②

荣氏兄弟认为要在激烈的市场竞争中，尤其与日本纱厂的竞争中，立于不败之地，必须要大肆扩张，占领市场，把船造大，这样才能经得住大风大浪。

荣氏兄弟扩展企业的主要方式：一是招股集资，建立新厂。如茂新一厂、福新一厂、申新一厂、申新三厂创办时，都是采用

---

① 《申新纺织公司调查报告书选录》（一九三四年七月国民政府实业部调查），原载申新史料研究委员会一九五六年十一月选编的油印本《申新系统企业史料》第二编第二期。

② 荣德生：《忆吾所见所闻之纺织》，《人钟月刊》创刊号，1931年9月1日。

这种方式。二是转移支付，财务重组，企业有了盈余，大都用于积累。福新一厂从1913年至1922年间，由盈利中陆续拨付给福新二、三、七厂的投资金额，总计达390多万元，差不多相当于福新一厂创办时投资的一百倍。后来其他各厂扩建或创建新厂时，大多照此办理。三是兼并重组，租地租屋欠机，扩大生产规模；租办收买旧厂，兼并扩充企业。他们不仅善于借助有利形势建厂扩充，而且敢于在不利形势下冒险添机。

1921年以前，荣氏兄弟经营过15家面粉厂，其中租办的6家，租办后收买的3家；申新9个厂，5个厂是买来的。① 荣家前期主要是自建，后期多收购。自建周期长、设备新、费用高，收购可以利用竞争对手的基础，周期短，费用低，但设备不理想。

荣氏集团的快速扩张不是建立在自有资本充足的基础上，也不是通过有限股份公司向社会大量集资，而是以无限公司的形式向银行大量举债。荣氏兄弟筹集资金的办法，除了招股集资和自我积累以外，主要依靠借贷。1921年创办申新四厂时，仅集资28.5万元。购地、建厂房、买机器和开办费就花了158万元，借贷近130万元。荣氏兄弟都是学钱庄出身，熟悉金融业务。为了获得资金，他们直接向中国银行、上海银行等十几家有实力的本国银行、钱庄投资，以取得借贷的便利。申新纺织公司向中国、上海两银行投资不过几十万元，而1931年向这两家银行的贷款将近1000万元。他们不仅善于向本国银行借钱，而且敢于向外国银行作大宗抵押贷款。

利用银行资本扩大企业规模，让企业超常规发展，也是企业家常用的策略，但喜欢冒险的荣宗敬"赌"得过大，完全是"蛇吞象"。申新自1930年以后从银行借入了大量资金。"1932年末

---

① 陈文源：《荣德生及其家族百年创业历程》，上海大学、江南大学《乐农史料》整理研究小组编：《纪念荣德生诞辰130周年国际学术研讨会论文集》，上海古籍出版社，2005年，第45页。

申新资产总额6423.2万元,其中借入资本额4374.1万元,自有资本1802.2万元,资产总额中自有资本占有率为28.1%。这些借入资本来自银行、钱庄的借款与客户、股东和职工的储蓄及荣氏企业间的往来资金。"[1] 据统计,至1934年,申新一、八两厂向上海银行、中国银行、福泰钱庄、鼎康钱庄及中央信托公司抵借540万元;申新二厂向上海银行及中国银行抵借201.2万元;申新五厂向上海银行、中国银行及永丰钱庄抵借209.7万元;申新六厂向上海银行、永广银公司及滋康钱庄抵借223.7万余元。

荣氏企业系统通过并购扩厂,产生了规模效应,带来资源的充分利用、充分整合,降低了管理、原料采购、生产等各个环节的成本,在竞争战略上取得优势。申新举债扩张的方法,在市场需求良好,销路旺盛的情况下,企业是盈利的,但是一旦出现市场萧条、企业衰落的情况,那就不免发生财政上的危机,让企业陷入困境甚至绝境。

二、借新债还旧账

荣宗敬曾这样说,自1933年以来"无日不在愁城惨雾之中。花贵纱贱,不敷成本,织纱成本,布价亦仅及纱价,销路不动,存货山积……盖自办纱厂以来,未有如今年之痛苦者也"。

这场全行业亏损自1931年底就开始发生,此年日本发动九一八事变,东北市场丧失;此年长江流域大洪水,大量田地房屋受淹,国内市场的购买力急速下降,纱价剧跌。1931年及其后一年多的时间里,申新品牌人钟42支纱"每包从325两跌到206两",估计每个开工的纱厂平均"每年要赔蚀资本的四分之一",并且产品质量越好,赔累愈多。1933年与1932年相比,花价下

---

[1] 陈璐灵:《20世纪30年代申新企业金融危机及应对》,华东师范大学硕士学位论文,2011年。

降了 6.9%，纱价却下降 14.3%，布价下降 11.8%，荣氏纺织企业处于空前的产销逆境，从极盛时期的高峰走向低谷。

此外，1929 年爆发的全球经济危机对中国的波及越来越大，导致市场更趋萧条。1930 年，荣宗敬通过代理商在芝加哥交易所做小麦、棉花期货交易，对行情判断出错，操作上频频失误，出现了巨额亏损，1930—1931 年两年亏损高达 1000 多万元，这对已陷入困境的申新公司来说更是屋漏偏逢连阴雨。

1933 年 3 月 29 日是黄花岗起义 22 周年，国民政府规定每年此日放假纪念，武汉的申新四厂只留 5 名工人，整理未竣的地轴。"下午四时左右，该地轴突发大火，一时灌救无效，结果仅保全清花间及布厂，所有纱厂及梳纱间、摇纱间全部被焚，无法开工，损失约二百万元。"① 虽有保险公司一百万元的理赔，但荣家为建新厂，其在银行的债务再增加。1921 年申四初建时，股本 28.5 万元，荣宗敬持股 15 万元，占 52.6%，荣德生没有入股，1933 年增资重建，总股本增加到 92 万元，荣德生入股 28.4 万元，荣宗敬则增加到 58.4 万元，荣家持股达到 94.13%。经理荣月泉持股 1 万元，1931 年李国伟代荣月泉任经理，可他没有股份。

为摆脱全行业亏损，荣宗敬任主席的纱厂联合会于 1933 年 4 月 10 日在上海举行会议，商讨应对生产过剩的措施。上海、天津、汉口、无锡、南通及各会员厂代表 30 人，代表 5 个会员厂，一致通过执委会提出的减工案，并议决减工办法：(1) 自 4 月 22 日起，至 5 月 21 日止，各厂实行减工。每星期六、日一律停工；或由各厂先行决定果用相关办法减工 23%，并向监察委员报告。(2) 凡遇停工之日，各厂职员薪水减半支付，未到厂者停付。(3) 公举监察委员 3 人，监视各厂减工状况。(4) 推黄首民、李

---

① 《汉申新纱厂失慎后难开工》，《申报》1933 年 3 月 31 日。

升伯、薛春生为监察委员。外埠监察委员由外执行委员兼任。(5) 无论到会及未到会会员厂，应一律无条件服从本议决案。其不遵行者，应照章处罚，并应开革其会籍。

4月21日，减工的前一天，联合会主席荣宗敬就向政府提出四条建议拯救棉纺织业：由中央银行和上海私营银行发放低息贷款；提高进口棉布的关税；取消进口原棉关税；重订固定税。①

4月22日，沪厂鸿章、永安一二三、申新一二六七八九、振华、统益、振泰、恒大、宝兴、纬通等19家厂，均停星期六、日昼夜工；大丰停星期日工，且每日减工2小时，停车7部；民生减工23%；申新五厂停星期五夜工与星期六、星期日日工；协丰停800锭。天津恒源与裕元、无锡申三、振新、广勤、庆丰与豫康、武汉震寰与裕华、南通大生副厂，亦按计划纷纷或于星期六、日减工，或减工23%。

4月29日申新总公司致各厂函："本公司因环境关系，已议决各厂实行减工，同时实行紧缩。如工人赏工、职员升工应一律取消，日用各种物料应减省，各种材料价格应减低，至职员工人应自5月1日起实行减少，是为至要。"②

此次包括降低工资、停发奖金等的减工远未达到提高纱价、平抑棉价的预期效果。"一部分厂家因成本关系，损失更甚。"华商纱厂联合会于5月10日再次举行全体会议，通报各地减工概况，决定各厂今后经营方针。据该会调查，"纱日趋委靡，断非现有减工百分之二十三所能奏效"，"各埠纱厂目前状况或须完全停工或须增加减率，或尚能维持现状"。到会30余厂代表，均以"情形颇有不同，势难再勉其一致"，议决减工1个月期满后，自

---

① "荣宗敬报告上海华商纱厂危机并拟具救济方案致行政院呈"（1933年4月21日），见中国第二历史档案馆编：《中华民国史档案资料汇编》第五辑第一编财政经济(6)，页14—16。

② 上海社会科学院经济研究所编：《茂新、福新、申新系统：荣家企业史料》（上），上海：上海人民出版社，1980年，第558页。

5月21日起，各厂停工或减工悉由各厂根据自身经营状况自主决定。

4月开始的减工势必影响工人的收入与饭碗，加剧全国工潮。实业部接到华商纱厂联合会减工呈案后，即派工业司长刘荫弟于20日到沪。中央党部亦特派民运会伍仲衡科长同行。21日、22日，刘荫弟、伍仲衡于沪市府召开两次联席会，商谋救济之道。第一次出席者为市府秘书长俞鸿钧，市社会局吴桓如、王刚、秦宏济，上海市党部秘书长姜怀素，纱厂联合会荣宗敬、聂潞生、郭顺、张则民诸人。当局建议展缓减工，以从长计议。厂方代表则以减工业经议决，实难更动为由加以拒绝。第二次出席者为市长吴铁城，银钱业林康侯、陈健庵、徐新六，纱界聂潞生、郭顺、张则民。当局希望银钱业能为纱厂注入资金以渡过难关。讨论结果，均认为"非金融一方面所能解决"当前困局。

吴市长当即决定电告行政院，建议召集实业、财政、铁道各有关方面部长联席会议，并由纱业推派代表赴京参与协商。24日，铁道部特派业务司长俞棨赴沪邀集纱厂业代表荣宗敬、聂潞生、张则民及纱界代表，商讨救济办法。25日，荣宗敬、聂潞生、郭顺等人与社会第二科长桓如，向行政院长汪精卫、代财长汪琳、实业部次长郭春涛、铁道部长顾孟余报告华商纱厂实际困难，呈请中央予以减低原棉、纱运费。

28日，行政院政务处长彭学沛召集实业、外交、铁道、财政四部及民运委员会代表，召开首次会议。5月2日，行政院召集第二次会议，四部拟定"治标法四项：（1）设法推销存货。（2）商请各国家银行低息放款。（3）给予运输上种种便利。（4）缩短减工期间，不得再行减低工资。5月5日，汪精卫、陈公博召集上海各复兴会委员开会，讨论救济棉纱及丝业问题。会议决定由政府商由国家银行，用低息放款二千万元"，用于棉织业流动资金。同时中央一再要求各纱厂早日复工。

上海市党部秘书长姜怀素通过记者,一方面劝告厂商将原议减工办法设法变通,另一方面希望工人以国家实业前途为重,严禁有任何越轨举动。可是,事与愿违。华商纱厂联合会委婉拒绝了政府的要求。申新厂为紧缩开支,违反《工会法》,取消星期赏工。5月25日,申新一厂工人9000余人以此为由罢工,提出5点要求:(1)照发赏工。(2)履行劳资契约。(3)分派历年盈余。(4)解决一切悬案。(5)停工期内照发工资。27日,在公安局长文鸿恩及党政代表王先青、陆荫初等到厂调解后,劳资双方互相协助。总经理荣宗敬应允照发5月份赏工。溥益一厂同样因为取消赏工引起工人怠工,然其结果则是劳资双方互不相让,以致工厂停工。①

减工并未能解决全行业的亏损,反而在华日资纱厂依托其先进的设备、较低的利息、更优的税率、科学的管理、更高的质量、更低的价格扩大了市场份额。

1934年4月的材料表明,按申新各厂平均计算,20支纱每年工缴费用为41.43元,日商纱厂为25.20元,其中利息支出,申新为16.23元,日商为3.42元。

从全年的利息负担来看,仅申新一厂历年债务利息支出,1929年为16.7万元,1933年增至80.5万,1934年又增至82.6万元,利息支出在企业当年收入的比重也由1929年2.09%,增至1933年4.28%和1934年5.05%。申新各厂总共负担的利息,1932年至1933年每年都在500万元以上。

捐税负担呈逐年增长的趋势。申新一厂1929年支付捐税2.5万元,1933年增到75.7万元,1934年再增至79.8万元。捐税支出在企业当年收入中的比重也由1929年0.32%,增至1933年的4.03%和1934年4.89%。申新各厂总共负担的统税,1933年达

---

① 田彤:《民国劳资争议研究》,商务印书馆,2013年,第138页。

269.9万元。荣德生的《乐农自订行年纪事》中称："加税三年，约已抽去增税一千五百万元。政府毫无觉其多，商已受苦难言。"①

至7月底8月初，上海永豫、隆茂、恒大、振华、同昌，无锡广勤、豫康，宁波和丰，武昌汉口、震寰，芜湖裕中，郑州豫丰，天津裕元，长沙湖南第一，均已全部停工。

荣宗敬本以为行情转好，企业赢利可以归还到期债务，可旧债未还新债又增，且各金融机构都不再对荣家进行信用借贷，荣家企业"申新一至九无不抵押，茂一、二、四亦押款，申三为总公司押出。惟面粉厂福一、三、七未押出而活动，有自营能力，且有私产，信誉未损"。

秋间，荣鸿三子荣智海殇，61岁的荣宗敬"最爱此孙，大为伤感，致生偏中风，半身难动。由叶慎斋针十余次，渐愈，脚稍有不舒，至冬复原"。两个月间，荣德生不停奔波于无锡上海间，一方面拆东墙补西墙，应付到期的借款，一方面担心兄长的身体与公司的前途。

三、与破产擦肩而过

1934年春，申新借新债还旧账的办法已行不通，银行与钱庄都停止向申新"输血"，而这时申新与茂新所有工厂、仓库等物品都已抵押，只有福新一、三、七厂未押出，还能活动。福新已改由王禹卿控制，荣宗敬希望老臣王禹卿能"以粉济纱"，但福新的部分股东认为面对申新的无底洞，小马拉大车，不仅救不了申新，反而让福新也要陷进泥坑。

6月底，有一笔500万元借款到期，银行要申新归还，如要延期必须提供财产抵押，28日晚，长子荣伟仁从上海赶回无锡，

---

① 荣德生：《乐农自订行年纪事》，上海古籍出版社，2001年，第115页。

找到父亲寻求帮助。荣德生立即与亲家、时任中国银行上海分行经理宋汉章电话联系,宋又去找中国银行经理张公权商量,而宋一时又联系不上张公权,此晚荣德生与上海方面通话11次,得到明确答复,可以以家中压箱底的债券等贵重物品作抵押,中国银行与陈光甫主持的上海商业储蓄银行再放贷500万,并让王禹卿取代荣宗敬,任三新公司总经理,李升伯任申新纺织部经理。

59岁的荣德生彻夜未眠,与儿子荣伟仁带着抵押品,从无锡坐早晨4点的火车,7点到上海,上午9时到中行大楼立契签字。荣德生与王禹卿、陈光甫、张公权、李升伯以及荣氏欠款的十多家钱庄负责人商谈,希望他们仍支持荣宗敬担任三新公司总经理,但大家在此问题上意见不一。荣德生回到无锡后,利用以前在棉花市场上积累的老关系,让各花庄继续给申新三厂送货,再由申三转送给上海的申新其他纱厂——它们断货后,靠信用已拿不到原料。

7月4日,在支出了280万元后,中国、上海两行都停止支付,理由是李升伯未到任,由此造成了申新搁浅。

棉纺业是中国近代规模最大、分布最广、影响最深的工业行业,被称为"近代中国第一工业",无论是在资本的集中度还是吸纳就业人口方面,均无出其右者。1932—1937年间,全国产业工人的57%都在纺织工业。而上海为我国华商棉纺业的中心,有华商纱厂28所,日商纱厂30所,英商纱厂3所,居全国棉纺业之半。[1]

作为棉纺业面粉业龙头老大的上海三新公司(即茂新、福新、申新),有21个工厂,10多万工人,加之众多与其命运攸关的收花、办麦、销售、仓库、运输等企业,荣氏集团的存亡对经

---

[1] 马寅初:《世界经济恐慌如何影响及于中国与中国之对策》,《马寅初全集》第7卷,浙江人民出版社,1999年,第464页。

济对社会影响极广。

荣氏兄弟也利用其人脉资源，寻求政府救济。7月5日、12日国民党元老吴稚晖两次上书最高领导蒋介石，阐述荣氏兄弟事业事关国计民生："弟以荣先生等于实业之关系，不惟商场将因之盛衰，工人将因之苦乐，外货将因之消长，即政府保商之策，亦必受其影响。更欲造成一纱业大有作为之人物，亦甚非易。故弟愚昧，以为似此非常之事业，政府必予以非常之救济。"① 吴稚晖与蒋介石有极深的信任度，开放的蒋介石日记显示，在国民党高层中只有两个人没有被蒋骂，一个是其子蒋经国，一个则是吴稚晖。②

吴稚晖与荣家关系极为密切，凭借自己的老资格、大能量，他帮荣家疏通关节，他致函行政院长汪精卫与实业部长陈公博。7月8日，荣德生与陈光甫、张公权等赴南京面见汪精卫，汪问荣德生近日办理情形，荣德生请求政府允许申新发行500万公债。汪让陈公博去落实，陈答应等调查清楚后，批准发行。

财政部、实业部与棉统会派员调查后，编有《申新纺织公司调查报告书》，认为申新全部资产估值5903万元，负债6376万元，资不抵债；而且组织不良，经营管理毫无系统，提出"依公司法成立新公司"与"改换经营组织"。陈公博致信吴稚晖："倘今日仍以荣氏为中心，则外间已不信仰，中心无法可以维持。弟与债权人磋商再四，彼等有一口号，即是'不难维持，最怕复辟'，意谓债权可以磋商，倘以荣氏为中心，则恐又蹈无组织无管理之覆辙。"因此，"只有政府组织整理委员会，委以专门之人，如李升伯之流，授以全权，根本整理"。并将申新"改组有限公司，使债权者皆为持票人，其不愿作股东者另筹款偿还，对

---

① 《吴稚晖函蒋委员长》，《人报》1934年7月21日。
② 陈红民等著：《细品蒋介石——蒋介石日记阅读札记》，人民出版社，2016年，第8页。

于荣氏送回红股若干,此法律人情之事也"。①

实业部所提方案使荣家丧失申新的控制权,荣家不愿辛辛苦苦打拼起来的成果为政府与他人所窃走,四处公关。王禹卿、李升伯也不想接这烫手的山芋,19日,王辞去总经理职务,次日荣宗敬复职,荣德生再次到南京寻求支持。经多方努力,整理方案作了修正,政府退出。31日,汪精卫在行政院会议上提出:"目前该厂虽稍遇困难,然既由荣氏本人大加整理,此后如有需要政府予以助理,自当格外设法,以资维持。"②

8月15日在取得申新一厂、二厂、五厂、八厂的抵押权后,中国银行和上海商业储蓄银行为这几家纱厂提供了400万元的运营资金。合同附加了严格的贷款使用条件。会计、管栈员均由银行团指派,但由申新付酬(第1款);购置原棉和设备须银行团同意(第2款);工厂必须以银行团的名义——由银行代表签字或盖章——签署对外单据(第3款)。申新一厂和八厂的赤字不得超过40万元,二厂和五厂不得超过20万元。超出部分申新必须立刻以现金抵偿。否则,银行将停止提供贷款,申新不得反对。为了纱厂的运营,银行暂时承担赤字。贷款期间,申新应寻求政府贷款作为运营资金(第4款和第5款),纱厂应该进行技术和管理改革。如果银行觉得有改进的必要,其有权使用申新的资金实施改进(第6款)。出售产品的全部收入都必须登记在申新的总账簿上,由申新总经理、高级经理和各厂副厂长监督(第7款)。中国银行和上海商业储蓄银行对纱厂管理承担了更直接的角色,而其他银行只满足于核对账簿而已。因为所有的纱厂都抵押给了银行团,荣氏家族不敢忽视债权银行的意见。

---

① 申新史料研究委员会编:《申新系统企业史料》第二编第二期,1957年,油印稿,第199页。
② 贺慰、陈文源:《1934年申新搁浅》,《无锡文史资料》第28辑。

"虽然对银行的干涉不满，荣宗敬还是不得不努力改进企业以说服银行继续提供贷款。在荣德生和其子荣伟仁的领导下成立了改进委员会，以使工厂运营更为合理化。"① 但是改进委员会的成就有限，早在1934年12月，即贷款合同签订仅4个月后，债权银行就表示了强烈的不满。上海商业储蓄银行棉业调查团发现，尽管货栈管理和原棉采购都在银行有效的控制之下，但申新的棉纱销售不受控制，正在导致巨大损失。纱厂复杂的会计账簿使银行很难正确估计企业的资产负债情况。出于对申新前景不景气的考虑，1935年1月，中国银行和上海商业储蓄银行决定仅继续贷款给申新一厂和八厂，不再贷款给二厂和五厂。1935年2月申新停止运营二厂和五厂。②

1934年夏，因高利贷带来的资金链断裂，荣氏集团险遭张謇、穆藕初等人的命运，得益于两兄弟在政界与金融界扎根较深，有贵人相助，申新总算与破产擦肩而过，虽大难不死，但面对债台高筑，两兄弟停止了开拓，竭尽全力为银行"打工"。

总结此年的风风雨雨，荣德生如是感叹："是年之多事，为生平未遇。思想正大，立论未错，垂危之局，卒保平稳，教育义务亦未稍停，余至今尚津津乐记。后之办事业者，必以诚心为心，富贵岂难事哉！"③

四、申七"保卫战"

1935年刚过完春节，荣氏兄弟又遇窘境。此事源于1929年购买东方纱厂（即申新七厂），以厂基、房屋、机器向英国汇丰

---

① [日] 城山智子著，孟凡礼译：《大萧条时期的中国：市场、国家与世界经济》，江苏人民出版社，2010年，第140页。
② 申新五厂于1936年10月复工。
③ 荣德生：《乐农自订行年纪事》，上海古籍出版社，2001年，第119页。

银行抵押借款200万元。1933年10月，又签订押款转期临时契约书，根据契约规定于1934年底到期还本。陷入困境的荣氏企业，无法在规定期限内偿还汇丰银行的债务，只是按月交付利息。

1935年2月，当申新七厂照例向汇丰银行交付息金时，汇丰银行突然拒绝接收，并威胁说申七必须立刻全部付清借款，否则将拍卖申新七厂。申七根本付不出本金，它先向国民政府请求援助没有结果，又向汇丰银行请求延期付款，并愿意交全部利息及借款的一部分。但汇丰置之不理，并由律师通知申新七厂的第二债权人——中国银行和上海银行，要根据契约对申新七厂实行公开拍卖。同时让英商鲁意斯摩洋行登出拍卖广告："本行受有关系之第一受押人之委托，准于2月26日下午3点半，在北京路本行前间拍卖坐落本埠东区贵重地产68亩，兼该地上所建房屋以及房屋内机器"，"系属于申新纺织公司第七厂。此项产业，限价银洋225万元，若出价不到此数者，则不予考虑"。

当时作为第二债权人的中国银行和上海银行得知汇丰要拍卖申新七厂的消息后，立刻向上海第二特区法院申请，要求对申七实行假扣押，以避免被汇丰单方面拍卖。经法院裁定："债务人所有第七厂全部地基、房屋、机器及其他财产，限于前记请求金额范围内，应行假扣押，以备清偿。"但汇丰银行对于法院的制止悍然不顾，仍然要求鲁意斯摩洋行于2月26日照常拍卖申新七厂。

申七事件中，英方的我行我素，引起社会上强烈反响，作为纱业同业组织的华商纱厂联合会2月23日下午3点召开紧急会议，商讨对策，维护实业，以保主权。到会的有永安纱厂代表郭顺，恒丰纱厂代表聂潞生，溥益纱厂代表黄廷芳，内地纱厂联合会委员薛明剑及申新纺织公司代表荣伟仁、荣鸿元、荣鸿三，暨列席的天章造纸厂刘柏森、刘孟静等十余人。会议推举郭顺、聂潞生和刘孟静三人组成专门委员会，负责申新七厂被拍卖事件。他们计划前往英国领事署，"要求取消汇丰违法拍卖之行为"。该委员会对报界发表声明，认为申七事件中汇丰银行"蔑视上海地区地方法院假扣之裁定，有损国体尊严，事关全国棉纺织业前途，影响甚巨"。若"外商即拟接管该厂财产，或须发生严重问题，群情惶急"。恳请政府能"迅速设法制止，以保国权，而维事业"。纱联会还通告各华纱厂商从即日起对外国银行断绝往来，动员"国产广商，将原存于外商银行的存款，提出转存本国银行，今后永不在外国银行存款，拒用外国银行的汇票和钞票，不向外商银行做押汇"。

上海市商会、上海市总工会、南京市商会等社会团体纷纷响应，形成一股声势浩大的抵抗运动。全国160多个同业公会成立救济协会，形成了对汇丰银行的同仇敌忾的声势。此外，"各报社论，一致谴责汇丰非法行为"，形成强大的舆论攻势。申新七厂的工人也自发动员起来，奋勇护厂。

国民政府被迫作出积极的姿态，派实业部长陈公博至上海处理此事，还通过外交部致电英国驻上海总领事，要求汇丰银行应按合理的司法程序办理。2月25日下午，行政院长汪精卫电告上海市长吴铁城"劝告汇丰暂缓拍卖，并由财、实两部会商救济办法"。26日，吴铁城派人前往劝阻汇丰银行拍卖申新七厂，但汇丰银行置之不理，并于当天将申新七厂拍卖给日商。

27日，吴铁城再次劝阻汇丰银行，仍无效果。3月3日，吴铁城邀请汇丰银行大班赫区门会商申新七厂欠债分期拨还办法。吴铁城主张，积欠利息尾数25万元提前发还，余款分四次全都偿清。赫区门表示同意，答应撤销拍卖。抵押的200万元借款延期至1940年偿还，年息由8厘改为7厘，并由申新在1937年支付利息12万元。

"1932—1936年，华商纱厂停工的纱锭总数高约100万至270

万,华商的倒闭率甚高,这种恶劣的情势,到1935年达到顶点,一年内全部92家华商纺织厂中有24家倒闭,另外14家部分停工,致使1/3的华资纱锭闲置未用。"① 荣氏兄弟虽遇申七风波,还好在各方的支持下,总算妥善解决。

5月11日,"为求社会各界真切明了彼所毕生经营之事业起见",荣宗敬特地邀请上海各大报50多名记者参观申新九厂及福新面粉二、八两厂,他这位总经理从申七事件中意识到媒体的巨大作用,开始放下身段,陪同参观。

下午一时记者齐集江西路421号申新总公司大楼,后乘坐该公司特备之上海搬场汽车公司大号客车两辆,径赴澳门路140号申新第九纺织厂,由荣宗敬等殷勤招待,入该厂大客厅,略事休息。

二时一刻由荣氏率领厂长吴昆生、副厂长陈品三、工程师吴士槐,参观申新九厂及福新二、八两厂各项设备,历二小时之久。参观完毕,旋折返原处品茶点,由荣氏致欢迎词,并报告申新各厂情形,至五时半,仍乘该厂特备专车,返江西路总公司而散。欢迎词中,荣宗敬谓:

> 今日承诸君光临,不胜荣幸。鄙人与诸君难得有把晤之机会,敬略述创办实业经过情形与现在之困难、未来之希望,幸垂听而辱教之。鄙人在四十年前,见舶来品日盛一日,利权外溢,遂有创办实业之思想。维时吾国商办实业无多,而洋粉洋纱之运销于吾国者数已巨。于是邀集同志,筹办面粉厂与纺织厂,迄今历三十余年,创立面粉厂十二厂、纺织厂九厂。创立纺织厂尤较面粉厂为困难。……
>
> 识者以为创业之难,不知维持之难,更有甚于创业。外

---

① 张宪文张玉法主编:《中华民国专题史》第六卷,南京大学出版社,2015年,第136页。

商设厂于吾国，实行其经济侵略，而倾销政策尤为纺织业唯一之致命伤。外厂营运资本，利率甚低，制成熟货，成本既轻，推销自易。

吾国本无资本家，创办实业，无不仰给于金融界。年来花贵纱贱，营业既无生路，而统税仍须照缴，利率不能减轻。此种痛苦惟鄙人能言之，能受之。溯上年敝公司金融周转发生问题，营业为难，鄙人不敢告劳，仍以一身担当者，亦视办实第二生命。非奋斗到底，三十余年之苦辛将付诸流水。所幸政府明察，早有援助决心。……

诸君从事新闻业，为民众导师。制造国货与宣传国货，鄙人愿与诸君分负其责。申新各厂分散四处，势难导引诸君一一参观。而工作及管理方面，参观九厂一处，可概其余。还望予以批评，再图改进，毋任企祷云云。①

此时记者们看到荣氏企业"面子"光亮的同时，也清楚其"里子"暗影重重。申新资产负债率，1922年为57.8%，1925和1929年上升为74.3%和74.2%，1936年高达92.6%。②

---

① 《荣宗敬招待报界参观申新福新各厂并致辞》，《申报》1935年5月12日。
② 汤可可：《经济绩效分析》，//《依理而行——申新三厂经营文化研究》，凤凰出版社，2020年，第293页。

资本市场中的兄弟情深

荣氏兄弟能成为面粉大王与纱业大王，除经营给力外，还与其擅长资本运作有相当的关系，但成也萧何败也萧何，过度的资本运作也使荣家企业最终因欠债过多而陷于困境。但面对困境，荣氏昆仲团结一心，共度时艰。

一、兄弟俩学艺于钱庄

民国实业家多出身于商人与买办，他们在市场营销方面很有经验，对资本运作则不是很熟稔。荣氏兄弟尤其是荣宗敬擅长资本运作，同其出身于钱庄有一定的关系。

晚清钱庄业门槛较高，钱庄学徒选人的主要渠道，都是通过熟人介绍而来，大多为本钱庄股东所推荐，偶尔有个别是经理、协理之亲友子弟。保举人对所举荐来"应招"的学徒生有连带责任。其要求是：年龄15—20岁之间，因为年龄太大就会影响学习的效果，缺少可塑性。须身高五尺，五官端正，仪态大方，口齿伶俐，家世清白，还要懂礼貌。同时，要具有相当于旧制高等小学毕业的文化程度（在私塾念书则必须达八年以上），并且善珠算，会楷书。学徒生的较高文化素质，可以说是旧时钱庄业中所特有的现象。经理或经理委托者对其笔试面试合格后，即择日进号录用。对于钱庄的股东来说，有自己推荐的人担任钱庄的各种职务，会增加其在钱庄内部的影响力，加强控制钱庄的力度，从而间接地影响到钱庄的经营管理活动，但是，无论是股东推荐或者是经理、协理的推荐，学徒生想进入钱庄，还必须取得社会上具有一定声誉、地位和资产的人士的书面担保，即所谓"荐头""保头"，并且钱庄对这种担保进行年核，即每年年底，如果保人提出终止担保，钱庄就会停止学徒生继续学习的资格。学徒生在学徒期间出现问题，"荐头"须承担一定责任。学徒生尚未进钱庄的门，就已经被罩在一个关联度极高的连带关系的"大网"之中了。学徒生们之所以甘愿自投罗网，那是因为网内有比网外更好的前程：学徒期满，就可以任跑外昀、钱房、银房、外账、内账、襄理（三掌柜）、协理（二掌柜）、经理（大掌柜），一阶一阶升上去，前、钱二途皆光明似锦。同时，旧时钱庄就有一个约定俗成的规矩，就是一般钱庄在录用学徒生中往往不录用跳槽者和被其他钱庄开除的人。[1]

1888年和1889年，15岁的荣宗敬与14岁的荣德生分别进入上海南市永安街源豫钱庄、通顺钱庄学艺。

农历八月二十四日，一个黄道吉日，荣德生到通顺钱庄报到，依行规拜师，先献上贽礼——拜盒里有"贽敬6元，席敬加1元"，在高烧的红烛前向业师行跪拜礼。这所钱庄有2位店员，一姓徐，一姓窦，还有3位学徒。

拜师后第二天，荣德生随窦先生开始练习从事钱庄业所必须具备的基本功——练习如何甄别各种银圆成色："朝着阳光看银圆表面的成色，敲打各种银圆版面，静听不同的声音，从右手转换到左手中指上，衡量银圆的轻重，练习敲打的姿势"。此外还要学习甄别银块和银元宝成色的技能。

钱业流行的民谚曰："黎明即起，侍奉掌柜；五壶四把（茶壶、酒壶、水烟壶、喷壶、夜壶和笤帚、掸子、毛巾、抹布），终日伴随；一丝不苟，谨小慎微；顾客上门，礼貌相待；不分童

---

[1] 潘春华：《闲说旧时钱庄学徒制度》，《江苏钱币》2017年第2期。

叟,不看衣服;察言观色,唯恐得罪;精于业务,体会精髓;算盘口诀,必须熟练;有客实践,无客默诵;学以致用,口无怨言;每岁终了,经得考验;最所担心,铺盖之卷;一旦学成,身股入柜;已有奔头,双亲得慰。"学徒期间,学徒生不允许离开钱庄,学徒期满后方可回家探亲,学徒生每年须缴付膳食费银洋十二元到二十四元不等。①

钱庄内部组织:经理职掌钱庄全权,以协理、襄理一二人辅助之。经理之下各有专职,一是"清账",专管编制月结年结、决算盈亏、计算利息;二是"汇划",掌握会计事务、考核存欠、记载账目、查核票据等务;三是"钱行",又叫市场员,专任市场拆银,买卖银圆,四是"跑街",专管在外承揽生意,兼任信用调查;五是"洋房",专司各银钱钞票之出纳及洋款账目之记录;六是"银行",专司与银行、钱庄同业拆放来往等务;七是"客堂",专任庄内应接宾客及一切庶务;八是"信房",专管文书之类。学徒或练习生则从事收票、抄录、传递等杂务。当然大的钱庄人员分工明确,小的钱庄则一人兼职多种工作。如清末苏州开业钱庄有19家。大的钱庄有25人左右,小钱庄10人以下。钱庄以资本的多少分为三等,大同行资本在4万元以上,中同行资本在2万元以上,小同行资本在1万元左右。

1890年父亲从广东回家,路过上海,见到德生,劝他不要学商,还是回家读书,将来参加科举考试博取功名,但德生还是认为学商更适合自己。此年底钱庄给他3元的压岁钱。

1891年荣宗敬结束学徒生涯,在上海森泰蓉钱庄当店员,次年德生也完成学业。在学徒的三年间,德生与哥哥经常互动,出道早的哥哥也经常给弟弟以点拨,让他少走了不少弯路。

1893年正月,在家中参加哥哥的婚礼后,德生与父亲前往广

① 潘春华:《闲说旧时钱庄学徒制度》,《江苏钱币》,2017年第2期。

东税务部门工作,直到次年农历十二月,荣德生才离开广东回家,他路过上海到南市找哥哥,才知钱庄关门,哥哥已回无锡。自1889年起,钱庄吸收资金,行贴现办法,利息优厚,月息约2分,且先扣除利息(贴现),此类钱庄上海有百余家之多,吸收游资在2000万两以外。1894年,钱庄不能兑现,全数倒闭,汇划钱庄被累者过半数。①

回荣巷后不久,德生完成了终身大事。相聚一月后,荣德生又随父亲到广东工作。

二、初创业:携手创办钱庄

1896年正月,患病的父亲决定在上海南市开设广生钱庄,宗敬为经理,德生管正账。几个月后,兄弟俩又决定在无锡设分庄,21岁的德生回无锡负责分庄业务。

清政府规定,开钱铺必须有"五家互出保结",也就是五家殷实买卖的连环铺保,方可开业,以防他们超出铺中资金,大量滥印钱票,而后突然关铺逃匿,致民众受欺骗。

钱庄业兴盛的重要原因之一是货币兑换的需要,清代货币制度极度紊乱,通行的货币包括银锭、银圆、银角、铜元、制钱、纸币等,而流通中的主要货币银两和制钱各地成色既不统一,价格亦不一致,省与省之间、城与城之间的货币彼此无法直接流通,必须经过专门机关兑换。由于货币种类多样,产生了各种不同货币间的兑换方式和价格殊异,又有金与银、银与铜、银两与银两、银两与银圆兑换比价的差别。清朝的币制实行的是银、钱同时发行,并规定可以根据比价互相交换。兑换银、钱是钱铺一项只赚不赔的生意,客人用整银子兑换散碎银子,需要"贴水"。

---

① 王树槐:《中国现代化的区域研究——江苏省(1860—1916)》,中央研究院近代史研究所专刊(48),第324页。

财团首户：无锡荣家

1888年上海有62家钱庄，规模大的称为大钱庄，每家资本3万两到5万两；规模小的每家只有资本500两到1000两。大部分钱庄资本在5000两到1万两。钱庄一类专门从事对制成品、棉丝等批发商的放款，另一类则对贩卖鸦片的捎客放款。如果借款人在庄票到期前还款，所收的利息是较低的，如果到期不能出售货物或有其他原因不能还款，利率的上升则是无限制的，月息有时高达8%—10%。[①] 1903年，上海钱庄发展到82家，南市23家，北市59家。

父亲让宗敬德生两兄弟习钱庄业，是因为此行业有一定的技术含金量，属一个比较高大上的职业；父亲能创建广生钱庄，说明他不仅有一定的积累，为两兄弟提供第一桶金，且在上海滩有一定的人脉，能找到五家同行提供担保。

广生钱庄开张不久，48岁的父亲就遽归西天，两兄弟非常珍惜父亲给他们留下的这份产业，他们主要经营汇兑，如放款无风险，他们就兼营；如果放款有风险，利润再高他们也不愿为此而冒险，三年间，荣德生每月报酬为8元，年底有30元的奖金。与他前几年在广东当税吏每月22元且饭费全免的待遇相比，差了一截。

因人微言轻，信用不足，营业平淡，1898年三位合伙人要求从荣家开设的广生钱庄退股，荣氏兄弟一面将股金退还，"一面关照勿将此事声张，以维护广生信誉"。三位合伙人是不是周舜卿、祝大椿、唐晋斋？荣氏兄弟发达后，在记录这段历史时，为照顾合伙人面子，没有点出他们的姓名。1898年，后来被他们确定为创业的起点。1929年由荣宗敬主持编印、出版的《茂新福新申新三十周年纪念册》标明"1898—1928"。

合伙人之所以撤资，估计是荣熙泰去世后，荣氏兄弟过于年

[①] 中国人民银行上海分行编：《上海钱庄史料》，上海人民出版社，1960年，32页。

轻，他们有些担心，而这种担心不是没有道理，因为无论是独资还是合资的钱庄，均负无限责任，如遇亏欠倒闭，资不抵债时，独资的庄主或合资的股东，必须破产偿还。

广生钱庄开设后，大约有四年的时间处于一种不盈不亏、勉强维持的状态。到第五年即1900年，北方义和团运动兴起，大批商人涌到上海采购面粉，汇兑十分活跃。广生钱庄借机盈利4900两，为历年所无。这是荣氏兄弟在商海中掘得的第一桶金。此后广生钱庄有五年的时间连续获利，每年获利都在5000两左右。这种状况一直持续到1906年为止，广生钱庄加起来差不多获利3万两左右。这3万两左右的商业利润即是荣家企业的原始资本。荣氏兄弟对近代工业企业的早期投资基本上都是来自于这一笔商业利润。

当时无锡钱庄还不多，清末也只有14家：(1)达源钱庄，经理单蓉坡，1868年开办；(2)义和钱庄，经理江焕卿，1868年开办；(3)德丰钱庄，经理范熙臣，1875年开办；(4)广生钱庄，经理荣德生，1896年开办；(5)正康钱庄，经理殷揆卿，1903年开办；(6)广城钱庄，经理唐子良，1903年开办；(7)怡昌钱庄，经理周舜卿，1904年开办；(8)同和钱庄，经理吴玉君，投资人杨宗瀚，1904年开办；(9)汇源钱庄，经理张荣溪，投资人孙蓉伯，1904年开办；(10)元康钱庄，投资人张敬仲，1904年开办；(11)裕宁官钱局，苏州藩库拨款，1908年开办；(12)恒升钱庄，荡口华姓大地主开办；(13)知仁钱庄，吴保三任经理；(14)穹茂钱庄，殷俊卿任经理。

1899年8月，无锡钱丝两业公所成立，在无锡最繁华的北大街竹场巷中段建造了三开间四造两层楼房，作为钱丝两公所办公大楼。在此还设查账处，办理同业汇划市场、同业中进行银两汇兑、拆放、贴玩等交易业务，这是我国较早的票据交换所的雏形。

年轻的荣氏兄弟时常出入竹场巷钱丝公所，与同行一样，经营钱庄的同时还兼营丝业，两兄弟在荣巷住所开设公鼎昌茧行。由于可以无息利用钱庄客户的现款，大量收购鲜茧，烘干后，通过丝厂老板薛南溟的关系，直接送往沪、锡两地缫丝厂，每年都能稳获二三千元的收益。

钱庄为我国固有的金融组织，在自给经济时代，它利用了责任无限的优点和以道德为信用的制度，在历史上对促进经济发展起到了一定的作用。原来金融业只有钱庄，后来多了银行。1906年由无锡人周舜卿出资 50 万两，在上海兴办信成商业储蓄银行总行，并出任总经理。翌年 2 月在无锡开办信成银行无锡分行，这是无锡第一家银行，由蔡缄三出资 10 万两，并任银行经理，行址在北塘财神弄口。开幕那天，无锡、金匮两县知县率文武官吏、地方著名绅士、各界团体头面人物都礼服盛装，前来庆贺，想必人群里也有荣氏兄弟，这家银行与荣氏企业关联度极高。

三、面粉交易所与荣氏企业的发展

1919 年 8 月日商取引所（即交易所）决定从 9 月 1 日起兼做棉花贸易，并在浦东建设栈房，为囤花之用。其目的无非是要操纵中国的棉花市场，抑制华商厂家的发展。纱联会闻讯后立刻制订两套对策，一是治标："（甲）各厂不往取引所购花，必坚持到底。（乙）凡在取引所买卖花衣之花行、花号及捐客等，各厂与之断绝往来，并登报宣布此旨"。二是治本："联合棉业设立花纱交易所，或由本埠各厂向产棉区域公设花行"。1920 年 1 月 6 日，纱联会决定由华商纱厂、纱号联合组织纱布交易所，"每股五十元，共二万股，计一百万元。推聂云台、徐静仁、刘柏森、荣宗敬、郑培之、吴寄尘、杨翰西、穆藕初诸先生为筹备员，与各纱号接洽，再由纱号公推筹备员"。

1920 年 7 月 1 日，虞洽卿等人正式开办了上海证券物品交易所，从此开始了中国商品的期货交易。该所设有名誉议董12人，为朱葆三、沈联芳、顾馨一、姚紫若、项惠卿、徐庆云、邵声涛、张纶卿、许松春、叶惠钧、贾玉山、宋德宜。刚过而立之年的蒋介石当年就是一名交易员，他对交易所没有好感，1921年6月12日日记云："得焕廷、瑞霖各函，告知沪上商友操纵垄断，伎俩百出，不胜愤愤。交易所各理事之营私舞弊，至于此极，殊非意料所及。尔来公私交迫，几欲远避尘俗，高隐山林，独善其身，然而不可得也"①。

华商纱布交易所在1921年7月1日正式成立，理事长穆藕初在开幕演说中宣布，成立交易所有两个目的："一保障棉业，免受意外之亏折；二发展棉业，巩固同业均等利益"。

纱布交易所资本总额为300万元，交易物品为棉花、棉纱、棉布三类，但棉布却从未上市开拍。经纪人员定额，棉花棉布各为80名，棉布为20名。经纪人由理事会商议聘任，大部分是花纱业中代表性人士，兼有部分与花纱有关的知名人士，被聘任后上市与否概由自便，名额保留。如项惠卿被聘为42号经纪人，他一直协助荣宗敬经营申新纱厂，即未上市开业。棉花以汉口细绒为标准，棉纱以申新16支人钟牌为标准。定期交易，最多以六个月为限，改用竞争买卖。每日午前午后两市，各做四盘。市场宽敞，可容纳上千人，有公共电话20余架，随时公布纽约、孟买的棉花市价、日本三品棉纱开收盘行市、汇丰银行外汇挂牌等供客户参考。交易所纪律严明，拍板人不得私作买卖，一经发现立即开除。由于纱布交易所，现货实销与交易所投机并处一处，消息格外灵通，场内场外反应迅速，市价亦随之活跃，成为纱业的唯一中心，交易所收益丰厚。按1926年上期营业报告，

---

① 杨天石：《蒋氏密档与蒋介石真相》，重庆出版社，2015年，第70—71页。

经手费收入达 406000 余元,计获纯益 218000 余元。①

中国机制面粉上海交易所,简称上海面粉交易所,是由顾馨一、荣宗敬等人发起、由上海机器面粉公会贸易所改组而成。该交易所成立于 1921 年,选址在民国路公会内,资本金额为 50 万元,后因业务发展需要又于 1931 年增至 75 万元。经纪人规定为 55 人。交易物品主要为机制面粉和麸皮,并以福新厂的绿兵船牌面粉为市场标准。定期交易采用继续买卖方式,买卖单位是 1000 包。经营面粉现期、约期和定期交易业务。交易所内实物交割不到 1‰。其营业额逐年扩大,据统计:1922 年成交额为 79473000 包,1926 年增为 156610000 包,1931 年又增至 295337000 包。面粉期货与品种有关,业外人士不甚注目,买空卖空者都属于行家。市价涨跌根据实销、银根松紧加加拿大小麦、面粉价格而升降,很少有大波动,一般投机客户对此兴趣不大,不及对纱花、金子及公债反应灵活。②

由于片面理解和利益驱动,一时间全国各地形成了办交易所的热潮。从 1921 年 5 月起到年底,上海新开办交易所 140 多家。上海不仅各大行业有交易所,而且烟、酒、火柴、麻袋、泥灰等小行业也都办起了交易所。天津、北京、广州、汉口、南京纷纷筹备。无锡也紧随其后。对于交易所的买空卖空,荣德生并不陌生,裕大祥的惨痛教训,他记忆犹新,所以他不赞同兄长过多介入面粉与纱业交易所。他在记事中回忆道:③

> 烟酒交易所主任钱强斋,约余谈此中关系,力劝非彼所宜采取,辞去。周肇甫为黄沙石子砖瓦交易所主任,约谈招股,答伊:"以何物为标准?以黄沙石子堆存交货乎?"因而中止。无锡亦有人主办交易所,余力劝,坏市不宜做。

---

① 宋承国:《中国期货市场的历史与发展研究》,苏州大学博士学位论文,2010 年。
② 宋承国:《中国期货市场的历史与发展研究》,苏州大学博士学位论文,2010 年。
③ 荣德生:《乐农自订行年纪事》,上海古籍出版社,2001 年,第 90 页。

1921年冬，由于股市投机吸走了大量社会资金，加上时近年关，按商业传统此时需清账还债，因此市面资金出现严重紧缺。在股价过高、投机过盛的情势下，银行、钱庄首先预见危情，开始收紧信贷。信贷的收缩致使市面银根日紧，交易所和信托公司等众多投机者资金头寸周转不灵，资金来源枯竭。在告贷无门的情况下，一家倒闭随即殃及数家，引起连锁反应，股票价格暴跌，交易所和信托公司经营难以为继，纷纷歇业倒闭，由此酿成了巨大的金融风潮。

风潮过后大部分交易所迅速转入衰败倒闭。至1922年3月，在统计的87家上海交易所中仅有12家可以正常营业，其余为已经清理者41家，改组或合并者11家，暂停营业者7家，未及开幕者16家。其中上海勉强维持营业即成立较早且较为规范的有上海华商证券交易所、上海证券物品交易所、上海杂粮油豆饼交易所、上海金业交易所、上海机制面粉交易所、上海华商纱布交易所。

荣宗敬负责的机制面粉交易所与华商纱布交易所很幸运地躲过危机，但这一年的金融危机也让荣氏企业资金链差点断裂。1922年纱业不振，面粉业利薄，而荣氏摊子过大，申三、申四建设周期过长，只有投入没有产出，荣家出现了200多万元的资金缺口。荣氏兄弟找一些钱庄融资，全都碰壁，直至12月22日，日本东亚兴业会社放贷350万日元，荣家才摆脱危机。这次东亚借款负息11.5%，除以申一、申二、申四三个工厂的全部厂基、建筑、机器作为抵押品外，并由福新面粉公司保证偿还利息；合同又规定东亚应接收三厂全部财产的所有权以代替抵押权；遇有申新不能按合同偿还本息时，东亚即可派人至各厂监督会计；直至欠债本息全部偿清后，申新始有权向东亚收回所有权。[①]

[①] 严中平：《中国棉纺织史稿》，商务印书馆，2011年，第254页。

近代，原料市场和商品市场动荡激烈，花贵纱贱、麦贵粉贱的现象经常出现，成为企业经营风险的主要根源。以1925年无锡为例，"迨至秋间，新棉上市，通、太产棉之区，收获平平，农家鉴于上年花价之频涨，均存观望之心，故各厂开始收进之花，每担需值四十二三两。不料美、印棉产骤增，二、三月来，花价降至三十两以内，各厂成本上均受重大影响。然纱销因战事关系，津浦、川汉交通完全停顿，日纱又乘机入口，纷纷贱售。入冬以来，纱价自一百六十余两降至一百四十余两，尚有继续下降之势。各厂虽已削本出售，然每厂存积之纱均有三四千件，最少者亦有千余件，为从来所无"①。

为抵抗风险，荣宗敬擅长利用规模生产带来的优势来控制国内原料市场，操纵市价的手段有二：一是新麦登场时，荣家先抛售面粉压低原料的市价，然后趁着低价，迅速大量抢购并存储，支撑了企业长期内的生产需求；二是凭其社会信用大量抛售远期栈单，调度资金用于扩大生产，加强竞争。这样，随着荣家企业的分庄和办麦机构组成的网络体系的建立，再配合庞大的生产规模，依靠规模优势控制了国内原料市场，主导了国内小麦的定价权。② 此外，荣家还通过交易所的投机来控制市场。"在交易所，申新不仅做多头，大量购进棉纱来哄抬花价，还大量抛出棉花来压低花价……上海棉价压低了，其他各地市价也就跟着下落。这时，申新便叫各地分庄大量收花。"福新各厂的麦庄也要服从投机的需要，甚至不计盈亏；总公司根据交易所交易情况，计算粉麦交换率，有利即购入，无利则停止购入，完全与上海的粉麦市场投机买卖密切联系在一起。同时，申新在交易所中吸进棉纱，到期逼空头交现货，使对方不得不向市场补进，又把市场中的纱

---

① 李钟瑞：《十四年锡邑实业之回顾》，《锡报》1926年元旦特刊。
② 柯华：《近代荣家企业投机研究——基于财务史料的视角》，《中国经济史研究》2017年第1期。

价哄抬起来，申新就乘机利用各批发处销售棉纱，这种"贱买贵卖"使荣家企业获利不少。①

可20世纪20年代末，面对世界性的经济危机，荣宗敬又到国外进行期货投机却损失惨重，使荣家企业差点崩盘。

---

① 许维雍、黄汉民：《荣家企业发展史》，人民出版社，1985年，第37页。

蒋介石的逼捐与荣氏兄弟的政治应对

荣氏兄弟经历了晚清、北洋、民国几个时代，频繁的政权更换使他们与政治保持着若即若离的关系——既参与政治活动，拥有一定的政治符号，提升自身的影响力，又避免卷入政治风波，危及企业的安全。荣氏兄弟创业之始，从未想过借助权力发家致富，可是民国政治险滩重重，虽然兄弟二人在政治上谨慎小心，作为巨富的他们不得不被政治所盯上，被迫卷入其中。1927年春夏，荣宗敬还是在政治上"摔了一跤"。

一、蒋介石初见荣宗敬

随着北伐军的向前推进，在上海的孙传芳压力山大，1927年2月24日，孙传芳的安国军组建政治、财政、外交三大讨论会，以梁士诒、孙宝琦、曹汝霖为委员长，聘众多名流为委员，其中虞洽卿、傅筱庵、宋汉章、劳敬修、盛竹书、荣宗敬等为财政委员。

众多大佬们清楚，此际他们身价上涨，成为双方的统战对象，但如果押错了宝，代价会非常沉重。

研判形势，大佬们清楚，有苏俄支持、国共合作的北伐部队胜算更大，而孙传芳已是秋后的蚂蚱。可从自身的阶级利益和阶级立场出发，资本家们一直将工人运动视为"洪水猛兽"，在北伐军占领武汉、席卷中国长江以南的半壁江山之际，他们便感觉到"党军入湘入鄂,所谓工潮也者,亦随其势力以蔓延。于是社会骚然,'人人危惧,惴惴于无产阶级独裁之将施行于中国'"①。

孙传芳失败在即,不能支持,可北伐军所到之处,工潮汹涌。在两难中,他们寄希望于北伐军内部的分裂,寄希望于蒋介石与共产党分道扬镳。

北伐部队逼近上海时,中国共产党领导上海工人抓住有利时机,于3月21日发动第三次武装起义。随即上海工人以众多的工会组织和强大的工人武装为后盾,不断向资本家提出改善政治、经济待遇的要求,荣宗敬与商界大佬们极其恐慌。

3月22日,上海县商会、闸北商会、银行公会、钱业公会、交易所联合会、纱厂联合会、纱业公所、金业公会、粤侨商业联合会、面粉公会、振华堂洋布公所、杂粮公会、茶叶会馆、丝经同业公会、南北报关公所、书业商会、纸业公会、商船会馆、通商各口岸转运公所19个商业团体在香港路四号银行公会举行联席会议,决定成立上海商业联合会。每个团体按规模选举1—6个代表,纱厂联合会2人,其中有荣宗敬;面粉公会3个代表,其中有荣宗敬。一周后众多团体加入新成立的上海商业联合会,团体数有50多个。

上海商业联合会有17名常务委员。他们是王一亭、虞洽卿、吴蕴斋、顾馨一、王晓籁、姚紫若、秦润卿、钱新之、石芝坤、徐补荪、王彬彦、陈炳谦、冯少山、穆藕初、叶惠钧、荣宗敬、闻兰亭,主席是与蒋介石有多年私交的虞洽卿。

上海商业联合会发布章程15条,宣称以互助精神维护商业,对外应时势之需要,对内谋自身之保障为宗旨。章程规定,上海商业联合会的会员分为一、二、三等,分别按照等级交纳会费

---

① 王永进:《变局中的商人抉择——上海商业联合会研究》,复旦大学博士学位论文,2007年。

500元、300元、200元。会员大会一月一次,委员会一周一次,并可根据紧急情况,经十分之一以上同意,都可以召开临时会议。

23日,在上海资本家团体的联系会议上,荣宗敬指出:"工潮不决,纷扰不已,根本解决,须请白(崇禧)总指挥发统一命令解决工潮,乃可复工,工人手内一有枪械,闻者心寒,务须收回枪械,以维治安。"①

26日,蒋介石等率军入驻上海枫林桥交涉使公署,虞洽卿代表上海工商界拜见蒋介石,商量组织替蒋介石筹措军饷的江苏省兼上海市财政委员会的问题。在次日上海商业联合会会员会议上传达蒋关于劳资问题的态度和动向。随后虞建议"推派代表数人,往见蒋总司令,接洽一切"。28日大会推定了29位代表,荣宗敬名列其中。

29日,虞洽卿、王晓籁、吴蕴斋、钱新之、王一亭、姚紫若、谢韬甫、荣宗敬、陆伯鸿、吴麟书、劳敬修、闻兰亭、叶扶霄、胡孟嘉、冯仲卿、王彬彦、徐静仁、倪文卿、田祈原、顾馨一、徐庆云、朱吟江、钱承绪、余日章、徐振飞、叶惠钧、沈润挹、穆藕初、沈田莘共29人同赴西区交涉公署谒见蒋介石。

交涉公署位于现在平江路48号,由平面相互垂直的两幢房屋组成,大楼建于1919年,以中国古建筑为蓝本,飞檐大顶,琉璃绿瓦,梁柱斗拱,浓墨重彩,山墙曲线优美,使总体上西式的建筑有了来自中国传统民居风火墙的变异形式,又有山墙垛的曲线和圆形的烟囱烟道口结合,有着别样的活泼灵动。在二层由户外连廊联系,红色砖砌墙面呈现了丰富的肌理,外廊上的宝瓶栏杆透出西方传统建筑装饰遗韵,敞廊上混凝土横梁的率直外露

---

① 王永进:《变局中的商人抉择——上海商业联合会研究》,复旦大学博士学位论文,2007年。

显示出20世纪现代建筑气息。

由虞洽卿介绍,蒋跟29位代表一一握手,备为殷勤。这是荣宗敬与蒋介石第一次见面。此年蒋40岁,统率几十万部队,荣54岁,在商场打拼30来年,成为工商界的知名人士。想必蒋早闻荣宗敬的大名,而荣知道蒋要晚得多,因为蒋介石在全国成名还是在1926年北伐之后。

众人坐定,由银行公会会长吴蕴斋起立,陈述商界全体欢迎,而以北伐胜利为祝,并以此次革命,商界无表现为歉,希望蒋对于商界有维护方法,而商界当与合作到底。穆藕初代表纱业公会说:欧战以后,工业一蹶不振,固由我国内乱频仍,亦由于帝国主义之压迫。我辈办工厂者,与工人向颇融洽,此时虽因新潮流关系,或一时入于误会,不久当可谅解。因劳资本一家人,极应相亲相爱,工资固应酌加,而其生产能力,亦应同时增高,并以发展工商业要点,在关税自主与取消厘金两端云云。蒋起立致答词"此次革命成功,商界助力非浅,此后仍以协助为期。至劳资,在南昌已议有办法。所有保商惠工各种条例,不日当可颁布,决不使上海方面有武汉态度"。末由杂粮公会叶惠钧表示,总司令有事,请随时指示,商界有事,随时亦当贡献,以表示贯彻民治之精神。①

蒋介石利用资本家的惧共心理,宣传上海是全国经济枢纽,"如落在共产党人的手里,不特经济破产,商人不能安居乐业,全国国民亦受其祸"。并且说"中国没有资本家",许诺不论何人的财产都在政府保护之列。以虞洽卿为代表的上海资产阶级为了本阶级的利益,冀求在握有军权的北伐军总司令蒋介石的庇护下,使民族工商业能得到发展和繁荣,一致赞同支持蒋政权。

国共间、劳资间的尖锐对立,最终以蒋介石发动四一二政变

---

① 穆家修等编著:《穆藕初先生年谱》,上海古籍出版社,2006年,第384页。

而结束。政变之后,政治局势逆转,上海中外资本家乘机反扑,推翻大革命时期答应工人的条件,工人已经取得的政治、经济权利丧失殆尽,生活陷入极度困苦之中。中日英三国纱厂厂主成立了上海纱厂业联合委员会,联合对付工人的反抗,纱厂在工人武装起义以后获得的半小时吃饭并休息半小时、热水泡饭、每个月有4天的赏工、星期日节日休息工资照发、生病给医疗费、死亡给抚恤金等待遇都被取消。

工人为保护胜利果实,仍进行反抗,为此上海商业联合会还准备组织商团武装,随时应对。荣宗敬、徐庆云、王晓籁等商团审查委员会认为"兹事体大",为减少激化劳资矛盾,组织商团之事最终不了了之。

二、蒋介石逼捐荣宗敬

1927年3月29日,上海商业联合会29位代表前往会见蒋介石时,他们曾经表示愿意"认捐五百万元",蒋介石残酷镇压了中国共产党及其领导的工人运动,帮助上海资本家解除了心头之患,然而轮到资本家掏钱的时候,他们却没有那么慷慨了。不仅不愿捐款,连购买国民党发行的二五库券也不乐意。

许多团体在上海商业联合会派定库券数目以后,纷纷致函上海商业联合会陈述该业的困苦与艰难,要求减免认购库券的数目或是延缓缴款时间。5月7日,上海铁业公会以该"商号范围狭隘,智穷力尽"为由称无力劝销库券,同日,通崇海花业公所致函上海商业联合会,一面称上海商业联合会"派认库券2万元为数不多。承蒙体谅",但同时又称该业"人数无多,虽竭力劝募只能认定1万元,再多实在无力担任"。

各业公会之所以"买单"不积极,除前期动荡带来的经营困难外,还有对蒋介石政权前景的不乐观。时长江北岸之北洋军阀如孙传芳、吴佩孚、张宗昌等结合其剩余兵力尚属可观,且有张作霖以雄厚之东北部队为其后盾，随时可以南犯。鹿死谁手，并未明晰。南京国民党军队内部派系斗争非常严重，李宗仁与白崇禧等桂系军事力量举足轻重。蒋介石能否站住脚，仍是一个不确定的未知数。在一个政权未能获得真正的稳定统治的时候，其发行库券的风险不言而喻。一旦此政权失败，其信用券就会是一堆废纸，一钱不值。

在筹集二五库券的过程中，上海商业联合会希望纱厂联合会认购50万元。1927年5月纱厂联合会开会，共同决定认购12.5万元，并请荣宗敬、吴麟书向福源钱庄暂借支付。

荣宗敬还另有打算，他想认捐10余万元了事，蒋介石听后暴跳如雷，以荣宗敬甘心依附孙传芳，平日拥资作恶多端、劣迹甚多为借口，密令无锡县政府立即查封荣氏在无锡的产业和荣家家产，并通令各军侦缉逮捕。无锡县政府接到命令后，于5月15日查封了荣氏家族在无锡的产业。地方报纸对此曾有详细报道：

> 本邑富商荣宗敬因依附孙传芳作种种不利于国民军之宣传，经蒋总司令分令各军通缉并训令本邑县政府查封荣氏在锡全部财产，秦县长奉令即经召集所属各局长在私宅开会，议决四项办法：派建设局长孙子远等带警分别执行等情已志本报，兹悉当晚孙子远局长会同西区公安分局长胡佐泉带同长警驰往荣巷查封荣氏住房，抵乡后与荣德生君接洽，详细调查始悉荣氏老宅共有十开间四造，宗敬久住上海西摩路住宅，大部财产器物亦均在沪，每年仅返锡一二次，每次至多住三四日，故老宅内全部由其弟德生居住。仅第二造靠左一小院落有平屋三间，酌留器物由其妾居住，有厢房一间颇为精美，宗敬返锡后即居该处。
>
> 此外如荣巷附近之梅园、公益工商中学、大公图书馆、公益、竞化各男女学校均系德生私资创设，有宗敬别墅一所则确为宗敬所建，当即令宗敬之妾迁出，检点器物分别编号

于平屋前之石库门上，分别加封。老宅大门因其大部系德生所居，故并未加封，即宗敬别墅之器物亦详查一过依法加封。

至财政局长辛寄忱、土地局长孙静庵、公安局长宋静廷、总务主任赵师曾等分赴申新、茂新、宝新及申新茂新各厂批发处等检查账目及股份，结果荣氏所创各厂，沪、汉、常、锡各地共有二十余所，统归上海三新总公司管辖支配，所有资本及盈余支配并股份账目均归总公司办理，各厂及批发处仅有关于营业及职员工人方面之账册，故欲调查必须检查三新公司之总账，单独调查分厂各账难获要领。

昨日各局长分别将情形返报县政府秦县长，以蒋总司令训令须将荣氏在锡全部财产查封，现仅将其一部分之房产发封，所有各工厂虽经查账均未得结果，如贸然一并发封，则妨害工人生计并侵犯其他股东权利，事既有所不可而置之不问，又似未便，当与各局长一度磋商决定，将奉令查封情形及往各厂查账未获结果各情即日呈复蒋总司令请示办理，一面并由公安局等饬警侦查荣氏踪迹拘拿法办并派警分往各厂及货栈批发处监视，以昭郑重，俟奉到蒋总司令再行遵照核办。①

执行查封荣宗敬财产的是无锡县长秦毓鎏。秦家是无锡望族，他与荣氏昆仲关系比较密切，在执行查封令时，并不是很积极。

上海商业联合会于5月16日召开临时大会，讨论如何援助被通缉的荣宗敬。虞洽卿建议由吴蕴斋、穆藕初、孙景西起草电文，立即发电报给蒋介石，并派王一亭、穆藕初赴南京当面向蒋介石求情，疏通一切。

---

①《蒋总司令通缉荣宗敬》，《锡报》1927年5月19日。

蒋介石虽对荣宗敬发出了通缉令，可身在上海租界的荣宗敬并不害怕，他每天都从陕西北路家中乘车到江西路公司总部去上班，租界当局派警员保护他的人身安全。上海金融界的显赫人物如上海银行的总经理陈光甫、中国银行总经理宋汉章、中国工商银行总经理傅筱庵也因库券之事来到荣宗敬的办公室，大家抱怨道，我们原把蒋介石当救星，现在发现蒋原来是灾星。

时任中央监察委员兼总政治部主任吴稚晖为荣家说项，无锡县商民协会也致电蒋介石：

南京蒋总司令勋鉴：

荣商宗敬专心经营实业，向不与军阀接近，而对于地方公益，平昔亦颇热心提倡，兹闻因案奉令由县查封在锡经营各厂，均系公司性质，其所有财产，亦以此为大宗，而营业范围较广，与沪宁沿线棉纱、小麦、面粉，以及银钱各业，均有直接关系。如果因案被封，必致工人失业，市面牵动。现值时局未定，后方饷源，关系重要，加以商业凋敝，维持固有市面，已属万分为难，设再因案牵动，势且不堪设想。敝会根据中国国民党最近政纲，对于解除商民痛苦，不敢不勉，用特冒昧电陈，可否乞总司令俯念地方实业，关系民生，将荣商因嫌被诬之处，准予查明昭雪；并一面饬县，将所封财产先行启封，以维实业，而保市面，不胜激切待命之至。无锡商民协会叩。①

5月26日华商纱厂联合会通知上海商业联合会，已经将认购的二五库券50万元交款至江苏兼上海财政委员会。在荣宗敬补交了乱摊派并通过吴稚晖、张静江的疏通后，对他的通缉令被撤销，无锡县长派建设局长孙子远前往荣巷，将前封荣宗敬住宅及

---

① 《电请免封荣宗敬财产之继起》，《锡报》1927年5月28日。

梅园内宗敬别墅，分别启封，发还给领，并由县另函分致申新三厂及批发处等。

商业联合会承担400万的二五库券，分摊给荣宗敬纱业联合会50万元。就在这一事件刚刚得以解决之后，6月初，江苏省政府也开始向其管辖地区派销二五库券，无锡县政府被指令募集50万元。数额之巨大，无锡县政府一时无力筹集，遂特派无锡县工商委员顾冰生来到上海，向在沪锡籍同乡劝购。顾冰生来到上海后，一方面携县政府公函，拜会锡籍在沪巨商、竭力劝说；另一方面邀请同乡在无锡旅沪同乡会开会，报告来沪劝销情形。理事长荣宗敬此次十分配合，起言"二五附税，每日收数最多十二万，最少亦二万余，可足抵还国库券每月连息一百余万，结有余裕，抑且十个月，即全数清还，为期甚短，我同乡自应勉力认赔，以裕北伐钱粮"，并当场认购2万元。会议结束后，顾冰生又在沪募集数日，总计募得6万元。

为解决财政缺口，蒋介石不断要企业负担各种摊派。荣德生给无锡县长俞复去函，表达不满：

仲还县长大鉴，敬启者：

昨奉大函，对于续募"二五库券"一节，以敝厂未即应命，即令明白答复等因。窃铨于公益事务，惟力是视，岂敢后人！惟厂中经济状况，随时势为转移，斯因应各方前后，或有不同，而对人无分厚薄，对己始终一辙，何敢前后两歧？谨为我县长略陈之。

查第一次筹措饷需，适值敝厂停工期间，坐吃山空，自顾不暇，大感困难，此应请谅解者一。

第二次征收房租，时敝厂仅强开半数之车，勉力认缴半数，比照停厂免收之例，已属急公，此应请谅解者二。

第三次募集续发"二五库券"，敝厂对于前次"二五库券"，曾经缴过巨数，于国家已尽相当义务，此时适值敝厂金融窘迫，注全力于开厂，以维数千工人生计为前提，于社会国家，直接间接不无多少裨益。在铨自问爱国热诚，未尝稍减。若必欲责令续认，数少则于事无济，数多则力有不足，顾此失彼，事难两全，此应请谅解者三。

总之，敝厂夏秋以来，受时局之影响，营业凋疲，实力减衰，加以金融界缩小范围，经济周转，困难万状，此乃创办时妄自效法东邻，以小资本营大实业之劣象，追悔亦已莫及。在敝厂现在状况，惟有以维持厂务，不使停闭为第一要义。厂家力量，各有不同，未便相提并论，前经登报谨告各界，免相牵掣，谅邀察及。

兹奉前因，用特披肝沥胆，将现在状况切实陈明，决无隐饰，统希鉴教，不胜感荷。

荣宗铨①

荣德生并非哭穷，时全行业亏损。"吾邑原有纱厂六家，本年除业勤、振新始终未开外，其余四家虽均开工，惟开单班者有之，少开若干锭者有之，每周多停一日者有之。以全年市情论，春初因美棉暴涨，故多头者稍有利。入夏后，各方多故，销路细微，花价屡降，市况日下，适与春间成一反比例。工厂性质近于多头，莫不倍形竭蹶。新花上市，虽亦时有涨落，厂方鉴于时艰，十分留意，多空无甚侧重。加以内地存纱较往年为薄，世界棉市日有起色，故各厂渐有恢复春间情况，此后或有转机可能。至各厂盈余，均以阴历为归束，刻下尚未确实计数。大体以豫康、庆丰为最优，广勤、申新稍次，然亦仅免亏折，绝无盈利可云也。"②

三、荣宗敬对国民党政治的不满

1927年对荣宗敬来说，真是风雨交加。年初面对高涨的工

---

① 《为续募"二五库券"致无锡县县长俞仲还函》，《锡报》1927年12月5日。
② 李钟瑞：《十六年无锡商业之概况》，《锡报·元旦增刊》，1928年1月1日。

潮，他与众多工商大佬一样，惴惴不安，寄希望于北伐军内部的分裂，寄希望于蒋介石背叛革命，镇压共产党，当蒋介石发动四一二政变后，面对南京政府勒索的高价"保护费"，他们极不乐意"买单"，蒋拿荣宗敬开刀，杀鸡儆猴，在政治上"摔了一跤"的荣宗敬切切实实地感受到在枪杆子面前，巨额财富也不堪一击。

从1912年到1927年15年间，荣宗敬经历了从清朝到北洋军阀的多次政权更换，而这次政权更换迥然不同，其旗号更动听，高喊三民主义、打倒军阀除列强，但其权力更任性。

1927年，荣宗敬主要通过上海商业联合会这个平台发声，11月30日，上海商业联合会呈请解散，文中陈述其成立的原因是因革命军到沪，总商会正在整顿，外应时势之需要、内谋自身之保障。现上海军事已告结束，东南大局底定，总商会行将正式改选，故即日解散以资结束。

上海商业联合会存在仅8个月，荣宗敬是该组织的骨干。上海总商会1928年5月7日选定执行委员共59人，候补执行委员20人，主任委员3人，常务委员4人，共计各类委员86人。在上海传统的商界精英当中，一部分人通过上海商业联合会重新回到上海总商会，这部分人主要包括顾馨一、徐庆云、闻兰亭、穆藕初、冯少山、荣宗敬、叶惠钧、倪文卿。上述诸人原来曾是上海总商会的会董，1926年均落选，1927年齐集于上海商业联合会与上海总商会临时委员会，1928年再次回到上海总商会，出任执行委员或者候补执行委员。

"摔了一跤"的荣宗敬变得老实了，他注意与政府搞好关系，并通过宋子文这一政治靠山为企业保驾护航。

当然作为民族资产阶级的一员，荣宗敬面对内忧外患的政局，也有自己的政治倾向与政治主张，他赞成结束国民党一党专政，实施宪政，全国团结，收复国土。如1932年上海一·二八事变后，南京国民政府迁都洛阳，并定于4月7日在洛阳召开国难会议，该会议共邀请了400多名非国民党籍的社会各界人士参加，荣宗敬是其中之一。可当时交通落后，火车速度较慢，去洛阳既费时也费力，许多受邀者希望把会议地点改在南京，但政府不同意。

4月1日，上海方面会员在威海卫路中社开第四次会员大会，有史量才、黄任之、褚辅成等54人与会，讨论赴会与否问题。会后，留沪会员先后致电国民政府和洛阳国难会议，陈述不赴会理由及国是主张。

南京国民政府公鉴：

国难会议辱承敦聘，读《组织大纲》，集中全国意志，共定救国大计等语。念匹夫之有责，虽汤火，其敢辞！顾同人深信，凡民族争存于世界，以合作为最要条件，盛衰存亡，胥系于此。我中华民族，所以积弱至今，濒于危亡者，唯一症结确在不能合作。民国二十余年，内讧之频繁激烈，人所共见。近数年来，更立一党专政之制，杜绝多数民众政治上合作之途，以致党员争斗于内，民众睽离于外，全国嚣然，戾气充溢，日人乘之，乃有"九·一八"以来之奇辱。此而不变，沦亡可待，遑论御侮！

同人参与国难会议，方拟开陈所信，化除杜绝合作之党治，实现全民协力之宪政，对此救亡大计，努力解决，以答政府相邀之雅，而副人民望治之殷。乃政府忽有限制会议之条规，经推代表赴京晋谒，奉询真意；复承汪（精卫）院长函覆，会议讨论以御侮、救灾、绥靖为范围等语，诵悉之下，不胜惶惑。以为遵召赴会，如严守限制，置救亡大计不提，则对国家为不忠，对政府为不诚；而政府既已严定限制，则此实行宪政之案，又无提出会议之余地。思维再四，与其徒劳往返，无补艰危，不如谢绝征车，

稍明素志。用特电陈不能赴会理由，幸乞谅察。

至于救济国难，重在实际工作，不以赴会与否而有异同。宪政为救亡大计，同人天责所在，既有确见，仍当次第开陈。所愿党政诸公，念国命之垂危，察症结之所在，破除成见，与民合作，中国幸甚。临电无任悚惶迫切之至。

张耀曾、黄炎培、史量才、沈钧儒、刘鸿生、荣宗敬、王造时、唐文治、章士钊、穆湘玥等六十二人，歌。①

4月5日这封电文，有62位不去洛阳参会代表的联名，荣宗敬名列其中，但国民政府仍来电希望他们赴会，于是他们在10号再去电重申他们的政治主张。

洛阳分送国民政府国难会议公鉴：

惠电敬悉。同人不赴会议之理由，已于歌电陈明，谅蒙察及。顷复仰荷电促赴会，同人自承敦聘，拟贡愚忱，对于国难根本救济主张，对内对外，曾草有两项提案，其概略如下。

其一，同人痛恨日本非法无道之暴力侵略，彻悟拥护民族生存、国家独立之严重责任，同时并顾念世界维护和平之信约及努力，主张以左列大方针对付外患：一、中华民国领土及主权之完全无缺，为全国人民神圣不可侵犯之主张，不辞任何牺牲，必拥护到底。二、为贯彻前项主张，应以武力自卫为主，以国际折冲为辅。三、对外任何条约及协议，非经临时民选参政机关或宪法上之有权机关同意，不生效力。

其二，同人深感挽救国难，非举国一致不为功；又切念应付国难，非政府健全有力不可；更确信永久防止国难，非实行民主政治不能彻底奏效。主张在宪政未实施以前，由国

① 《致国民政府电》，《救国时报》第10号，1932年4月11日。

民政府立即实行左列各项：一、确保人民之言论、出版、集会、结社各自由，凡限制上述各自由之党部决议及一切法令，除普通刑事及警察法规外，均废止之。二、承认各政党得并列自由活动，不得再用公款支给任何一党党费。三、实行地方自治，予人民以自由参与地方自治之机会。四、集中全国人才，组织有力政府。五、设立民选国民参政会，监督政府，限两个月内成立。六、筹备宪政，限八个月内制定民主主义之宪法宣布之。

强寇在门，国命如线，倘荷大会赞同，政府采纳施行，一新全国视听，藉以固结人心，消弭大难，则同人虽不及赴会，其效与赴会无殊。道远时迫，尚希鉴谅。张耀曾、黄炎培、史量才、沈钧儒、刘鸿生、荣宗敬等，承。①

南京国民党政权视党派利益高于一切，继续坚持内战政策，拒绝宪政，这让荣宗敬非常失望。

四、荣德生参与社团政治

荣宗敬一直作为体制外人士参与政治，他没有在行政机关与立法机构担任职务，而他的弟弟荣德生在政治参与方面比他要积极。

荣德生18岁随父亲到广东打工，第一份工作就在税务系统。因办事得力，他的上司帮他捐了一个秀才。在广东税务部门几年的工作经历让荣德生对官场有了近距离的观察，他与众多地县级官员有密切来往，这也为他以后经营企业时的政商互动提供了不可或缺的经验。

荣德生与地方政治发生关系是在1908年春，此年4月，无锡县知事伊峻斋任命他为开原扇董，兼任劝学事。这时的荣德生33

---

① 《致国民政府电》，《救国时报》第11号，1932年4月22日。

岁，正年富力强，他在无锡掌管2家工厂：茂新面粉厂与振新纱厂，当时无锡工厂数量还是个位数。

荣德生担任扇董直到1913年辞去，担任开原"乡长"长达5年，这期间他处理了哪些政务，解决了哪些矛盾，做了哪些工作，有哪些收获，如何处理行政事务与经营企业的精力冲突，他的《乐农自订行年纪事》里都未提及。

1911年12月25日，在境外流亡17年的孙中山经香港回到上海，一起抵沪者有胡汉民等10人，以及孙先生的美国朋友咸马里夫妇、日本朋友宫崎寅藏等6人。29日，立宪公会会员在张园安恺第开欢迎会，荣德生曾前往参加。

民国成立后，政府开始重商言商。1912年11月1日至12月5日，工商部"为谋工商矿业改良发达，亟欲征集全国实业家及专门学者之意见，讨论方法，以备采择"，在北京召开了首届全国工商会议，即"全国临时工商会议"。

会议有正式代表152人，其中商会代表77人，其他工商团体代表46人，其余为政府各部代表及特邀来宾。无锡共有华艺三、蔡缄三、荣德生和汪赞卿4人参加会议。华艺三时为无锡县商会会长，由工商部直接邀请；其余3人由上海总商会选派，其中汪赞卿为行政官员代表。

对于参加这次工商会议，37岁的荣德生十分兴奋，"心胸为之稍开"。当时从南京浦口到天津的津浦铁路虽然通车，但夜间停运，首日至徐州过夜，次日到济南过夜，第三日渡黄河，晚至天津，到第四日方才抵达北京，单程需用时4天。

会期原定一个月，但由于代表提案踊跃，加之商议气氛十分热烈，后又延期5天，至12月5日闭幕。会议共讨论各种议案129件，经过讨论归入议决案的68件，归入参考案的29件，归入否决案的11件，归入未决案的21件。68件议决案中，荣德生占2件；29件参考案中，荣德生占1件，可见荣德生在代表之中参政议政水平之突出。

他的第一个提案是"推广纺织业案"。在提案中，他算了这样一笔账：以当时全国4亿人口计，每人每年如平均用布花费半元，就需要耗费2亿元，本国所出纱布不足，只能用外国货，每年至少要上亿元。他列举英、美、法、德、印度等国的纺织机纱锭数（5000万、2500万、1000万、1000万、600万），人口仅是中国1/10的日本也有220多万锭，而地大人众的中国只有区区80多万锭，棉花大量外销，而洋纱反销。他说："欲图工业发达，舍推广纺织无他术；欲棉产早日发达，亦舍推广纺织无他术。"他建议办厂必须选址于"产销并著之处"。同时，他还从自身工厂因股东退股而陷入困境的经验出发，建议"倘一时财力实在不足，则由公家设法以资助之"。这一提案，最后与工商部所提类似提案合并讨论，归入议决案。议决案还指出："凡新设之纺织工厂除原料及应用机器免入口税外，并自工厂成立之日起满五年酌量予以补助。"

第二个是"选派海外实业练习生案"。从学生中选择有一定外语能力又无力出国留学的，由企业出资派出国，学习先进工艺，学成回企业做技师，按级升用，事先可订立合同。此项对于企业花费并不多，又无须公家补助。此案经过讨论，最终也归入议决案。

第三个是"兴办制造机器母厂以振起各项工业案"。当时办企业，机器几乎都要向外国订购，未及兴利，就已流失基本金。所以他倡议国人尽快自办完备的制造机器母厂，购买制造机器的精良母机，办高等工业学校，派人到各国的著名制造厂去学习。此案得到全体代表的一致首肯，最终一字未改，归入参考案。

1912年是荣德生第一次来到北京，他顺便参观了颐和园、天坛等胜迹。在全国层级上参政议政，也让荣德生眼界大开。

在北洋政府时期,荣德生任第二届江苏省议员,时省议员每届只有160人。第二届省议会自1918年10月始,至1921年10月止,共召集3次常年会和8次临时会。

1921年,46岁的荣德生以51票当选国会议员,全省平均为第一,以40票为本位。他准备在国会开会时提出《修浚黄河根治水患议案》。此案荣德生"经两年之准备,搜访参考书籍,请教先进专家,实地勘察,研究筑堰、护堤等工程,草定计划,不料议会始终未召集"。

江苏省议会1946年重又开张,据省临时参议会秘书长刘平江以后所言:"江苏省临时参议会是国民党故作结束'党治',玩弄还政于民的伎俩之一。当时省政府所管辖的区域仅限苏南,苏北早为新四军根据地。因此,尚不能成立正式省参议会,只能由省政府遴选名单,报送行政院圈定为临时参议员。"政府圈定的50位参议员就有荣德生。省议会一直维持到1949年国共政权更替。

1949年4月23日无锡解放,5月27日上海解放,75岁的荣德生迎来了新时代。

不断扩充的社交网络

  中国社会是一个关系社会。"关系"蕴含于中国社会的各个层面，对于一个企业而言，"关系"是与技术、管理知识和能力同样重要的要素，这就要求企业经营者，不仅具有专业知识，而且还需要有"关系"。杜恂诚先生对近代企业中的全才做了如下生动的描述："全才的标准往往是在纯经济的经营管理能力之外。一个'能人'，首先要能周旋于官府和洋人之间，长袖善舞，以求得各种政策上的优惠和交易上的便利……这就是所谓'门路'：既要有'洋门路'，又要有'官门路'，再加上一个'财门路'。也就是说你要有钱庄和银行的关系或背景，企业的资金融通就有了保障。"[1] 事实上，中国近代一些著名的企业家，大多数都是有"门路"的人。这些"门路"建立在各种社交网络中，成为商界名流的荣氏兄弟，受到更多的关注，在各式各样机构露脸，担任职务。

一、名声不显时

  荣氏兄弟创业时，缺少资本，其通过结识乡党中一批先富起来的人如周舜卿、祝大椿、张叔和、唐晋斋等，得到支持，并得以认识更多的同行。

---

[1] 杜恂诚：《中国传统伦理与近代资本主义—兼评韦伯〈中国的宗教〉》，上海社会科学院出版社，1993年，第148页。

上海开埠后,在十里洋场打工的三个地方人最多,广东,浙江,江苏。为沟通乡谊,互帮互助,广东人组织了广肇会馆,宁波人组织了四明会所,而无锡人却没有同乡会馆,在周舜卿的热心倡导与解囊相助下,锡金会所1888年在上海海宁路1046号成立。

办会所要购地置房,先是买了8亩农田,后又增购了5亩,筑房时,周舜卿时常亲临施工现场进行监督。会所建成后,其主要功能是从事慈善殡葬服务。会馆和公所设有寄柩所,购有"义冢地"。游历在外的同乡人客死异乡,遗体一时运不回家乡,公所或会馆就免费提供寄放灵柩的场地,还为办不起丧事的人免费提供礼厅和墓地。除此,会所还为在沪同乡寻找工作、排解纠纷、申诉冤屈提供方便。

无锡人张叔和拥有的张园自1885年4月17日开园直至清末,都是上海滩首屈一指的娱乐场所,"当时什么东西最时新,什么东西最流行,都可以第一时间在张园尝鲜;一些盛大的集会、演说、展览也常假座张园举办"[1]。因经营得当,交通便利,张园每日顾客盈门,张叔和也赚得金银满钵。在沪的无锡人也常把张园作为联络地。

14岁的荣宗敬与荣德生分别于1887年、1889年去上海当学徒,学徒毕业后,荣宗敬便一直在上海打拼,从替人跑街到后来开设广生钱庄,他最早的圈子多是在上海的无锡人。张园与锡金会所是他年轻时常去之处,在这里他与乡党们交流信息、增加感情、扩大人脉。

1902年,荣氏兄弟在家乡创建了茂新面粉厂,这是全国第五家面粉厂,是无锡第二家近代企业,实业家在当时还是"稀有动

---

[1] 张伟、严洁琼:《张园——清末民初上海的社会沙龙》,同济大学出版社,2013年,第11页。

物",荣氏兄弟知名度有了提升,可当时控制地方社会的还是绅士,商人地位不彰。这里以1904年推动无锡新式教育发展的无锡学务处经董名单为例：

1904年无锡学务处经董名单

名誉经董	杨宗濂（三品京堂候补）、孙昌烈、孙鼎烈（进士）、华文汇（前江西吉水县知县）、陶世凤（进士、兵部主事）、顾景璐、秦谦培（议叙知县）、华鸿模
筹款经董	章钧（直隶候补知州）、薛翼运（举人、二品衔候选道）、周廷弼（二品衔候选道）、单毓德、孙赞尧（前沭阳县教谕）、孙鸣圻（贡生，江西同知）、孙藩圻、杨建纶（浙江候补知府）、杨寿楣（举人）、华文川（候选县丞）、王镜藻（候选县丞）、高汝琳（候选直州同）
学务经董	秦瑞玠、丁宝书（副贡）、俞复（举人）、许士熊（举人）、蔡文森（增生）、杨荫杭（监生）、孙靖圻（廪生）、钱承驹（廪生）
稽查经董	过铸（浙江候补道）、裘廷梁（举人）、秦宝瓒（候选训导）、华申祺（举人）

（资料来源：杨模编《锡金学校重兴纪事》卷下《公牍》,文明书局,1904年版,第19—20页。）

学务处32人,都是有头有脸的大人物,他们中间只有周舜卿（名廷弼）不是通过科举正途而是借助拥有庞大的商业资本拿到二品"功名",得以跻身于这些千军万马挤过独木桥,从而拥有秀才、举人、进士头衔的精英核心圈。此际荣氏兄弟虽也曾捐有六品功名,但因含金量太低,发挥不了实际作用。

20世纪初期,因民族危机的加重与新思想的传播,政府与社会开始改弦更张,意识到必须大力发展民族工业,重视工商者,才能与西方列强进行商战。

1903年9月,清政府批准成立专司工商事宜的商部,27岁的官N代载振（其是乾隆五世孙）出任尚书,稍后公布《商会简明章程》26条,这是我国最早的一部商会组织法规,其中规定"凡属商务繁富之区,不论系会垣,系城埠,宜设立商务总会,而于商务稍次之地,设立分会,仍就省份隶属于商务总会"。并明令各省各埠已有的此类商业组织,一律改称商会。

在中国几千年的历史上,政府从来没有成立服务发展工商业的机构,1903年,商部的诞生可以说是一个非同寻常的事件,它标志着中国的企业家登上了政治舞台,有了更大的话语权,有了更广阔的发展空间。

1904年上海商务总会成立,它行使全国总商会的职能。周舜卿在这一组织中担任重要角色。在周的发起下,无锡商会于1905年成立。刚刚诞生的无锡商会与上海商会大力发展会员,但当时中国商人不少,可实业家却不多。

荣氏兄弟参加了无锡商会与上海商会,并借此认识了诸多有一定实力的工商界人物,常州的刘伯森曾回忆他与荣氏兄弟相识的经过:"爰于甲辰、乙巳间,纠集商界诸同志,组织商学会,欲合群智群力,与外侮相抵抗,勉为自存之计。明哲之士,翩然来会,于时始识无锡荣氏昆季,握手一堂,晤谈颇洽。语及国势寖微,太阿倒持,商人所受之痛苦,往往踌躇欷歔,而宗敬则尤有鉴于社会母财之空乏、殖产之衰落、生计之艰难、异族经济力之膨胀、政府之终无可希望,以为非吾商民起而自救不可。而自救之策,莫急于注重实业,而于衣、食二端更为需要。若不早图,必有起而代谋者,且裕内方能对外,空言抵抗无益也。其辞甚为痛切,盖两君已先于邑中设有茂新面粉厂矣。树森闻而怦然心动,感服弥深,迺各相勖,以尽力于实业为职志。"[1]

清末,政府虽开始重商言商,可商人地位与绅士相比还差一

---

[1] 刘树森序:《茂新福新申新总公司三十周年纪念册(1898～1928)》,上海世界书局,1929年。

截，当时掌控无锡商会的依旧是有功名的绅士，如1911年7月16日，锡金商会向苏州商务总会上报选举结果：五品封典候选州同吴镗、五品衔中书科中书张源澄、候选训导顾典书、四品封典光禄寺署正高绍祖、花翎二品顶戴三等顾问官四品京堂周廷弼、候选训导秦宝瓉、二品顶戴候选道锡金商会总理薛翼运、浙江候补知府杨建纶、提举衔分省补用通判锡金商会代办蔡文鑫、四品衔分部员外郎唐渠镇、花翎二品顶戴候选道祝大椿、五品封典候选州同张曜中、花翎二品顶戴浙江候选孙鸣圻、候选训导史齐良、五品衔乡饮天宝温熔镳、候选训导赵人镜。① 名单里找不到荣氏兄弟的名字，尽管无锡当时只有3家企业，他们在2家企业（茂新与振新）是大股东并担任经理。

二、省议员的交往平台

民国建立后，有功名的旧绅士在新时代不再受到重视，而那些工商界的成功人士站在聚光灯下，受到社会的注目。无锡商会也在火车站附近的汉昌路购地建房，其主体建筑是两幢两层仿西式砖木结构大楼，雕花的墙柱、弧形的门窗、全木制的地板，典雅而古朴，建筑面积约1400平米，其后几十年间，这里成为无锡工商业的联络、指挥中心，也是荣德生常常光顾之地。

长期领导无锡商会的钱孙卿是荣家的政治代言人，他坐着黄包车，不时出没于商会大楼，他在此批阅公文，处理会务，接待宾客，调停劳资矛盾、企业争执，决定经费开支，主持会议，研讨商会的重大事务。钱孙卿的领导有方，加之硕德望重的蔡兼三、运筹帷幄的陈湛如和善于应付的程敬堂等几位先生的襄助，无锡迎来了商会的全盛时期，时商会不仅"具有调查商性、处理破产及商务诉讼、受理成立公司或行号、申请专利权、进行文契

---

① 汤可可：《近代无锡商会资料选编》（内部印行），2005年，第3页。

债券的公证、发行标准账簿等职权",而且还兼有地方自治行政的职能,参与大量地方事务的处理,为地方的发展出钱出力献计献策。作为最具影响力的公法团体,无锡县商会实际上成了地方经济发展与社会进步的第一推手。

1914年一战爆发后,荣氏集团驶上快车道,其企业迅速扩张,从无锡一隅来到十里洋场,从参股到控股。1912年福新与1915年申新的创建,开始让荣氏兄弟成为全国工商界一颗耀眼的星星,人们以能结识荣氏昆仲为荣,各大社交平台也向荣氏兄弟伸出了橄榄枝。

1918年常州名流钱琳叔来无锡商会找到荣德生,告诉他"二届省议会即要初选,有心省政人士欲物色文学、经济、实业方正人士五十名"作为候选人,其中就有荣德生,荣德生对当议员兴趣不大,他认为自己忙于办实业,不能分心,所以拒绝了钱琳叔提议。过了几天,钱琳叔再找到荣德生,希望他"决不可辞,实业方面人少,不妨推一帮助者同去"。于是荣德生依计推荣鄂生出面竞选,他为后盾,初选两人均落选,复选,各以20票当选。

虽然竞选中拉票贿选现象层出不穷,但议员中还是有一批精英。第二届省议会已知身份的26名议员中,具有传统科举功名身份者有17人,具有新式教育经历者共有9人(其中3人兼具传统功名),新式教育经历者中,5人留学日本,4人毕业于新式学堂。[1]

第二届省议会任期自1918年到1921年夏,虽只有三年时间,但这一届省议会异常"闹猛",新闻不断——逼江苏督军李纯自杀,赶走省长,隔三差五地行使质询权,问责官吏,部分议员以权谋私,立法给自己加薪,还有议会被砸、议员被打。这一切自然导致社会对议员总体观感不佳。但任何群体都是良莠并存,这

---

[1] 邹福露:《江苏省议会研究(1912—1925)》,渤海大学硕士学位论文,2018年。

届议员里仍有部分方正之士，如黄炎培如荣德生等。

1924年后，江苏省20多年间未设议会，整个民国年间，江苏省议员仅有3届400来人，他们中间相好者，保持长时段的友谊，如1944年中秋节，在上海滩的前苏省议员相聚一堂，祝贺荣德生七十大寿，此时"大局纷纭，物价飞腾，余以往常主稳定坚持，不随俗流趋，尝劝同仁宜静守，过此难关，再图进取，切弗冒险，贪得无益，奢侈可怕。然至此时，已觉难以坚持下去矣。""1945年元宵节，前苏省议会同席金巨山等二十余人宴集上海通园，最长者季龙图，以钱孙卿年最少，朱德轩（绍文）议论风度仍不减当年气概。"①

省议员是荣德生的政治荣誉，也是荣德生的朋友圈，通过这一平台，荣德生结识了不少政界名流。

1920年政界大佬、状元实业家张謇联合荣德生等江苏省议员，发起成立苏社。

5月12日苏社成立大会在南通举行，145名代表出席，大会采用记名方式选举理事19人，当选的19位理事不少人都有功名，有着较高的知名度。荣德生跻身其中，也说明他在江苏政治舞台上已有一定的影响力。

苏社每年都召开大会，第二届大会于1921年3月在梅园举行，荣德生为此次会议提供了全方位支持。随着张謇的去世，苏社在1926年也就虎头蛇尾地划上句号。

通过苏社这一平台，荣德生与一批在全国在江苏有影响的政界名流建立了友谊。如1913年任江苏省民政长的韩国钧、1912年任江苏省公署秘书长沈恩孚、官至清农工商部左侍郎兼署理尚书唐文治、民国初年任江苏教育厅长的黄炎培、江苏咨议局书记长孟森等。

---

① 荣德生：《乐农自订行年纪事》，上海古籍出版社，2001年，第169页、174页。

三、商界名流的呼朋唤友

成为商界名流后，荣宗敬社交圈子扩大了。这里仅以《申报》的报导加以阐述。

上海机器面粉工业，始于1897年英商开办的增裕面粉厂。中国民族资本机器面粉厂1913年共有11家，其中荣家控股的有2家。1914年荣宗敬等发起成立上海机器面粉公会，会址在民国路，荣与顾馨一长期任会长。顾馨一（1869—1937），以经营杂粮行起家，后投资立大和申大面粉厂，曾任上海华商杂粮交易所经理。1910年上海议事会成立，被选为董事。辛亥上海光复，任市政厅临时副市长。后历任上海县商会会长、总商会会董。1927年参与组织上海商业联合会，旋又任江苏兼上海财政委员会委员、上海市货物税局局长。

1919年五四运动爆发后，为反对政府在凡尔赛条约上签字，上海出现了工人罢工、商人罢市、学生罢课的三罢斗争。荣宗敬所负责的机器面粉公会也立即做出响应，"通告本埠南北市各同业厂商执事定于今日（6月1日）午后开临时会议，声明提倡国货并抵制日货，务劝各同业止用日货物件，同具爱国热忱，各宜同心尽力，坚持到底云"①。

机器面粉公会隶属于上海总商会，代表机制面粉行业的利益，如江苏省政府计划对面粉加税一成，荣宗敬致函上海总商会明确反对："上海总商会昨接机器面粉公会会长顾馨一、荣宗敬等公函内开，敬启者，近闻江苏财政厅有筹议货物加税一成之说，虽尚未见明文，而外间既有此风传，难免不成事实。查敝会面粉一业，于本年四月五日，经各厂开会议决，一律停机，以维成本，一面公推代表，呈请政府，拟将小麦一项，豁免税厘，现

---

① 《各方面提倡国货之进行》，《申报》1919年6月1日。

正设法进行之际,如果货物确有加税一成之议,恳祈贵会据情代为转请,务将小麦一项,免与各货一律加征,俾敝会粉业,得留一线生机"①。

1920年5月10日晚,上海高档酒店大东酒楼,金融界大拿云集,劝业银行开业前在此宴请同行,"与宴者,如方椒伯、应季审、徐庆云、田时霖、钱新之、陈介卿、孙景西、盛竹书、闻兰亭、谢蘅牕、倪远甫、江少峰君等约百人,由该行董事虞洽卿、荣宗敬、行长张寿镛、经理石运乾、副经理陈延钟、营业主任穆景庭君等招待。约十时,始散"②。

荣宗敬与虞洽卿、潘复都是劝业银行发起人。潘复(1883—1936),字馨航,生于累世为官的名门望族,父亲是进士,本人20岁就考上了举人,1913年,30岁的潘复任山东实业司司长,1916年5月潘复出任全国水利局副总裁、署理总裁。1920年8月改任运河疏浚局副总裁、北洋政府财政次长、兼盐务署署长、1927年潘复出任北洋政府第32任总理。

劝业银行有强大的政府背景,其得到北洋政府总理靳(云鹏)竭力赞助,"徐(世昌)总统、黎(元洪)前总统、财政周总长农商王总长投入巨资,为商股提倡,今日始得成立,查劝业银行条例,系民国三年颁布,经国会通过,政府保息五厘十年、及发行劝业债票之权利,兹因政府财力困难,远期债票一时未易发行,现闻特许发行钞票,经理国库,兼办商业储蓄信托。"③

作为劝业银行的发起人与董事,荣宗敬与北洋政府的要员建立了关系。随着北洋政府1928年被推翻,劝业银行1930年也关门。

1918年12月下旬,荣宗敬陪同美国驻华商务参赞安立德来锡游览名胜并赴丝纱面粉等厂参观,荣德生在梅园设宴款待,无

---

① 《面粉商反对加税函》,《申报》1923年5月11日。
② 《劝业银行宴宾记》,《申报》1920年12月16日。
③ 《劝业银行宴宾记》,《申报》1920年12月16日。

锡商会会长孙鹤卿等作陪。①

1920年8月,为开发黄浦江与长江交汇处的吴淞,荣宗敬与张謇、金其堡等组织左海公司。左海公司因资金缺乏,未能如愿进行大规模的投资和开发。1923年6月,荣宗敬、张謇和金其堡三方面,将实际领得衣周塘土地1165亩9分零9毫,抓阄均分。荣氏兄弟分得三分之一,即390亩。

1921年2月28日,上海南京东路永安公司大楼上,集聚了500多位商界名流,《申报》记者如是写道:

"茂生洋行宴请各界绅商于大东旅社,来宾约五百余人,在座有荣宗敬、郭标、徐辅洲君等,会场内悬中美国旗、茂生商旗商标、世界全图及茂生经理各大厂之五色招牌,如棕榄香皂、康氏建筑品及鹰格索表等。席将终,赠诸来宾以棕榄香皂二方,以作纪念。洋总理彭斯君、华总理沈燮臣君、进口洋经理列玉贝君、机器华经理王朝聘君等,本拟略致颂词,由马伯乐君译述,后因时间局促,遂作罢论,余兴有人人笑口技周杏泉戏法、蒋九如飞钢叉等,席散已钟鸣十一下矣。"② 美资企业茂生洋行创建于1857年,时在全球有96家分行,其经营范围涉及众多领域。作为茂生洋行的大客户,荣宗敬受到礼遇,在与租界的外国公司的高层管理者交往中,荣氏结识了众多的老外与中方买办。

1922年上海总商会选举,500多人参与投票,媒体披露了当选理事的得票情况:"宋汉章二百八十九、聂云台二百七十一、朱吟江一百九十八、方椒伯一百七十四、劳敬修一百七十四、虞洽卿一百七十四、朱葆三一百七十四、王一亭一百七十四、熊照男一百七十、沈联芳一百六十四、薛文泰一百六十三、吴麟书一百五十一、王鞠如一百五十、谢蘅牕一百四十九、盛筱珊一百四

---

① 《美商务参赞来锡》,《申报》1918年12月24日。
② 《茂生洋行宴客记》,《申报》1921年3月4日。

十七、汤节之一百四十四、傅筱庵一百四十三、袁履登一百三十七、叶惠钧一百三十五、项如松一百三十四、徐乾麟一百三十、荣宗敬一百二十五、顾馨一一百二十、孙蘅甫一百十九、冯少山一百十八、闻兰亭一百十七、田祈原一百十七、楼恂如一百十二、姚紫若一百十一、王儒堂一百零七、陈文鑑一百零七、潘澄波一百、石运乾九十九、张乐君九十八、庄得之九十五。"①当选的35位理事都身价不菲，荣宗敬以125票名列其中。通过上海总商会这一平台，荣宗敬与上海滩各界名流有了更多的交集。1926年随着国民革命军的北伐，上海商界也面临着"选边"，是支持在位的孙传芳还是支持造反的蒋介石？傅筱庵等支持孙传芳，荣宗敬与虞洽卿等则把宝押给了蒋介石。

为加强乡党间的联系，1923年9月，旅沪锡籍绅商祝兰舫、蒋哲卿、荣宗敬、周肇甫等人在沪召开谈话会，筹备组织无锡旅沪同乡会，蒋哲卿被推为筹备主任。不久后，又召集了发起人会议，决议组织征求队，征求会员入会。征求工作结束后，筹备委员会立即着手选举章程起草员、负责制定章程。后经多次开会讨论，于11月3日将起草完毕的章程草案提交发起人会议审查、公布。

1924年1月，无锡旅沪同乡会召开了第一届会员大会，公开审议章程草案。2月间，又通过投票选举了理事长、副理事长、理事、评议员长、副评议员长、评议员等人，其中蒋哲卿当选为理事长，荣宗敬、祝兰舫为副理事长，俞仲还为评议员长。荣宗敬自1925年开始担任理事长。时无锡在上海工作的有几万人，加入旅沪同乡会的有4000多人，他们多是各界的成功之士。荣宗敬之所以能出任理事长，也同他的实力有关联。

在纺织界，荣宗敬与同行间联系密切。1917年3月，为集体应对日本提出棉花免税条件，祝兰舫、荣宗敬、刘柏森3位纱厂

---

①《总商会选举开票记》，《申报》1922年6月18日。

主向华资纱厂发出一份公开信：

> 敬启者，政府为加入协约国修正关税，改为裁厘加税一节。此事极为有益，惟闻日本国有交换条件三种，一棉花二羊毛三钢铁出口免税。查棉花出口免税关系中国纱厂甚巨，弟等拟发起一华商纱厂联合会，借上海商务总会内为事务所，研究花纱税事。特订期于三月十五日下午四点钟上海商务总会会所内集议，届时务请贵厂派代表早临，勿迟。

3月15日，发起成立华商外厂联合会的会议如期举行，出席22人，代表18家纱厂。上海有恒昌源（祝兰舫、张秋园）、厚生（穆藕初）、恒丰（聂云台）、振华（薛文泰）、德大（穆杼斋）、鸿裕（郑培之）、裕通（朱斗文、宋玉书）、申新（荣宗敬）、同昌（何生云）等9家；江苏有无锡的广勤（杨翰西、戴笙甫）、业勤（杨森千）、振新（施子卿、倪壬治）、太仓的济泰（于禹九）、苏州的苏纶通记（刘柏森）等5家；浙江有杭州的鼎新（张松筠）、宁波的和丰（屠燮相）、萧山的通惠公（王晓籁）等3家；另有湖北武昌纱布局的楚兴公司，也派代表徐荣廷、陈品珊参加。

因在纱业有举足轻重地位的张謇对此不积极，未派代表与会，作为发起人的荣宗敬对该组织的筹办热情大减，后期几次筹备活动他都未参与，但刘柏森等纱厂厂主仍坚持成立行业组织。

1918年2月12日，上海纱厂部分代表在上海高档酒店一品香西菜馆公宴北京工商部李俞两位金事，到场者有聂云台、徐静仁、吴寄尘、杨翰西、薛文泰、刘柏森、荣宗敬等代表10人。宴会结束后，接着公议会务，作出决议5项：一、定期阴历二月二日召集选举会；二、举张謇先生为名誉会长；三、会址迁至申报馆二楼；四、推举聂云台先生为总董；五、创办《纱业杂志》月刊。①

3月14日，借一品香西菜馆，华商纱厂联合会正式选举。与会者有鸿裕代表郑耀南、和丰代表陈蓉馆、鼎新代表张松筠、华新代表陈莘田、广勤代表陈莘田（原文如此）、业勤代表杨森千、恒丰代表聂云台、申新代表荣宗敬、振华代表薛文泰、溥益代表徐静仁、大生代表吴寄尘、宝通代表刘柏森、宝丰代表刘柏森，共13权。选出张謇为会长，聂云台为副会长，薛文泰、吴寄尘、刘柏森、杨翰西和徐静仁当选为董事。②

作为同业组织，华商纱厂联合会（简称纱联会）在维护行业利益，沟通与外界关系，提升行业水准方面做了不少工作。

1921年3月7日各地华商纱厂因向国外订购的机件不到，损失巨大，请求纱联会召集各厂代表商讨对策。据荣宗敬称，"查全国各厂所购机件，大半过期不交，镑价又见大跌。再查各洋行之惯性，于镑价低廉之时，则强迫加价，于镑价昂贵之时，则将现货售出，以图善价。种种不平，各厂吃亏太甚"。在汇率变化中，外商进行不对等交易，导致华商纱厂利益受损，为此商讨后作出决议："（甲）公请纱厂联合会，分向各经理行家及制造厂交涉，并由各代表署名为证。（乙）各厂原定合同之正副本，均送交联合会以资研究。（丙）每一万锭担任公费五百两，由联合会交存一指定之银行，将来款不敷用时，再临时增缴。（丁）聘丁熔及梅华铨为律师"。

纱联会应对国内花纱布市场的重大变化或意外风险，采取的主要措施和方法，是建立价格联盟，集体限制生产。1921年秋，棉纺业出现萧条状态，华商各厂不堪忍受，纷纷要求采取集体行

不断扩充的社交网络

---

① 王昌范：《华商纱厂联合会始末》，《现代工商》2012年6期。
②《华商纱厂联合会议事录（第六区机器棉纺织工业同业公会）》，上海市档案馆藏：S30—1035。

动解救危机。经过反复酝酿，到1922年8月30日纱联会在征集上海各厂意见的基础上，作出集体维持最低限价的决议："公定于两星期内各厂开纱以一百三十五两为最小限价"。议决实行后，市场棉纱价格一度回升，然终不能维持，到下旬竟跌至124两左右。纱联会再拟对策，"乃复于九月二十八日召集本埠各华厂及驻沪代表临时会议。当时颇有主张缩短工作时间，以减少生产而定市面者"。于是由纱联会向全国各纱厂发出集体限制生产的决议："自十一年十二月十八日起停止工作四分之一。以三个月为限，届时设市面仍无起色，续停四分之一"。这一议决发布后，上海各纱厂全体认真执行，外省市的纱厂也多有闻风响应者，于是纱价始渐见起色。为了巩固成果，1923年3月13日纱联会再作议决"停工半数，或将夜工完全废止"。上海各厂当即签字赞同，外埠纱厂由纱联会分电征请一体实行，多数厂商也函复赞同。所有停工各厂，均由纱联会张贴通告，"并公推吴麟书、崔景三、荣宗敬、刘柏森诸君为监察人，监视本埠实行减工各厂"。

　　1924年4月6日下午2时，全国华商纱厂联合会第七届常年大会在天津召开，各埠纱厂20余代表到会。改选周缉之为会长，荣宗敬为副会长，穆藕初与吴麟书、杨翰西等11人为董事。讨论重要议案多件，其中以近年纱业困难，近于极点，屡次呈请政府维持，均难办到，而尤以捐税重叠，层层剥削，华商各厂负担过甚，较之在华外商设厂以三联单向内地采购，征税一道，畅通无阻者相去奚啻天壤。决议：董事会植棉经费减为5000元，须待经费充裕时始能拨付；各厂用花抽费，每担征费7厘半，以减轻各厂负担；董事会提议呈请政府准华商厂仿三联单办法，向内地采购棉花，并严禁棉花重征税金；董事会提请政府严禁棉花掺水及作弊。①

---

① 穆家修等编著：《穆藕初先生年谱》，上海古籍出版社，2006年，第323页。

1924年5月1日,华商纱厂联合会从上海香港路第10号迁至上海爱多亚路50号。荣宗敬与周缉之搭档负责纱联会。周学熙,字辑之,清末民初著名政治家、实业家,官至财政部长,1918年专心实业,任华新纺织公司总理,先后创办华新所属的天津、青岛、唐山、卫辉四家纱厂。1919年创办中国实业银行,任总经理。1922年与比利时商人合办耀华玻璃公司。1924年成立实业总汇处,任理事长,管理所属各企业。周学熙兴办实业成绩卓著,与南方实业家张謇齐名,有"南张北周"之说。

1925年12月16日,荣宗敬以纱联会名义在陕西南路家中宴请年仅40岁的"五省联军总司令"孙传芳,史量才等作陪。

由于为会员提供许多帮助,纱联会这一组织富有活力,每年开年会时大家都很踊跃。1929年纱联会年会到会会员代表就有各大纱厂的主要负责人:荣宗敬(申新)、谷春棠(北洋)、郑耀南(鸿章)、丁若汀(华新)、徐采丞(上生)、聂潞生(恒丰)、杨蔚章(广勤)、鲁望严(裕中)、刘靖基(苏伦)、郭顺(永安)、董仲生(统益)、王启宇(振泰)、薛润生(振华)、陈子馨(隆记)、吴寄尘(大生一)、严惠宇(溥益一二)、柯干臣(大纶)、程寄樵(永豫)、李迪先(厚生)。荣宗敬曾长期担任纱联会主席,直至1933年底。

纱业的上游是棉花种植,为提高中国的棉花产量与质量,荣宗敬与穆藕初等做了不少努力。1931年3月15日,全国棉产改进统计会议在华商纱布交易所举行开幕典礼。此次会议由十一省农棉场及棉业机关发起,会期至3月21日结束。实业部及中央推广委员会张宗城等一百余人到会,推定主席荣宗敬。决议各案:(一)组织中华棉产改进会;(二)全国农场指导农民组织棉花运销合作社,提高良棉价格,以利农产改进;(三)培植棉业专门人才，资送出洋留学。①

1933年10月，国民政府改组全国经济委员会，下设棉业统制委员会。棉统会有委员22人、常委5人。陈光甫为主委，李升伯、谢作楷、唐星海、邹秉文为常委。陈光甫代表金融界，李升伯代表纺织界，邹秉文代表农业界。荣宗敬、陈立夫、张公权、杜月笙、贝崧荪、张啸林、郭顺、何炳贤、吴醒亚、聂路生、穆藕初、胡筠庵、刘荫弟、孙恩、陈伯庄、李浩驹、徐莱丞等17人为委员。棉统会的工作包括三个方面：棉产的改良与推广、纺织业的研究与协助、棉业金融的策划。

作为工商名流，荣宗敬参加多少组织已无考，他有多少头衔，也无考。如1930年7月7日，中国工商管理协会召开第一次理事会，选举孔祥熙为理事长，刘鸿生、荣宗敬、陆伯鸿等为常务理事，潘序伦为经济理事。荣宗敬还是中央银行理事、大夏大学理事。

1906年无锡到上海有了火车，但两地间却没有汽车可通。为修通这条路经嘉定、太仓、常熟到无锡的长达140公里的沪锡公路，政府希望借助商界的力量。为此1933年先行成立筹备委员会，以王晓籁、杜月笙、张公权、陈光甫、钱新之、郭和辉、杨翰西、钱孙卿、孙直斋、荣宗敬及吴铁城等11人为筹备委员，筹备关于该路筑路经费及通车等一切事宜。11位筹备委员包括几大块，有政府要人吴铁城（上海市长兼淞沪警备司令）、金融巨子（张公权、陈光甫、钱新之）、洋场闻人（王晓籁、杜月笙）、商界名流（郭和辉、杨翰西、孙直斋、荣宗敬）、社会贤达（钱孙卿）。其中又以陈光甫、荣宗敬、吴铁城、杜月笙为常务委员，以王晓籁为主席。筹备委员会的办公地点设在上海江西路申新总部三楼。

---

① 穆家修等编著：《穆藕初先生年谱》，上海古籍出版社，2006年，第471页。

因经济不景气，筹款出现困难，工程完工延期了一年，1935年8月15日在南翔古漪园举行通车典礼。荣氏兄弟与众多名流一起参加这次庆典，记者公示的名单就有吴铁城市长、江苏建设厅沈厅长、李石曾、黄伯樵、潘公展、叶恭绰、张公权、俞佐庭、虞洽卿、黎照寰、杜月笙、林康侯、刘湛恩、王延松、潘更生、莫衡、樊守执、沈田莘、杨翰西、汪伯奇、许世英、黄伯度、黄任之、潘仰尧、陆伯鸿、汪曼云、成舍我、毛和源、潘序伦、奚玉书、萧友梅、刘海粟等。①

从《申报》的记载中，可见荣宗敬有很多"群"——在纱业、面粉业；在金融界、同乡会；在大型工程建设都有他的身影。

四、高层领导频频光临

与荣宗敬在上海大舞台表演不同的是，荣德生则以无锡为根据地，当好"地主"，接待各路贵客。这里仅以当年媒体的公开报道，来呈现荣德生接待政界官员的情形。

1921年2月17日，农历正月初十，著名实业家，声望如日中天的张謇从苏州来到锡城，受到无锡各界的热烈欢迎。"吾邑赴站欢迎者县知事赵雪岑、三科主任钱孙卿等，实业界为广勤纱厂总理杨翰西代表杨拱辰，茂新面厂申新第三厂总理荣德生、福成纱厂代表杨刃千，九丰代表蔡兼三。商学界为三师校长顾述之、王楚先、赵子新、冯云初及赵菊泉先生曾孙赵介承等数十人。花车抵月台，是时军乐齐作，第一分所巡士水巡队队士县警察队巡士咸举枪致敬，啬老（注：指张謇）同来者有驻通混成旅旅长王凤楼、政客方唯一……下车后由赵介承为之介绍，一一握手，相见毕，赵知事即以四人肩舆抬啬老，张不受，卒乘蔡兼三

---

① 《锡沪公路昨日举行通车盛典》，《申报》1935年8月16日。

包车，由赵介承、荣德生向导，陪啬老驱车至（惠山北麓）严家棚赵菊泉先生墓前祭扫，瞻墓既毕，即由荣德生招待至河塘王巧仙画舫洗尘，旋至李公祠前一观，即行坐船，驶至亮坝上岸，复乘车进城，至公园游览，先在池上草堂小憩，继乃遍游园中，登多寿楼远瞻一周，随即出园乘车赴站，时已三点半。送行者有荣德生蔡兼三等。"①

68岁的张謇在无锡停留只有短短的五个小时，荣德生一直陪伴在左右。除给恩师赵菊泉扫墓外，张謇还到了惠山古镇的李翰章祠与城中公园。

张謇一直是荣德生学习的楷模，他像张謇一样，先办厂再兴学修路。时人视荣德生为无锡的张謇："无锡有一人，行事颇类张先生，其人为谁？则德生荣先生是。张先生开辟南通，以大生纱厂为起点，其后一切事业，皆发生于大生纱厂。故论者谓大生纱厂为开辟南通之霸王，而张先生具操纵霸王之能力者也。德生荣先生，始亦经营纱厂，近始专营面粉厂，其一切事业亦皆植其基于实业，故能继长增高，发挥光大。"② 这是1919年9月1日，在荣德生创办的公益工商中学开校典礼上无锡县知事杨梦龄的讲话。

最早来梅园游玩的是岑春煊，岑氏，字云阶，广西西林人，他是清末官场权倾一时的人物，曾任陕西与山西巡抚、两广总督邮传部尚书，1918年任广东护法军政府主席总裁，退职后的岑春煊息隐山林，1922年春在荣德生的热情招待下，岑带一群人在梅园乐农别墅住了10多天。"前西南政府政务总裁岑西林氏，因慕吾邑梅园之胜，特于前日午刻由上海乘沪宁快车来锡，同行者有国会议员吴景濂、章士钊，暨上海哈同花园女主人罗迦陵夫人，

---

①《张季直莅锡志盛》，《新无锡》1921年2月18日。
②《杨知事之开学颂词》，《新无锡》1919年9月3日。

西林胞侄暨某方面探士等约有 30 余人，一同抵埠，由邑人蒋遇春先生之快婿王友兰君为向导。到锡后即雇车直达梅园休憩，当由园主人荣德生君设筵款待，并扫除别有天、西舍等处为一行嘉宾下榻之处。岑云阶（春煊）此次来锡游览下榻于梅园凡十余日，终日徜徉、饱览湖山秀色。"①

1923 年春岑春煊又来梅园，江苏省长王铁瑚特来看望他：

> 江苏省长王铁瑚氏，于前日夜车来锡，先期县署赵知事得电后，即派警佐侯锡丞君雇定王家妓院画舫，停泊大有机码头。……即迳开梅园，到后，乃乘轿登陆，时岑西林先生早得有消息，与王君晤面后欢然畅叙，由岑君陪同在园内游览一周，旋进午膳，稍憩，即由岑君陪同乘坐茂新汽艇至太湖万顷堂鼋头渚等处游览，陪行者有国会议员王孟迪暨邑绅蒋哲卿荣德生二君。②

进士出身的王铁瑚非常清廉，任职期间颇受好评，荣德生所办的茂新面粉厂备有汽艇，给接待提供了快捷与便利。

1927 年国民政府建都南京后，位于上海工业都会与南京政治都会中间的无锡，因工业发达、风光旖旎，一时间冠盖云集。1928 年 9 月 8 日，秋高气爽之季，工商部长孔祥熙带领部下，来无锡考察实业，行前提前告知荣德生等工商领袖。

> 国民政府工商部长孔祥熙氏，以无锡为山明水秀、工业发达之区、遂于前日清晨来锡，考察丝纱两业工厂并便道游览太湖风景，先期已函知荣德生、杨翰西、唐星海、程炳若等各实业家。是日，荣等暨无锡工商两界领袖先时至车站迎候，孔于十时十六分车到锡，随孔氏来者有工商部工业司司长郭楠、技正刘荫茀、劳工司司长朱懋澄、庶务科科长施行

---

① 《梅园游屐　不尽名流到梁溪》，《新无锡》1922 年 3 月 26 日。
② 《王省长莅锡详志》，《锡报》1923 年 3 月 15 日。

如、农矿部矿业司长胡博渊等,由邑人前江苏实业厅厅长张轶欧任向导,先至华盛顿饭店小憩,即由荣德生、杨翰西等导往广勤、庆丰两纱厂参观、继至乾牲丝厂参观,并谆谆以改良出品为嘱,继又回至大有栈码头同上汽艇,至西门外申新三厂,分往各部详细参观,孔部长对于以上四厂均有成绩优良之评语,其时已一时有半,遂乘谢氏画纺,由汽艇拖带至鼋头渚游览太湖风景,直至四时始行返棹,至五时三刻孔偕同郭司长等快车赴沪。①

孔部长方面小髭,顶发已秃,目短视,架晶镜,服香云纱长袍,白洋纱短衫,白纺绸裤,丝袜革履,上下整洁,体肥白皙,和蔼可亲,与亚丹《访琴续记》中之彭城公子,仿佛似之。孔部长于舟次进午餐,分设两席,由唐星海、荣德生、蔡兼三、蒋哲卿诸君作陪。席次,孔谓生平酷爱山水,慕梁溪名胜已久,今与诸君作此快游,偿余夙愿,幸何如之。次畅谈山西商业(孔为山西人),神采焕发,议论风生。孔部长至鼋头渚,意欲游山,由山僧为备藤舆一乘、短衣乘之,至陶朱阁等处游览。②

1928年重阳节,一批党政高官来到无锡,接待工作不是由地方政府担当,而是由荣德生荣宗敬杨翰西等大老板来完成,很重要的原因是这些老板们有汽艇有资源,而当时地方政府既没有这些先进的交通工具,也报销不了接待费。党国要人李济深、何应钦、缪斌、王伯群、张定璠、劳敬修、李煜堂、邓孟硕、王漱芳等及李夫人、何夫人、王太夫人、王夫人、缪夫人等,并南洋兄弟烟草公司主人简氏兄弟等一行三十余人,因昨日适届重阳佳节,又值星期停止办公,特相约于前日分批由京沪莅锡,游览湖

---

① 《工商部长来锡考察》《新无锡》1928年9月10日。
② 《孔部长游锡鸿爪》,《锡报》1928年9月10日。

滨诸名胜，并参观锡邑各工厂，本报于四日前，已先得确讯，当以各要人同时莅锡，实属锡邑空前盛举。

宗敬别墅与太湖饭店都是荣德生在梅园建的房子，设施先进，专门用来接待贵宾。

何应钦、李济深、缪斌、邓孟硕、王漱芳、张定璠、劳敬修、邓联邦、李煜堂、简玉阶、简荣甫等，及何李缪劳诸氏眷属，乘谢氏藕舲，由金星、茂新两汽船拖带，赴鼋头渚东南方太湖中之大箕山，登山游览，由荣氏昆仲及薛君明剑高君践四等，分任招待，各要人见山景幽雅树木茂盛大有建筑别墅消夏避暑之意，徘徊久之，复登舟开赴迎龙桥。参观申新纱厂后，张定璠市长，及上海方面各来宾，则乘画舫驶赴工运桥登岸，乘车返沪。①

1929年1月3日，阎锡山带随同及15名保镖来无锡考察，也住在梅园太湖饭店，得到荣德生的热情招待。

无锡电讯，国民革命军第三集团总司令阎锡山氏前日赴镇江游览，并因吾邑工厂林立、商业发达，特定于三日赴锡参观工厂、游览太湖名胜。由工商部长孔祥熙派定本部司长邑人张轶欧随同阎总司令来锡参观。

阎总司令下车后，由荣君等陪同赴工运桥下大有栈码头蒋氏画舫，先由各报记者在岸上摄影，阎氏即下船由茂新汽油船拖带，直赴黄埠墩龙浜茂新第二粉厂门首停泊，记者等下船后，阎总司令即招待谈话，兹记其谈话如下：一余在北边即听说无锡发达，早拟来参观一下，今天到锡后看见各厂烟囱很多，名不虚传，交通亦很便，无锡实业将来还要发达，发达之原素，每一亩地有二三十元之收入，社会上自然发现好现象，对于无锡希望很大。

阎锡山刚离开，薛笃弼部长也到无锡考察，荣德生再来火车

①《重阳佳节党国要人联袂莅锡详记》，《锡报》1928年10月22日。

站接驾。

国民政府卫生部长薛笃弼、内政部长赵戴文，以无锡为工商业发达之区于前日联袂来锡，邑人杨翰西先期已得何亚农之电告，特偕同实业家荣德生等至车站迎候。薛赵两部长等下车，即由杨等邀赴广勤路于胥乐公园稍事休憩，复由杨等导引参观广勤学校、广勤图书馆、通俗教育馆及广勤纱厂，参观毕，复导引薛部长等登长风汽船直驶太湖，游览鼋头渚万顷堂诸名胜。迨下午六时，复乘原汽船至梅园游览一周，在太湖饭店休憩，当晚即寓居太湖饭店。昨日晨薛部长等仍由荣德生等引导，参观申新三厂、茂新面粉厂暨锦记、乾甡、德馨等丝厂。午后三时半，薛部长等一行数人乘车赴苏参观，定于今日返都。①

1929年4月14日，春光明媚，国民政府行政院长谭延闿携家人利用周日休假，来无锡赏景，没有与地方当局打招呼却通知了荣德生。

上午十一时五十四分下行快车由宁驶抵锡站时，谭院长偕其公子伯瑜，侄儿绶山，秘书长刘步洲，副官唐恺、张宾教，及友人王永书诸君，一行八人，从头等车中缓步而出，维时本邑各机关，因未得电讯，均未到站迎迓。谭院长架水晶镜，手执司的克（注：指拐杖），头戴青灰折边呢帽，身穿栗壳色旧毕几夹衫，鹅黄绉纱鸡肫脚管的夹裤，黑洋袜玄色斜纹布杜做布底单鞋，服装至为俭朴。其公子辈亦各穿布衣，绝无丝毫官僚子弟之习气。

谭院长等下车后，即步行至通惠路口，分乘汽车二辆，行至惠山，在漪澜堂前品茗观鱼，约十分钟，即至老宝华照相馆摄一纪念小影，并在该馆题诗一首，旋登云起楼远眺，见夫烟突如林，大赞吾邑工商业之发达。俄而下楼，复乘汽车至梅园游览。其时园主荣德生君，已在诵豳堂设备筵席，款待谭氏等诸君，聊

---

① 《国府要人联袂来锡参观》，《申报》1929年1月13日。

尽地主之谊，盖荣君已先期得讯……午餐后，园中各处游览，荣君当出素纸索书，谭院长即手挥六言联一副，以留鸿爪。直至三点半钟，方倦游出园，仍乘汽车至车站候车。五点四十七分离锡去沪。①

民国高官来梅园，都能得到荣德生的接待，唯有汪精卫破例。"梅园主人荣德生君得悉汪精卫氏来锡探梅，时已二时，前往梅园招待，汪氏等已离园而去，致未晤见。又汪氏此次来锡，事先外间知者绝少，故当地军警，均未注意云。"② 时汪精卫是国民政府行政院长，尚未"落水"，名满天下。

吴稚晖同荣德生有极深的交往，1934年荣氏企业遭遇危机时，吴稚晖出马救驾。荣德生创办私立江南大学时，吴担任董事长。

中委吴稚晖、张静江两氏，此次在京出席五中全会后，因慕锡邑山明水秀、风景天然，并为本邑允利化学公司用电问题等事宜，故特于昨（十五）日上午八时许，偕同秘书李立经，由京乘车来锡，于十一时五十七分抵埠，由邑人荣德生、薛明剑到站迎迓，并陪同赴华盛顿饭店辟室二十一号房间休息，旋在该饭店进素餐，下午仍由荣薛等陪同赴小箕山、鼋头渚、宝界长桥等处游览。③"国府监察委员吴稚晖前日偕同监委李石曾及李之秘书等、由京乘车来锡、即由荣德生招待、陪同游览公园梅园等处名胜，李当晚下榻太湖饭店，吴寓公园饭店，廿四日李氏赴沪。"④

1937年来梅园的国民党高官较多，先是中央委员王正廷，后是冯玉祥。

国民党中央委员、驻美大使王正廷及中英委员、现任青

---

① 《谭行政院长莅锡纪》，《新无锡》1929年4月15日。
② 《梅园主人前往招待未晤》《锡报》1934年3月19日。
③ 《吴张两中委莅锡游览》，《申报》1934年12月17日。
④ 《吴稚晖李石曾莅锡》，《申报》1935年11月25日。

岛市长沈鸿烈等，于昨晨由南京分乘自备汽车，于中午抵锡。午后一时许，由邑绅杨翰西、荣德生等陪同，分乘汽车，赴梅园探梅。复至小箕山、鼋头渚等处游览，并雇画舫遨游太湖。

冯昨在灵岩山进午餐，并电致本邑荣德生、薛明剑二君，于午前赴灵岩山迎接，午餐后，荣之车前导，冯率随从循苏锡路来锡，经善人桥 128 阵亡将士墓，冯停车对无名英雄致祭。下午二时半，自善人桥出发来锡。本邑二区专员施奎龄，县长陇体要，本报记者等，闻讯后，乘车至中桥，分路迎迓。三时半，冯偕随从秘书董志成，随从副官 4 人，交通兵官 7 人，卫队 30 名。共乘黑牌汽车二辆，卡车二辆，及荣、薛汽车一辆，鱼贯而至，冯氏即下车与欢迎人员一一握手，连称"谢谢各位，不敢惊动，实在不敢当"。旋车过蠡桥，循开原路至梅园，在诵豳堂休憩。

抗战八年，无锡沦陷，荣德生也避难上海租界，梅园、申新三厂、茂新面粉厂都遭到战争的破坏，接待工作也就无从谈起。1946 年 10 月 31 日（农历九月十五）是蒋介石的 60 大寿，蒋来无锡避寿。蒋南京执政期间，曾三次来无锡，但都没有到梅园，据说曾邀请荣德生在太湖船上见过面，也只是据说。

1947 年 3 月 6 日，孙中山长子、国民党副主席孙科莅临无锡，荣德生陪其游览梅园及湖滨风景。①

1948 年 9 月 13 日，国民政府副总统李宗仁夫妇来无锡考察，他们先在鼋头渚赏景，后"即重登游艇，再放小箕山，登岸后，换乘汽车，驶往后湾山江南大学参观，由校长顾惟精亲自接待，并详述该校创立经过，及将来计划，李氏对荣德生为国培育人材，备致赞扬。下午五时许，游览梅园，园主荣德生早在园中迎

---

① 《孙科伉俪抵锡》，《申报》1947 年 4 月 27 日。

候，李氏伉俪，曾在园内景色佳丽之处，留影多帧，并在梅园管理处，小坐品茗，与荣德生畅谈无锡工业情形，至六时始离梅园"。①当晚李宗仁住在鼋园湖山饭店。

1948年无锡县长周明馨、荣德生、李宗仁夫妇在梅园

14日晨七时许，李副总统伉俪即起身盥洗，并于草地上迎秋阳散步。八时许，周县长、荣德生和申新谈厂长等前往晋谒。旋即陪同乘车赴申新第三纺织厂，由荣德生、谈家桢、郑翔德（注，谈、郑为申三厂长）等招待进早点后，参观该厂清花、梳棉、粗纱、细纱及发电等部门，谈氏等详为解释。

李宗仁到无锡，不仅与荣德生交流，肯定荣德生的贡献，且参观荣氏所办的学校（私立江南大学）、公园（梅园）与工厂（申新三厂、天元实业公司、茂新面粉厂）。

---

① 《李副总统伉俪莅锡 轻车简从遨游湖山》，《锡报》1948年9月14日。

李宗仁刚刚离开无锡，蒋经国也来无锡视察。蒋经国时年38岁，作为"皇太子"的他当时以经济督导员的身份在上海"打老虎"，让众多有钱人如坐针毡。

抵申新三厂时，荣德生亲在厂门迎迓，蒋氏下车后，即与德老握手寒暄。郑、谈两厂长引导参观粗纱细纱等各部门，每至一处，蒋氏询问极详。接着蒋氏又乘汽艇赴天元麻织厂参观，后又登艇赴茂新面粉厂参观。由茂新后再由原艇开回申新，途中蒋氏对荣氏创业精神，大表敬佩。蒋氏在申新进"节约式"晚餐，晚餐后，蒋氏一行即赴本邑最高学府江南大学参观。①

仅从媒体所报道的信息，就能看到荣德生与国民党官员有着频繁的互动，这些互动显示了荣德生超高的人气，反映了他出手大方，会来事，会做人。需要指出的是，荣德生广交各路诸侯，当然为企业发展提供了一个良好的外部环境。

除通过各种组织机构扩大影响丰富人脉外，荣氏兄弟私人往来因资料所限，并不清晰。据记载，1946年，杜月笙的儿子结婚，荣家送上法币220万元，折合黄金13.75两；1947年8月28日，杜月笙六十大寿，荣家送寿礼法币1亿元，折合黄金40.58两；1948年杜月笙的女儿结婚，荣家再次送上礼金1亿法币，折合黄金3.75两。1947年8月2日，金融界大亨张公权迁移新住址，荣家送礼金法币4100万元，折合黄金16.64两。②

除与政治名流商界大咖有密切互动外，荣德生还喜欢与文人在一起。受到荣德生款待的书画家、学者也不少。如1930年9月马寅初领导的中国经济学社来无锡开会，这批经济学家包括王云

---

① 《蒋经国氏重视工业，参观申新天元各厂》，《锡报》1948年10月9日。
② 上海社会科学院经济研究所经济史组编：《荣家企业史料》（下册），上海人民出版社，1980年，574页。

五、潘序伦、杨荫溥、唐庆增等坐船登岸后,"即步行至梅园,由该园主人荣德生引导各社员至诵幽堂啜茗,旋即登天心台小罗浮,折而至太湖饭店,再直上登新建筑之念劬塔,下而赴地屋,及宗敬别墅等处游览一周,并在花园中合摄一影"。①

---

① 《经济学家在无锡游园》,《锡报》1930年9月22日。

改革工头制，度过纺织冰河期

任何组织经过一段成长后，都需要对原有的职能配置、流程设计、分配方案根据新形势做一些调整与改革，而这会引起不同部门、人员间利益、权力的变化，容易导致组织内部的风波。要不要改革？如何改革？何时改革？是在企业发展的上升期、平稳期还是冰河期？这是管理者要面对的难题。

一、逆水行舟显功夫

1922年才投产的申新三厂"生不逢时"，它错过了纱厂想不发财都不可能的好时机。

第一次世界大战期间，"中国纱厂所受到的外来压力大都消失，使得中国境内的纱厂普遍获得巨额利润，以16支棉纱为例，1916年每件纱盈利5.45两，1917年16.4两，1918年46.65两，1919年50.5两，1920年46.45两，这种持续上升的趋势，直至1921年下半年才消退，这是中国自有纱厂以来未曾有过的厚利。如1906年所建的无锡振新纱厂，经营七八年并无重大发展，1919—1920年，股东红利竟高达760%。"[1]

1915年荣氏兄弟在上海创建的申新一厂第一年只开上三个多月，而且只开一部分纺机，年终盈利除去开办费外，尚余2万

---

[1] 张宪文、张玉法主编：《中华民国专题史》第六卷，南京大学出版社，2015年，第134页。

元；第二年盈余11万元；第三年盈余40万元，盈利率133％；第四年盈余80万元，盈利率为267％；第五年增至100万元，盈利率达333％；第六年盈余110万元，盈利率高至366％；第七年仍盈余60万元。①

纱业的巨额利润使中日两国资本纷纷投资纱厂，1914—1922年，中国境内新设华商纱厂69家，日商纱厂22家，而1890—1913年所设立的华商及日商纱厂，则分别只有27家及3家。至于面粉业，1914至1921年，全国新设面粉厂113家，其中华商98家，而15家外商中，日商占11家（包括5家中日合资）。②

投资过热的结果是整个行业进入冰河期。1923年，申三亏损5.9万元；1924年，又亏损23.4万元。整个申新系统在1922—1924年亏损额达675万元。③

在冰河期，众多的企业倒下去了，其中有荣德生交往密切的张謇、穆藕初、钱琳叔。张謇于1899创办的大生纱厂，1917—1921年五年共获利560多万两，1922年起，大生各纺织厂开始走向下坡，1923年秋，大生一厂因无款购花而停工，1925年被江浙财团接管。翌年这位73岁的状元实业家带着无限的惆怅离开人间。

穆藕初比荣德生小1岁，他童年时，家道中落，14岁入棉花行习业，17岁遭丧父之痛。1895年甲午战败，他立志求西学，始研习英文，25岁考入江海关，捧上了"金饭碗"，他还加入沪南体育会，习体操与演说。他28岁出版译著，32岁时，他出任江苏省铁路公司警察长，一年余又辞去。1909年，34岁壮龄、

---

① 朱龙湛：《飞跃的发展惨淡的经营——申新一厂建厂始末》，《江南大学学报》，1991年第3期。
② 张宪文张玉法主编：《中华民国专题史》第六卷，南京大学出版社，2015年，第162页。
③ 上海社会科学院经济研究所编：《荣家企业史料》上册，上海人民出版社，1980年，第154页。

已育有两子的穆藕初，毅然独自赴美，自费留学。在美5年，他先后就读5所学校，所读均围绕既定的农学，每一次换校他都有自己的考量，目标确定，意志强毅。获得硕士学位归来后，39岁"高龄"的穆藕初当即与兄长筹集20万两银子创办了上海德大纱厂。一年后，德大生产的棉纱在北京商品陈列质量比赛中获得第一名。德大成功后，他很快集资120万两白银，筹建厚生纱厂，几年后，又集资200万两成立郑州豫丰纱厂，该厂拥有职工4000多人，已是中原地区最大的现代企业。可在1924年的经济大萧条中，穆藕初的3家纱厂相继陷入困境，德大1925年被荣氏兄弟收购，改为申新五厂，厚生纱厂因发生股东争吵而清盘，郑州豫丰纱厂因为地处军阀混战的主战场而被波及，被迫抵押给美国洋行。

钱琳叔等创办的常州纱厂1921年10月投产，其时拥有4000纱锭，开业仅16个月就亏损22万元，因而在全国性纺织萧条最低谷的1923年春天宣布破产，被置于常州商业银行和富华银行的管理之下。后来，1925年6月，又以5年为期出租给荣宗敬的申新纱厂，改名为申新六厂，重新开业。①

考验一个企业家的经营能力不在顺风期，而在逆风期，面对经济下行、行业衰退，企业有没有韧性，能不能挺过严冬，这才是对企业家战斗力的检验。

荣宗敬荣德生让人刮目相看处就在于能逆风行船弯道超车，在冰河期企业不仅活下来了，而且还"添丁"增能。

二、动了工头"奶酪"

严冬期的申新三厂，开始以刀刀见血的改革来提升内功。"民十以后，纱市渐渐的疲敝下来。接着二三年，不仅难于扩张，

---

① 森时彦：《中国近代棉纺织业史研究》，社会科学文献出版社，2010年，第108页。

连旧有的规模,也有岌岌可危之势,眼见着纺织界伟人志士,接二连三的失败下来。时乎时乎,稍纵即逝,荣总经理昆仲,竟以镇静的态度和坚忍的志向,妥加调度,除在金融界多方设法以求维持现状之外,而且认为工务方面,有改良的必要,遂决意从此根本上着手。"①

当时中国纱厂普遍采用一种工头制的企业管理形式,影响生产技术的提升和劳工的积极性。在此制度下,管理系统分为文场和武场两部分,武场的首脑为总工头,文场的首脑则为总管。

武场系统的职责是:负一切技术责任,举凡试验、装机、修机、加油、保全等等。总工头之下,设立各车间工头,负责管理实验室(当时称格林间)、修机工、加油工、保全工等工作。总工头因地位关系,不同于一般职工。他们经常在家,拱手承盈。对职务采取遥领,听取他所信任的徒众反映密告,来决定指挥或干预,这便是他们执行工作任务的方式。

文场系统的职责,名义上是负责一切行政工作的,如各个车间的运输管理以及人事、工资、领料、记工账和记录产品数量等等。总管之下是各车间领班、副领班和记账等人员。

  两个不同系统的分工,完全把行政和技术分割开来,清楚地划成一道鸿沟。说明文场工作人员从总管到领班一系列的人员是不懂技术的,而且名副其实文气十足地长袍大褂来往于各个车间中。所以说,实际上对劳动生产是没有多大帮助的。武场人员则自总工头起到各车间的加油工,都作为有技术的人,因此处处表示出他们的骄气,自以为有权有力,文场人员不能不向他们低头。积久成风,名义上虽是相等的

---

① 汪孚礼:《申新纺织公司过去的回顾和今后应取的方针》,《纺织周刊》第二卷第十期,1932年3月18日。

各个组织系统，而实际上变成了为武场系统服务的一个附庸。①

后任申三厂长的谈家桢曾见过工头的威风："我是在一九二三年正月进入申三的。那时是工头制。纱厂总工头是沈阿富，电气间工头是屠阿兴，布厂工头是李金南。沈阿富等人权高一切，简直是一厂之王。沈阿富踏进车间，威风凛凛，一般职员和女工头都要立起来。电气间连职员也不好进去，要进去就先得向屠阿兴打招呼。一切五金材料的购进，老师傅的进出，均归屠阿兴管，老板都不能过问。电气间一天要用八十吨煤，每吨煤可得六七角佣金，他得百分之五十，仅这笔钱就很可观了。因此电费成本很高，发电一度成本二分。屠每天上午十时乘包车到厂，旋即回去，整天耽在妓院，生活腐化。当时全厂只有两部包车，一部是荣德生的，一部就是屠阿兴的。"②

大小工头间关系盘根错节，牵一发动全身，给管理带来相当大的难度。工头吴盘生回忆道："武场方面，纱、布厂总头脑是沈富生（阿富），各部门又有头脑、值班、领班，再下是一般机工（加油工）。清花头脑是沈阿富侄子。细纱头脑是王阿宝，值班是我和张阿荣。粗纱值班为沈锡康、杜阿长。沈锡康大概是沈阿富的侄子。杜阿长是引擎间头脑杜阿兴（树新）侄子，他的父亲是振新总头脑，与沈阿富很要好。我和王阿宝是寄名亲，他的一个亲生儿子是我干儿。沈阿富一天只到厂一二次，不劳动，各部头脑一般也不做工作。值班中如张阿荣是不工作的。他说他身体不好，却很会拍马屁，我是工作的。领班在开车前是工作的，开车后就到处看看不再动手。工资方面，沈阿富每月一百元，王

---

① 楼震旦：《申新纺织第三厂一九二五年破除封建工头管理制度斗争的回忆》，上海大学、江南大学《乐农史料》整理研究小组选编：《荣德生与企业经营管理》下册，上海古籍出版社，2004年，第683页。

② 《谈家桢访问录》，上海大学、江南大学《乐农史料》整理研究小组选编：《荣德生与企业经营管理》下册，上海古籍出版社，2004年，第699页。

阿宝四十五元,我三十元。领班每日工资六角或五角五分,加油工每日四角五分。"[1]

企业界已普遍认识到,传统包工头制度,严重影响劳工技术与生产效率的提升,都希望加以废止,将劳工置于企业的直接控制下,不过当时中国缺乏自由的劳动市场,企业欲达到此目标困难重重。[2]

科学管理方法,当时并未引起企业界的重视,盖在欧战期间及战后最初几年,一方面由于企业界的因循保守,另一方面由于当时国内各产业欣欣向荣,获利相当可观,遂使经营者难以体认到管理制度改革的必要性,更遑论实施科学管理,1922年以后,国内经营环境大变,不但面临强烈的市场竞争压力,且必须因应劳工意识觉醒下频繁出现的劳工运动,因此,如何提高经营效率,改善劳资关系,以激发劳工的积极性,遂成为企业求生存所必须面对的严峻课题。部分企业乃开始尝试运用科学管理。

1924年1月,荣宗敬派曾在上海日本丰田纱厂工作过的楼秋泉到申新三厂任粗纱间领班,每月工资20元。4月余钟祥进厂任改良指导员(工程师),着手进行管理改革,将论工工资改为论货工资制(即计件工资)。六七月间楼秋泉到上海,向荣宗敬提出,辞退工头沈阿富及其从属,以减少改革阻力,未获应诺。厂方接受新职员建议:将设备较先进的英机三万锭,由工头照旧法管理,性能较差的美机二万锭,由新职员仿日本工程师制进行管理,以比高下。新职员聘请了一批纺织和机械专科学校的毕业生担任技术和管理工作,成立了"保全部""考工部""试验间"等

---

[1]《吴盘生访问录》,上海大学、江南大学《乐农史料》整理研究小组选编:《荣德生与企业经营管理》下册,上海古籍出版社,2004年,第722页。
[2] 张宪文、张玉法主编:《中华民国专题史》第六卷,南京大学出版社,2015年,第197页。

新部门,调整了设备布置,实行了较为科学而严格的管理制度,使车间面貌焕然一新,劳动生产率大大超过了工头管理的英式新机。

从掌握机器分工后所产生的两种不同成绩的强烈对比中,荣宗敬和荣德生不再犹豫了,1925年1月宣布解除总工头沈阿富和细纱间工头王阿宝等的职务,同时把厂内稽查一类工作人员和平时以投靠工头为生的各车间的领班们一并辞退出厂。

2月间,上海恒丰纱厂经理聂云台介绍前大中华纱厂技师汪孚礼来厂担任工程师,副工程师则由余钟祥调任,总管仍为薛明剑。

那时,汉口申新四厂鉴于申新三厂废止工头制后,生产日见增加,质量也大见提高,因思从事仿效,派人到无锡取经,即由楼秋泉介绍丁作霖等四人前去工作。

申新四厂打包车间

风声所播,无锡其他纱厂都想起来仿效,因而各厂工头也感到形势不妙,未免自起恐慌。复经申三被辞退工头的煽动,产生

了兔死狐悲之感,乃复互相勾结,合谋对改进工作者的对策和进行报复。

1925年2月,思有所动作,由于得不到普通工人的支持,虽在惠山开会多次,未能实行。而这时申新四厂的工人,将前往改良的丁作霖等4人殴打出厂。他们相偕回沪,请求荣宗敬支持彼等工作。荣宗敬此时买下德大纱厂,拟即改为申新五厂,正需用人,立令丁等4人往申二工作,复调申二郑家朴等赴申五接办。汉口申四工人误认为对这辈技术人员只有用武力和暴动方法,方能收到拒绝实效,便写信到无锡告诉经过情形。

4月21日,有机工数人闻说新职员孙传缃(摇纱机领班)与厂一女工在附近工房内举止暧昧,遂聚众前往,将孙扭住殴打,并"面涂粪秽"。孙传缃受此殴辱后,跑到厂总管薛明剑面前汇报,要求彻查行凶工人。数机工听说厂总管要查办此事,索性一不做二不休,于下午五时日班放工后,聚集在申新桥畔,等新职员经过时,就上前殴打。五时半左右,当管车范文卿和数职员行至桥畔时,众工人一拥上前,将范文卿拖住并痛殴,其他职员见此情景,急忙返身逃回厂内。数百名工人于是追到厂中,"遇物即毁,逢人便打,所有房间中之台凳杂物,均被打毁",一时厂内秩序大乱。随后工人又跑到工厂账房内,继而又闯至职员宿舍,搜寻职员,"各职员惊惶失措,纷纷逃避,其不及逃避者,均被拖住痛殴"。荣德生闻讯后,遂电报县警察所派警前往弹压。经过警察的弹压和劝告后,直到下午七时半,各工人才逐渐散去。事后经查,被殴打的职员有副工程师余钟祥、管车范文卿、布厂主任张公威、钢丝间职员刘子文、摇纱间领班孙传缃等五人。在这五人中,孙传缃连续被打三次,"受伤尤重"。第二天,厂主荣德生因留厂职员不敷分配,遂宣告暂时停工。

为了尽快平息风潮,时任奉系军阀第一军第三十二旅谍报科主任周寄湄充当调停人。当天下午,周寄湄与工人代表王阿保、杜阿常、沈锡康（杜、沈均系粗纱间武场值班）等接洽，工人代表向调停人周寄湄陈述要求三条，即：请求厂主将新雇工程师职员一律罢斥；厂内工作，悉照旧时办法；此次之事，不能究及任何人。同时要求周向厂主转达工人意见，经调停人允许后，工人各自散归，等候消息。

当调停人周寄湄把工人意见转达到厂主荣德生时，荣德生以厂中"雇用职员，厂主自有职权，不容工人干涉"，认为工人此举是无理取闹，拒绝接受工人要求，第一次调停失败。

24日，工人仍坚持要求，认为厂主因为权威关系，不能辞退新职员，工人可以接受，但新职员不得进入机器间，关于机器方面的工作，须全部交给工人办理。经调停人的往复沟通，调停仍不得结果。调解出现了困难，为了尽快解决罢工风潮，县警察第三分所所长胡左泉，特邀申新、振新两纺织厂之电机间主任杜树新和职员李石安、业勤厂工人领袖冯琴泉参与调停。经冯等人的竭力劝说后，工人方面始作出让步：（1）对于新职员不坚持斥退；（2）管理方面，恢复旧时工头制，每部设领工一人；（3）各职员不能直接指挥工人，无论罢工斥退，均须由领工负责。随后由冯琴泉将工人意见转告厂总经理荣德生，荣听完后，以工人方面既能让步，厂方亦表示谅解。劳方的让步，使调停出现了转机。

25日，各调停人往返于劳资两方，力劝互让。经不断地接洽，双方表示均能谅解。26日下午二时，厂主荣德生会同各调停人召集留厂职员在厂开会，由周寄湄报告调停经过情形，并拟定解决办法。经与会者共同讨论后，最后达成三条解决办法，即：（1）如进机工，领班可以介绍，但须经正监工员审查，归工程师及总管决定，如犯厂规，秉公办理；（2）开工日由警察第三分所会同厂中工账房发给铜牌，以后凭牌进厂，无牌不得入厂，以免闲人混入；（3）凡在厂机工由各部领班开其名单，呈请警所备存，以后如有发生事故,无端取闹,应由领班完全负责。①

28日,调停人周寄湄、胡佐泉到厂,即在二楼会集职员、机匠开谈话会,准备明早开工事宜。29日上午,秩序还好,胡佐泉分所长亦早到监视。到工未齐,纱、布两厂未能开齐。下午汪孚礼工程师函请辞职,申三副经理荣鄂生等慰解之。

5月1日晚上,荣德生召集工人领班及职员,分别劝导。8日,厂中机工方面,因被县公署票拘一人,又集众至公事房,要求释放,幸未动武。虽经胡佐泉分所长解说,此是官厅职权,与厂方无关,均置不理。嗣经胡佐泉担保,尽明日设法疏通保释,而后仍照常上工。经此两次挫折,职员方面,愈益不安。15日,荣宗敬和荣德生到厂,开始商议新职员复职办法,大致可决。16日一早,新职员楼秋泉、陈步韩来面谈,声称因停歇钢丝部领班,又现不稳状态。急驰赴车间,除英钢丝机一部分关车外,并无何等动作,即令继续照常工作,幸片刻恢复秩序。经此许多波折,而新职员愈难挽留,纷纷辞职去上海。

28日,荣宗敬与汪孚礼工程师及与余钟祥等由申到锡,当晚召集职员及机工领班于二楼开会,反复予以开导。29日夜班,工程师等均上班,以后关于工人之黜陟,均归薛明剑总管主其事。30日,汪工程师面商,陈步韩、张继明两职员难以进厂服务,须设法安排,允商办。

6月4日,又有炉子间工人殴打巡丁沈雪樵成伤之事发生,派人到苏州请楚秀峰伤科来锡治伤,一面安慰其家属。前次被殴伤的职员刘子文,直至5日始出医院。

8日,午前汪工程师来告,张宏奎今日进细纱间时,工人极扰乱,意在排斥,请设法。少顷,荣宗敬荣德生两昆仲到厂,招

---

① 《申新第三纺织厂大事记(1919—1955)》,上海大学、江南大学《乐农史料》整理研究小组选编;《荣德生与企业经营管理》下册,上海古籍出版社,2004年,第891页。

领班来，开导一番。

7月1日，荣鄂生同余钟祥、张宏奎、张继明三人到常州，察看开始租办的常州纱厂内纺机情况。彼三人亦是新职员之有技能而遭工人仇视者，即将调至常州新租厂内，分别任职。①

申新三厂用新职员取代传统工头制的改革，动了既得利益集团的奶酪，遇到他们的激烈反对，事件平息后，为了缓和矛盾，避免新的冲突，荣德生被迫放慢了改革步子，措施更为谨慎，"工头的班底仍保留，没有一人解雇，工资也照旧"②，但即使这样，1926年冲突再起。

1926年3月8日，副经理荣鄂生正在工厂与友人叙谈之际，忽然布厂职员秦宗潞飞奔而来，工人20余人随后追逐。荣鄂生虽竭力阻止，工人不听，打门而入，秦从窗口跃出逃避，才得免殴辱。而工人中有举椅击毁账桌，以示威者。在此之前，领班兼帮工账陆鸿生，被工人打倒于地，且涂以粪秽。9日，布厂关闭，一面由水警区派枪船来厂保护，静候解决。工头李金南等三人两次来洽商，未得要领。再延伤科楚秀峰来为陆鸿生等治伤。10日，布厂女工多人，忽来公事房大厅喧嚣，问明要发给工资，即告以已布告，准明日发给矣，乃散去。③

13日，上海总工会职员多人，手持小旗，乘火车到无锡，支持申三工人罢工，促使资方接受工人条件。④市总董钱孙卿闻讯后，担心因外力介入，事情闹大，便派警察到厂防范。15日，全体工人发出罢工宣言，继续坚持"撤换陆鸿生，武场各机工统归

---

① 荣鄂生：《无锡申新三厂职工冲突纪录》，上海大学、江南大学《乐农史料》整理研究小组选编：《荣德生与企业经营管理》下册，上海古籍出版社，2004年，第679页。
② 《谈家怅访问录》，上海大学、江南大学《乐农史料》整理研究小组选编：《荣德生与企业经营管理》下册，上海古籍出版社，2004年，第704页。
③ 荣鄂生：《无锡申新三厂职工冲突纪录》，上海大学、江南大学《乐农史料》整理研究小组选编：《荣德生与企业经营管理》下册，上海古籍出版社，2004年，第679页。
④ 《申新厂布机工人风潮六志》，《锡报》1926年3月14日。

工头管理，文场职员不能任意干涉"等四项要求。① 同日，侯惕丞警佐与胡佐泉分所长来厂接洽，因县署奉省令，一面严拿首要，一面勒令开工云。"厂方以工人集众罢工妨碍治安除已呈请县署严惩暴烈分子并勒令复工外，并由厂主荣德生荣宗敬呈请联军总司令暨省署依法严办，省署据呈已电令县署妥为调处，勒令复工，而张（修府）知事适因公晋省，由孙（传芳）总司令而谕，须将为首滋事之工人严惩以杜赤化而遏乱源。"② 荣德生亦派茂新粉厂工头孙虎臣、电气厂工头李秋香与李金南接洽磋商解决方法。

17日，工人中犯案数人，经县署拘到，工人乃来厂担保明日上工，绝无问题。18日，布机开工。这次罢工大约持续一星期，并因上海总工会的介入而引起广泛关注。工潮期间，厂方生产几乎停顿。所有布厂工人罢工殴打职员成伤一案，后由县署与省署分别判决，时阿六判处有期徒刑15年，袁阿尧陈阿毛各处徒刑3年。③

1926年，无锡各业罢工"共有二十九次之多。其为要求增加工资者凡十七次；他如反对增加租钱者，反对更调工人者，变更工作法者，反对罚工章程者，因他厂波及者，各有一次；发给赏钱减少时间者计有三次；发给招工定钱者计有二次。由上列原因而得下列结果，经官厅惩罚而归平静者五处；资方屈服者五处；无条件复工者五处；双方让步者七处；经第三者调定而归平静者四处；先复工后议办法者三处。"④ 申新三厂布厂（三厂分两大块，纺纱与织布）劳资冲突导致工厂停工10天，3名工潮的发起

① 《申新第三纺织厂大事记（1919—1955）》，上海大学、江南大学《乐农史料》整理研究小组选编：《荣德生与企业经营管理》下册，上海古籍出版社，2004年，第892页。
② 《申新工潮行将解决》，《申报》1926年3月16日。
③ 《申新滋事工人判处徒刑》，《申报》1926年5月26日。
④ 李明瑞：《无锡各界十七年罢业风潮之回顾——我参加工业生产的回忆》，《无锡杂志》第13期，1929年4月。

者为政府所拘。

申新三厂从1922年投产到1927年间，大小风波不断，经营环境比较恶劣，荣德生遇乱不惊，他毕竟是位"老船长"，清楚时运有好有坏，只要熬过危险期，申三这艘航轮就能进入一片新天地。"一九二七年后，沈阿富调茂新厂，后因年老不能工作，荣家每月贴他三十元（原来工资为一百元）。王阿宝搞黄色工会，抽上鸦片，逐渐堕落。申新三厂工头的权力慢慢取了过来。汪孚礼推行一套工作方法，卓有成绩，无锡各厂竞相效法。"① 而众多工厂工头制改革却因阻力过大而停滞，如申新一厂与申新九厂到1937年"依旧保留了某些工头，没能像无锡那样将工头赶出工厂，建立自己绝对的权威。申新九厂4680名工人中，仍有1200名包身工为20名工头所掌管"②。

三、劳工自治区的推行

1933年，荣德生支持总管薛明剑在申三推行劳工自治区，除建有宽敞明亮整洁有序的职工宿舍、食堂、运动场、大礼堂、阅报室、子弟学校、业余培训外，"为了自治区内工友购买日用品便利起见，就在工人宿舍附近，设有许多消费合作商店，如柴行、临时小菜场、热水店、点心店、裁缝铺、理发店、洗衣店、鞋子店、民众茶园等。此外，还有一个自治法庭，里面有5个裁判委员，都是由工人自己推选的。工人们有什么纠纷，可先向自治法庭起诉，不服则报告厂中总管理处。自治法庭的隔壁，就是尊贤堂，里面由工人供奉着5尊泥菩萨，是过去曾经卫国御侮有功的关羽、岳飞、戚继光、薛仁贵、王其勤。工人有时蛮横无理，便叫他到尊贤堂去宣誓。……自治区本身工作之外，还有许

---

① 《谈家桢访问录》，上海大学、江南大学《乐农史料》整理研究小组选编：《荣德生与企业经营管理》下册，上海古籍出版社，2004年，第704页。
② 田彤：《民国劳资争议研究》（1927—1937年），商务印书馆，2013年，第75页。

多加惠劳工的事业。如职工医院、劳工储蓄、劳动保险、劳工公墓、职业介绍所、托儿所等"①。

时中国教育不发达,工人文盲率极高,对这些文化程度极低的工人,荣德生同诸多企业家一样,要求恩威并重。申新三厂在创设劳工自治区的过程中,兴办职工宿舍以及与员工切身利益有关的福利事业,可谓施"恩";但在施"恩"的同时,还必须立"威"。而各种制度、规则的制订,以及从时间与空间上对工人进行"规训",其实际作用在于约束,正可谓立"威"。如劳工自治区宿舍对作息时间有着严格的规定:上午5:00起身,整理床铺、扫除寝室,洗面漱口;5:20早膳;5:40准备上工、排队点名、出发;6:00进厂接班;11:00午膳。下午12:00生产工作;6:05交班;6:15退班、离厂、返所;6:25晚膳;7:10洗面、休息、准备上课;8:10夜课;9:00休息、娱乐、阅报、针线、洗衣等;9:10入寝室、点名、上床、熄灯。②

当时全国经济一片萧条,厂方无力赞助举办劳工事业的经费,薛明剑只能开源节流,来筹集费用,如:

> 丙、罚款 我们为求工作改善和出品的精良,遇到了一小部分工人做坏工作的时候,不得不拿罚工钱来惩戒。这种办法,在现在过渡的时候,事实上也是不能不避免的事情。假使这种罚下来的钱,完全归入厂方,固然不能说是完全没有理由。可是厂中只求工作做得好,并不在乎这些罚款。现在拿来充作办理劳工事业,在厂方可以表示大公无私,在被罚的劳工可以心悦诚服,不致有暗算或暗损厂方的行为,故间接的利益,仍在厂方。少数工厂,有以罚款拨作职员的奖金,在最初主张的人,也不能说完全没有理由,但是职工的

---

① 陆诒:《参观申新三厂的劳工自治区》,上海《新闻报》1935年7月6日。
② 薛明剑:《申新第三纺织公司劳工自治区概况》,《薛明剑文集》下册,当代中国出版社,2005年,第895页。

隔膜和仇怨，都由这种小的地方发生出来的。我们应该取消它，拨出来办理劳工事业。

丁、充公款项　旧时工厂碰到了工人跳厂，或殴打和一切违反重要厂规而开除的时候，厂方往往拿他的工钱来充公。名为"充公"，实际是归入厂中。现在也拿它来拨作办理劳工事业，其理由和上项罚款相同。

戊、特种收入　一个工厂聚了数百数千的工人在一块儿饮食住宿，关于粪的收入，也很可观。我们茇批卖与农民，所得收入，充作事业经费。普通厂家拿这笔经费作职员的下脚收入，实在有点不妥。现在拿来办理劳工事业，也是一笔极大的款项。其他像工人淘饭淘米遗漏下来的米粒等等的售价，虽然很微小，但聚沙也能成塔，均可拨作劳工事业的经费。

己、生产收入　劳工事业除了谋劳工的教育和衣食种种福利以外，还应该利用工作的余暇来教导他们，共同办理园艺、畜牧等副业，像养兔、养鸡、养蛙、养鼬等，利益很大。就拿这笔公共的收入，来办理公共福利事业，譬如劳工一千人，每人养十只兔子，每只兔子每年收入为十元，除了兔子的食料两元之外，每只兔子可赚八元，一万只兔子可以年赚八万元，岂不较其他的收入更为可靠！

庚、增加工作时间　在现今环境下，大家本来应埋头苦干，多做一些事情，以增加生产。我们办理劳工事业，也可以在每月的休息日多做一天或二天，所得工资，就拿来办理必要的公共事业。像我们申三旧时每月休息四天，有一个时期改为三天，大家就拿多做这一天的代价，来办理消费合作社和其他的生利事业；将来再拿这项合作社的余利，来循环的办理其他事业，经费的来源自然就丰富和可靠，那末事业的进行也不必再有所怕惧了。

辛、移奖励金作事业费　新式或办理较好的工厂，除了给与工资外，常有各种工作和生产上竞赛，优胜的可以得到赏金。倘若与工人说明白了，共同拿出这笔奖金来办劳工方面可以纪念的事业或建筑物，该项事业或建筑物，就拿得奖的班别或总名来命名。这种建筑物不但可以永久的纪念着，并且可以培养劳工们合群的精神和习惯，比较各个人的收进去，不更加有意思有价值了吗？

壬、工会会费的补助　各厂的工会所收入劳工的会费，往往拿来作各种不正当的开支。像我们申三有三四千工人，每人平均月得十五元，每元工资规定扣工会费一分，每月就有七八百元的会费收入。从前这种会费，常由工会的领袖拿去分赃，用完了结。眼红的就去攻击，弄到一年到头劳工间的纠纷，不断的发生。最近几年这笔会费除了少数的会务必需支出外，大部分都是拨给劳工自治区办理劳工教育和劳工医院的经费，不但是出费者可以没有怨言，就是劳工间的纠纷，也一天天的减少了。

癸、志愿捐　社会上的事情，除了真的无利益于人们，人们才不愿意乐观其成外，苟其实在有利益的事情，初办的时候，虽不免也有周折，但办了长久，终能够得到一部分人的同情。到了那时候，就可以提倡志愿捐款来完成我们一小部分的事业了。像申三的劳工图书馆、劳工医院和尊贤堂、养兔场等，都是由这样捐款来完成的。

劳工自治区给工人带来了方便与实惠，提高了工人的劳动积极性，从而提高了生产效率，劳工自治区成为申新三厂一张靓丽的名片，得到媒体与社会的广泛关注，来此参观的名流众多，如1935年的黄炎培、1937年冯玉祥、1948年的李宗仁等。

作为一个优秀的企业家，人们只看到他成功时的笑容，却见不到他艰辛跋涉的背景。20世纪上半叶，国无宁日，企业家不时出没风波里。"吾人生当斯世，不幸而轮回入于工业界中，饱受经历。广厦连云，无从改进；机件众多，势难转售。工人动以千计，嗷嗷待哺，触目堪怜。原料因军运而停顿，出品以兵燹而滞销，乱离之世，息率转增。经济竭蹶，调剂为难，于是倒闭者、破产者、逃亡者踵趾相接。即间有硕果仅存者，激于爱国热忱，不忍以组织已成之工业转售于外人，遂不惜奋精神，绞脑血，挹彼注兹，思所以维持命脉。无奈金融界见之掉头不顾，戚友闻之娇舌而不能下。故吾人肩兹重负，欲罢不能，即或勉强维持，亦惴惴于来日之大难。于斯时也，不意劳资问题如半天霹雳震耳欲聋矣。"① 乱世办企业是何其艰难！"荣氏昆仲之创业，既无雄厚赀力，复经颠连疲困，几至难以自立，而卒能奋其精神，竭其毅力，措置裕如，遇有困难，夜以继日，终至战败不良之环境，而成今日之伟业。此实两昆仲具有远大之目光，更有百折不回之精神，勤俭克己，有以致之也。"②

荣氏兄弟愈挫愈勇精神的背后是他们的大情怀，这两位事业迷希望办更多的企业，创造更多的就业岗位，在与日本纱厂的竞争中，提高市场占有率，实现产业报国的梦想。

---

① 穆藕初：《论劳资问题》(1927年4月)，《上海总商会月报》第7卷第4期。
② 薛明剑：《实业家荣丈昆仲创业史》，无锡市史志办公室编：《薛明剑文集》下册，当代中国出版社，2005年，第807页。

内涵独特的庆典：创业纪念与祝寿捐桥

庆典是组织发展、个人成长中的重要仪式，荣氏企业与荣氏家族历史上曾举行过众多庆典，如1900年茂新面粉厂奠基典礼、1902年茂新面粉厂开工仪式，可惜因当时媒体尚不发达，没有留下文献资料；有的庆典虽有记载，但比较简略，如1919年9月1日下午，荣德生捐资兴办的公益工商中学，举行落成及开校礼，到会观礼者甚多，有无锡县知事杨眭韮、第三科主任钱孙卿、荣氏创建的五所公益国民学校与四所竞化学校的师生，还有广勤纱厂音乐会全体会员。[1] 这里仅以记录比较翔实的两次庆典反映荣家的繁华。

一、耐人寻味的30周年厂庆

1898年，荣氏兄弟独资经营广生钱庄，成为他们创业的起点，1900年荣氏昆仲从金融业跨界进入实业，创办茂新面粉厂，经过30年的打拼，荣氏兄弟建立起了12家面粉厂、6家纺织厂，成为有影响力的工商巨子。

回首历史、展望未来，1928年荣氏兄弟决定出版一本《茂新福新申新三十周年纪念刊》（上海世界书局，1929年版），这本册子载有18家企业的创办历程、厂房与设备、总公司及各厂职员

---

[1]《工商中学落成开学》，《申报》1919年9月4日。

名录，对 17 家批发处、办麦处、办花处的概况用表说明，在《荣氏兄弟的社会事业》一文中介绍了他们修路、办学、创建大公图书馆的情况。此外，纪念刊收录的四位专家之文——朱仙舫《申新在中国纺织界的地位》、丁彦章《茂新福新在中国面粉业之地位》、施复侯《三十年中国之面粉业》、张则民《三十年来中国之纺织业》，通过宏观视野与大量数据显示荣氏集团在中国纺织与面粉界举足轻重的地位，反映他们在抵御外货冲击发展民族工业中所起到的作用。

荣宗敬本人撰写了《总经理自述》，阐述自己办厂的动机，文末他感叹道："迄今过吾邑西郊，见有烟突干云，机声轧轧，孰不知为茂新一厂！孰知三十年前，固犹是荒烟蔓草、人迹罕至之太保墩也！追忆前尘，不禁有沧桑之感已！"[1] 1900 年无锡仅有一家业勤纱厂，1928 年，无锡已有几十家企业，继上海、广州、天津、武汉后成为第 5 大工业中心。

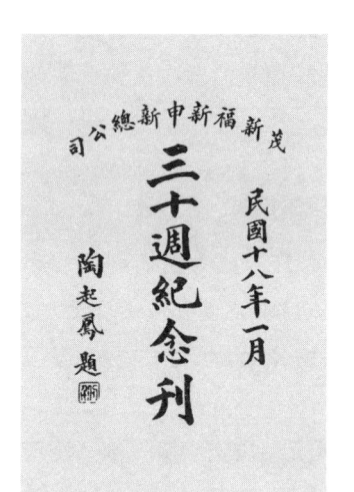

这本纪念册请 10 位名人作序。第一位是《申报》总经理、报业大王史量才，史氏比荣宗敬还年轻 7 岁，他是李钟瑞就读蚕桑学校时的老师，而李的丈夫薛明剑则是荣德生的心腹，由此史量才与荣氏兄弟关系紧密，荣氏企业是《申报》的大客户，《申报》也为荣氏企业做宣传。史量才序中赞叹荣氏除了兴办实业外还在家乡办学造园，推动无锡旅游业的发展："夫锡邑具山

---

[1] 荣宗敬：《总经理自述》，//陈文源主编：《中国民族工业先驱荣宗敬生平史料选编——荣宗敬先生诞辰一百四十周年纪念集》，广陵书社，2013 年，第 26 页。

水之胜，多学人所聚。自先生倡实业，更为吾省富源之所聚，邑人所给瞻者，不特为己足，且建庠序以宏造就，立园林以适游观。国之人闻风向往者，敬行仰止；而海舶远客来斯土者，亦必拓日夕之暇，趋而觇之，以绳其大业。"

第二位作序的是曾任上海总商会会长的虞洽卿，虞氏比荣宗敬大7岁，他创办三北轮埠公司，拥有轮船与码头，他还投资房地产与银行，其资产虽不如荣氏兄弟，但其在商界与政界、租界都是最有话语权的领袖式人物。虞与荣宗敬两人交往时间较长，互动比较频繁，他们如何相识尚不清楚，虞在序中认为自己与张謇的事业都赶不上荣宗敬的水准："仆主三北公司有年矣，航运与实业，关系尤为密切。若荣君者，仆固无从望其项背，即视南通张氏，亦有范围广狭之不同，所望贤明政府维护于上，有识之士赞助于下，事业发展与年俱进，则外人经济侵略之计不得售。仆之虽期于荣君者为不虚耳。"

第三位作序的是王震，字一亭，他与虞洽卿是同龄人，清末民国时期上海著名书画家、实业家、杰出慈善家、社会活动家与宗教界名士，曾两任上海总商会主席，他很欣赏荣宗敬，"其魄力之雄，心计之工，震以三十余年交友，爱之慕之，愿社会匡翼之，政府保护之，是则震所馨香祝祷者也。"荣宗敬年轻时就结识了王一亭，交往40年。

第四位作序的是冯炳南，他是上海滩年轻有为的大律师，办有同仁律师事务所。冯这位成功人士比荣宗敬小15岁，幼年时就与荣宗敬相识，"仆获交锡山荣君宗敬于沪上幼年，深佩其默存周官遗瀍，而于所谓作而行之之士大夫职责，尤历历不少放弃者。噫，直古今无二之沈毅君子也。今君之事业，固已郁然矣，仆所罄悉君之经历艰陋，所谓天之降大任，必先苦其心志、劳其筋骨，终之操心危虑患深，而卒底于达是也。"

序五的作者是纺织界大佬穆藕初，他比荣宗敬小3岁，33岁赴美留学前作过学徒、海关职员、英语老师、铁路警长，38岁回国后任厚生、德大、豫丰三家纱厂的经理。"余识荣君于海上有年矣，凡彼半生经营实业以外，如辅助慈善、教育诸大端，余皆视为畏友，而自叹弗如。"

序六作者刘树森（1869—1940）也是纺织界一员，高光时刻拥有5家纺织厂与2家造纸厂，20世纪20年代中期，他的企业与众多企业一样，破产关门，恶劣环境中，为何荣氏能屹立不倒，"吾思之，吾重思之，而知君之所以独优者，计有数端：

反复涉务，则勤于躬亲，而好问必察，遇事有真知灼见之益，往日既卓苦而明习，后虽总绾各厂，席不暇暖，而仍不改其常度，于本业大小市场，每按时莅止，探其几先趋势，或与同业虚心商榷，其于琐屑而有关系之役，必身预其间，绝不自异自诿。故凡盈虚消长之理，希微曲折之情，均能入深出显，曾无误会中隔之蔽，而主宰自定。此为吾辈所不及者一也。

待人，则忍以自抑，而善交信友，随时有得道多助之乐。盖营运既广，则挹注自繁，在交换之际，不得不赖易中之维持。然金融家之措施，亦正难以揣测。若不得其情，辄格格不相入，而事业因之顿挫。惟君负重以赴功，忍辱以将事，谦尊而光，同尘而和，能生其欢心而乐为君助。故于泰否相续之交，有指挥若定之素，而形势自固。此为吾辈所不及者二也。

有此二者，加之脑系之灵敏，手腕之迅速，晕而知风，润而知雨，苟朕兆之微萌，斯玄黄之倏变，譬之走马，准时而驰，而目标所赴，必君着先鞭。此更为吾辈所万万不及者三也。

明此因果，则虽十余年来，同遭军阀及帝国主义者之困阨，而君独能卓然有以自立之故，可恍然悟矣。"

序七作者程文勋，曾留学比利时，时任浙江省第一任公路局局长，他也是无锡人，"吾乡风气开最先，求学经商者几随地皆有，而尤以荣君宗锦、德生昆季之事业足以高掌远蹠，超迈千古。"

序八胡文儒，未找到他的简历，"余亦商人，兢兢业业，诚不敢以实业自豪，而蛰处故乡，墨守先业，愧不能有所发展，布以追随先生，钦仰先生，五体投地，愿祝先生后此三十年尽量发展，使各厂出品流行环球，为中国塞漏卮，为商界发异彩，则此纪念之侧仅嚆矢耳，又乌敢以浮文进。"

序九华文川，清末举人，多才多艺，办有实业，荣氏兄弟创办茂新时，他是无锡商会会长，1907年无锡与上海铁路通车后，他们在车上多次相遇，"每相遇于申锡车座间，屡出图相示，筹所以改良及进行方略，处心积虑，孜孜不倦，顾业钜而力有不逮。邑之先进，其富而老成者，又皆淡漠不知趋，而君昆仲持志甚坚，不稍沮也。"

序十裘可桴，生于1857年，清末举人，无锡著名士绅，作此序时已年过七旬，他指出科技的发展带动了生产力的提高，荣氏兄弟利用了先进的生产力。"三十年前农产价格，麦一石银币二圆，今高四倍；棉百斤为规银八两，今高六倍。自工厂迭起，原料日昂，田畴因之日辟，厚利可歆，不待劝勉，远及秦晋，铁轨可通，亦有芰荑莺粟改为棉田者矣。往时大江南北，产麦亩不过五六斗，棉不过五六十斤。今以价腾之故，不惜加工培壅，斥施母肥，务尽地力，闻老农言，腴田一亩麦可二石四斗，棉可百四十斤。收获之丰，远逾畴昔。以是知，工商昌炽，即农业繁盛之因；而交通便利，又为工商昌炽之因。因之中又有因言，则以汽电而二力故。"

荣氏企业30周年庆典有没有大操大办，尚不清楚，但其编印了这本纪念册，不仅成为荣氏家族创业史的宝贵文献，也成为了解中国近代企业发展的珍贵史料。可惜的是荣氏企业40周年时正逢日寇入侵、流亡香港的荣宗敬在产业大多毁于战火后，忧郁而终，这次庆典成为荣氏集团独一无二的公司庆典。

二、超豪华的生日派对

1932年是荣宗敬夫妇60大寿，荣德生与子侄决定在2月21日（农历正月十六）在梅园为他们办一场超规格的庆典，此时正值梅花飘香之际，请柬上荣宗敬附有家兄嫂六秩征文事略："宗铨既秉兄命，弗敢从俗铺张，爰择国历二月二十一日（即农历元宵后一日）置酒梅园，集亲友家人，谋尽一日之欢，借万树梅花，助一堂喝彩。倘承立言君子，画苑名家，颁赐鸿宝，藉为侑觞之具，则尺幅寸缣，逾于百朋之锡矣。"

可1932年1月28日，中日军队在上海郊外发生战争，举国震动，这场战争何时结束如何演变，当时极不明朗，严峻形势下，庆典只得推迟。5月份中日双方签订停战协定，局势缓和。荣氏兄弟将庆典放在9月2日，此时虽不能赏梅，但正是丹桂飘香际。

为使这场庆典办出档次，荣家对梅园进行了精心的"包装"，为它披上了节日的盛装。

荣宗敬（右4）与幼子荣鸿庆（前排少年）在一起

大门前，工人们搭起了一座五彩牌楼，其高约3米，四面均可出入，正中扎长脚寿字两个成一大圆图案，几百盏电灯，挂在上方，光耀夺目，如入不夜之城。

由大门入内，向左行约五十步，突见一台，矗立于旁，中扎著名灯彩一座，再由假山石洞匍匐而行，直达用黄石筑成、高2.5米的天心台。六角形的台上，陈列着纱制八仙寿桃一盆，其上有绿色兵船一艘，两旁写有英文，译作茂新公司字样，这是荣氏茂新面粉兵船的"Logo"（即商标），设计者匠心独运，颇具巧思，中缀小电灯无数，光彩夺目，玲珑透惕，在全园夜色中，独擅胜景。

园内行人道上，悬挂华灯，插着寿旗，五色缤纷，美丽可观，其中最具特色的，当属特制的三角寿旗，用道林纸五彩精印，中绘三星，大小不一，旁有六旬双庆及双钩寿字样。

寿庆礼堂设在诵幽堂，这座古色古香的楠木大厅中间，摆放着一个极大的寿桃，四壁遍悬王晓籁、孔祥熙、马相伯、张寿镛、宋子良、黄炎培、蔡培、顾祝同、何玉书、李济深、虞洽卿等政商要人送来的寿幛对联。

各界赠送的银盾金鼎、金银爵、玉如意各种古玩等，也一一陈列在礼堂中，加起来不下二百余件。

这次大典上，行政院代理院长兼财政部长宋子文给荣宗敬发来贺电。

前来给荣氏祝寿的除了亲朋好友、生意相关者外，还有不少是有头有脸的商界名人。大典前一天乘火车赴无锡祝寿的来宾多达4000人，无锡各宾馆皆爆棚。

由是接待工作变得颇为繁重。时无锡汽车数量有限，不得不从上海利利汽车租赁公司租借了20辆黄色皮篷大车，因锡沪之间公路尚未贯通，这些汽车都是通过火车托运来无锡。

铁路方面为应付到荣家祝寿的客流，不得不加挂车厢。9月

1日上午七点增加1节车厢，专售来锡贺客；九点加挂2节车厢，下午三点三十五分还特开一趟贺客专列，有2节一等车厢3节三等车厢；2日上午七点、九点各加挂2节车厢，晚上九点又加开了一趟由锡回沪的火车专列，以利贺客返程。

荣家在火车站特设招待处，招待来自南京、上海的宾客。虽然无锡所有的汽车与从上海租借的汽车共50来辆都投入了接客，但还是满足不了需要。荣家还租借了29艘汽船，运送客人到梅园。这些汽船都上插荣宅红旗，一字排列在火车站前的河道中，引来了络绎不绝的看热闹民众。在大有机码头，荣家雇了杨、谢、冯三家公司的画舫，供客人们游湖。

为利交通，荣家派人对火车站到梅园的道路进行了加工，铺上黄沙，但庆典前天公不作美，连日大雨，致泥土翻起，交通不便。为此，荣氏又雇人对被毁地段予以修补。

9月1日晚7时，由上海开往无锡的贺客专列，经过3小时15分的行驶，抵达无锡火车站。无锡的地方大佬如县商会的杨翰西、蔡兼三、陈湛如、杨蔚章以及前县长孙祖基、国民党中央委员缪斌等都早已在站台迎候。火车入站时，军乐团奏乐。

乘坐这趟专列的有全国商联会主席林康候、海军司令杨树庄，上海市商会主席王晓籁、巨商火柴大王刘鸿生、实业部司长穆藕初、永安公司纺织厂主郭乐、上海中国银行经理张公权暨上海黑道大佬杜月笙、张啸林、季云卿、荣纳根等400余人，其中杜月笙与张啸林的规格最高，他们的花车挂在最后一节车厢，下车后即由军警护卫，乘车来到太湖边的小箕山荣氏锦园别墅，参加欢迎晚宴。

2日早晨，江苏省主席顾祝同、国民政府实业厅厅长何玉书也专程来到无锡，给荣宗敬祝寿。

在达官贵人云集无锡时，无锡的公安干警与商团全体出动，维持秩序。并在太湖鼋头渚、万顷堂等处，停泊三艘军舰，担当保卫工作。

三、迥然有异的寿庆模式

荣氏梅园虽是私家园林，其建设与管理费用都是荣家承担，但自建园以来，一直对公众免费开放，不收门票。因举办生日庆典，荣家在报纸上提前发公告，9月1日至3日这三天，不对游人开放。

9月2日，庆典当日，看热闹的民众挤满了从西门到梅园的开原路。老百姓景仰荣氏兄弟的大名，传闻荣寿的热闹场面，所以争先恐后，奔赴荣巷与梅园。

梅园门口虽有工作人员看守，但宾客太多，一些看热闹的民众也混入园内。

午餐时，梅园里摆放了300来桌酒席，不一会儿，每一桌都是人头攒动，后到者无位可坐。事后统计，共有五六千人在梅园用餐，真正的贺客不及十分之四，其余的都是到园看热闹，乘便大吃寿酒。来的都是客，荣氏一律热情接待，一时传为佳话。

这顿饭规格很高，它由无锡最著名的酒店——迎宾楼的厨师承包，标准是中菜部分每桌12元，菜是四盆八大碗，西餐部分的外宾每客2元的标准。当时汽水还很稀奇，普通民众难得享受，这次寿宴上，用当时最好的两个品牌汽水：正广与屈臣氏。

因传言荣氏寿宴一些食材是"日货"，无锡血魂除奸团给陈品三与迎宾楼，连发两函，内附子弹，时上海"一二八"事件刚结束后不久，全民反日情绪非常高昂，为避嫌疑，鱼翅等物就摒弃未用。

小学生们也加入了庆典的行列。自1905年科举废，学校兴，荣氏兄弟就捐资在家乡荣巷办起了公益第一小学，其后如同开连锁店一样，他们在家乡开设了四所公益初小，四所竞化女校。受益于荣氏捐资助学的学生数以千计，值此荣氏称觞之期，9月1

日晚7时，300多名学生在老师的带领下，联合举行提灯游行，他们手持各色红灯，从荣巷出发，直达梅园念劬塔下。一路高唱祝寿歌，那美妙而动听的童声合唱，引路附近的民众驻足观看。

在庆典的前夜，园内园外都搭台唱戏。园外的戏台设在荣巷荣宅后面，演员来自本地的庆升班，他们连唱了三晚，戏典内容没有任何雷同，方圆十里八里的老百姓，扶老携幼，前来免费观看。戏场周边有104个小摊小贩，设点营销，更添拥挤与热闹。听着这喧天的锣鼓，品尝着本地的小吃，观众们分享着荣氏庆典的快乐。

园内的戏台设在山巅高尔夫球场临时大剧场，为各票友表演之所，不少上海名角前来助威，9月2日晚的演出中，三位闻人皆粉墨登台客串，44岁的杜月笙演刀劈三关，全国商会联合会理事长的王晓籁演全本沙陀国，上海滩"三大亨"之一的张啸林演碰砀山，这三人都是戏迷，这次在梅园，他们出手不凡，引得众多观众大声叫好。

本次庆典还特邀上海联华影业公司电影明星阮玲玉、王人美、林楚楚来捧场，时阮玲玉才22岁，但已主演了18部电影，以其清丽脱俗的容貌与卓越非凡的演技，在全国拥有大量的"粉丝"；王人美当年芳龄18，以其青春活泼的银幕形象一举成名；28岁的林楚楚也为观众所熟悉所热爱。这三位明星的到来，更让梅园的庆典锦上添花。

荣氏兄弟接受的教育不多，但他们一生非常重视文化教育，同一些文化名流也有频繁的互动。

庆典期间，本邑大画家如华艺三、胡汀鹭、王云轩、钱松喦等挥毫泼墨；由举世闻名的国学大师唐文治做序，九三老人马相伯题签，荣氏集团多才多艺的经理人薛明剑编辑的寿庆专刊《杖乡导游录画册》，在庆典前已印刷装帧好，庆典期间分赠给嘉宾，里面收录的寿文来自于——全国纱厂联合会全国各纱厂代表敬祝、湘潭秦炳直拜撰；上海同乡袁可桴丁仲祜等一百零八人敬祝、华文川拜撰；上海华商纱布交易所理事长暨全体理事监察评议及经纪人公会会长等敬祝、赵宗抃拜撰；福新各面粉厂同人敬祝、沈寿桐拜撰；申新各纺织厂代表敬祝、唐文治拜撰；申新各纺织厂职员敬祝、严懋功拜撰；申新各纺织厂工人代表敬祝、孙肇圻拜撰；徐祖善顿首拜撰；世愚弟顾倬率子复拜撰祝；太仓浮桥申新办花处同人鞠躬敬祝。这些出自名家的寿文辞藻华丽，情感丰沛，字里行间充斥着对荣宗敬夫妇的溢美之词。

除这些华美的祝寿胼文外，荣家还收到了大量的寿庆诗词，诗词作者都是当时的名士名流。国学大家钱基博题诗：

商战两荣说两雄，长公六十已成翁。名园索笑梅千发，难弟侑觞酒一中。骥志不休船上濑，鹏图无敌草以风。更能有妇如康子，比德齐眉事事同。

1932年的寿庆是梅园历史上的"尖锋时刻"，为筹办大庆，荣家花了五万多元（时普通工人的月薪为12元），用于大典会场的布置、人员的接待，仅堂会剧场，搭一个临时建筑——极大凉棚一座，就需时半月，代价计一千元。凉棚内能摆酒席七八十桌。

这次荣宗敬与德配孙夫人六十双寿，在荣巷家宅、梅园与太湖边的锦园设立寿堂，招待宾客，梅园是整个寿庆活动的主会场。

为保证整个庆典工作的有条不紊，特设了荣寿处，荣德生担当"总提调"，下设10股，各司其职，各股主任如下：总务股，荣尔仁，丁梓仁，薛明剑；布置股，施之铨，孙齐衔；电汽股，陈祖光，李秀香；饮食股，陈品三，沈赞南；招待股，郑翔德，尤文渭；庶务股，华学仁，徐觉粹；消防附交通股，陈子宽，张樵生；卫生股，唐元春；警卫股，高崇山，吴正荣，刘春兰；会计股，窦慕仪，张仁山，张振千，荣靖庵。

上述人选，多是荣氏集团的老臣、骨干，他们有着超强的组织能力与团队精神，从而为寿典的成功举办提供了强有力的保障。

庆典上，还请上海派拉蒙公司特派技师进行全程录像，其后由上海明星公司剪辑成纪录片《黄金之路》与《道德宝鉴》——两年后，荣德生花甲庆典上，在荣巷大公图书馆里给宾客放映了这两部短片。遗憾的是，这些极其珍贵的影像资料已无觅踪迹。

荣宗敬夫妇六十大寿时，三次出任无锡县长的秦毓鎏曾赋诗祝愿："俟君七十开双庆，扶杖婆娑睹太平"。可这美好的愿望却在日本的铁蹄声中化为泡影，1937年11月，随着无锡的沦陷，人气旺盛的梅园走向衰败，荣氏企业被炸被掠，远走香港的荣宗敬心气不顺，于1938年2月病逝异乡，年仅66岁。1943年9月13日，他的灵柩经过大海的漂泊、汽车的颠簸与多年的厝置，终于回到了他所熟悉的荣巷老宅与梅园。此时梅园里丹桂依旧飘香，梅树满目葱茏。

1934年荣德生60大寿时，荣宗敬本想为弟弟大操大办一次，可这次规模却小得多，一是荣德生向来低调，不喜张扬；二是此际荣氏企业正处低谷，四面楚歌。给荣德生祝寿"上海方面有孙北萱、王尧臣、禹卿昆仲、张春霖、丁梓仁、朱少鸿、陶仞千、严裕棠等百数十人；本邑方面，严县长、臧教育局长、省教高院长，暨银行、钱庄、丝、纱、面粉各业领袖，邑中耆老。由荣氏暨其兄宗敬先生及子侄辈，并三厂职员张仁山等，殷勤招待。晨间款客寿面，午间设筵宴宾。靠西二宜轩内，由上海著名滑稽班易方朔精神团及方朔滑稽苏滩、歌舞团表演《富贵荣华》《四十大教歌》《二哑结婚》《天下第一桥》《包公打鸾驾》《包公拿捉落帽风》《打旗袍》等趣戏，次为车站同人公余社清唱，晚间复由方朔团表演《草裙舞》，以娱来宾。并闻此次荣氏夫妇寿辰，因力求撙节，其开支仅及上次乃兄祝典所费十分之一。"①

荣德生将亲友贺赠的寿仪折款 6 万元全数捐出，修筑了横跨五里湖的宝界桥，这座桥长 75 米、宽 5.6 米，桥身有 60 个桥孔（表示六十大寿），钢筋水泥结构，可通行汽车，时称"东南第一长桥"。

由于鼋头渚风景区的发展，中央电视台又在宝界山以南陆续建有唐城、三国城、水浒城等影视基地，吸引来大批游客，致使宝界桥形成严重的交通拥塞。荣德生四子荣毅仁哲嗣荣智健又独力捐资 3000 万元，在老桥东侧 10 米处，再建新桥，桥宽 18.5 米，长 390.74 米，于 1994 年 10 月 16 日举行通车典礼。

不再行驶汽车的宝界老桥 2011 年被列为江苏省文物保护单位，成为荣德生先生乐善好施的佐证。

1944 年荣德生 70 大寿时，在上海租界（自 1941 年底租界已失去"国中之国"的地位）的他，面对国破家亡，无心庆生，特编辑年谱，以《乐农自订行年纪事》问世。

这本小册子 6 万多字，只写到 1934 年，虽比较简略，但也让后人对荣德生成长史、创业史有了总体性的了解。

顺便指出的是，《乐农自订行年纪事续编》有 5 万多字，反映了荣德生 61 岁至 75 岁的主要经历。

荣德生 78 岁去世，他最后三年（1949—1952）的情形，因史料的缺席，留下一段空白。

---

① 《大实业家荣德生夫妇双寿志庆》，《新无锡》1934 年 3 月 2 日。

战火纷飞中的荣氏企业

大清政府衰败后,中国便成为战争的试验场,隔三差五的战争使国家饱受创伤,使人民痛苦加剧。1873年与1875年出生的荣宗敬与荣德生,在他们的人生旅途中,对战争有着远距离与近距离不同的感受。

一、时隐时现的战争进行曲

1894年中日甲午战争爆发时,荣宗敬在上海森泰蓉钱庄打工,荣德生在广东随父亲在税局工作。因战事影响,森泰蓉破产关门,21岁的荣宗敬成为一名失业者。后两兄弟在父亲的支持下,与人合伙办起了广生钱庄。

1900年,义和团事起,八国联军攻入天津北京,慈禧太后与光绪皇帝逃难至西安。广生钱庄在这场战争中因祸得福,连连获利。

1904年至1905年,为争夺东北,日俄大战,面粉顿时热销于东三省,荣氏兄弟经营的茂新面粉厂产品供不应求,着实让这家"翅膀未硬"的工厂,补充了必要的"营养"。

1911年的辛亥革命,尘埃未定时,曾有一段时间人心惶惶,银根紧缩,荣氏经营的企业没有流动资金,差点"断气"。

1914—1918年第一次世界大战,列强间甩开膀子杀得天昏地暗,中国得以坐收渔翁之利,众多企业都发了一笔横财,荣氏兄弟在天时地利中,从茂新发展出福新与申新,从小无锡扩张到大上海。

　　袁世凯称帝失败后，国内四分五裂，军阀混战不止，直系控制的江苏如化外之地，远离战火。但1924年苏浙战争爆发。此年8月21日，苏浙战争即将打响，锡城民众开始人心惶惶。22日"上海、苏州金融界停止收解，锡市金融窒塞，百业停顿，工厂因难筹现款发给工资，故亦停工。"[①] 26日起，两军战于浏河、黄渡间，血飞肉搏，持续半月。无锡虽非前线，但大军过境，民众常有拉夫封船之苦。8月29日沪宁铁路停运，直至10月25日才恢复交通。战争期间，不仅交通、金融受影响，工厂也停工，荣氏企业也遭受了损失。战后地方加捐增税，银漕既提前开征，旧欠又催紧清偿。

　　一波刚平，一波又起。奉军为支持浙江南下，直系因冯玉祥发动北京政变后不支，1925年1月12日，奉军与苏军齐燮元部发生对抗，苏军不支，向东撤退，无锡即将成为战场，面对大军的到来，市民们惊恐万分，谣言四起，时交通断绝，上海的报纸运不进来，在完全依靠纸媒的时代，外界的信息被隔绝，更使这信息孤岛上的民众对各种谣言将信将疑。金融界为自身安全计，收紧银根，各业因没有流通资金，随之不振。

　　1月18日，武进知事姚绍枝电话云：午前十时左右，有苏军第六师、第十九师等兵士到锡。无锡各公团领袖闻讯，共赴车站接待。拟与军官接洽，表示礼待之意，冀免发生意外。不料苏军一下火车，不及招待，纷纷四散。行至通运桥畔，迭放排枪示威，纷向亨得利、岭南公司、紫阳馆、华得利等各店及住家肆行抢掠，被害者三四十家。此时，城门虽有警察所闻惊后传令关闭，而已有溃兵三人闯入城内，在打铁桥下天宝银楼与书院弄口汇兴烟店行劫，嗣即向南逸去。

[①] 李钟瑞：《甲子江浙初战无锡过兵记》，《无锡杂志》第八期，一九二五年十一月出版。

午后，苏军旅长王凯庆（字振羽，直隶人）、高葆恒（字艮山，直隶人）、马葆琛（直隶人）三人，向林知事及各公团索饷十五万元，否则不负地方安宁之责。不得已，由林知事招集各银行代表会议，自傍晚七时至深夜，始议定由无锡参事会（会长林知事兼），无锡县议事会（浦斯涌、钱宝瓒），无锡县商会（王勋、单润宇），无锡县农会（顾宝深、杨道枢），无锡县教育会（侯鸿鉴、秦权），无锡商团公会（杨寿楣、单润宇），无锡四乡公所（孙鸣圻、倪家凤、华日曾），无锡款产经理处（孙展圻、陆凤诏），无锡市议事会（钱鉴莹、陈作霖），无锡市董事会（钱基厚、高汝琳）等十公团出立借据，并由邑绅薛翼运（字南溟）、杨寿楣（字翰西）、荣宗铨（字德生）、孙鸣圻（字鹤卿）、蔡文鑫（字兼三）、唐滋镇（字保谦）诸人作保，向中国、交通、江苏、上海、中南五银行借银五万元，为临时军费及防务经费。是夜九时，城外枪声四起，火光烛天。自汉昌路咸康布号起，两面焚烧，人民远避一空，以致施救无人。

19日，位于无锡西门外的申新三厂虽然照常开工，但有三分之一工人未来上班，来上班者也是心神不宁，次品率大增。不得已，因联系不上厂主荣德生，总管薛明剑只好自作主张，下令停工，工人与职员纷纷逃难而去。

荣德生19日一早就带领全家老小十几口，奔赴码头，坐上锡湖轮，准备由湖州转上海避难。行前，他一晚未眠，家人虽离开，但他的三家工厂（茂新一厂二厂与申新三厂），他的私家园林（梅园），他的住宅与财产都转移不了，他非常担心这场战乱让他倾家荡产。

因恐惧湖匪打劫，锡湖轮停在港口附近未行。晚上荣德生在船上，只见城郊火光烛天，心中悬悬不安，不知何家遭难，也不知自己的工厂与家宅能否度过这场浩劫？

21日傍晚，蒋遇春及船上诸人报告年过五旬的荣德生："远远有两船,并肩直开,向轮船来,快预备抵抗。"荣德生从船舱走上甲板,看见果然,惟船中空无人影,或无多人,便与船老大说:"生火拔锚,如果近来即开行,加速力逃。"船老大答应了,预备开船,诸人云"来船忽不见","余出看果然,见神船望南,实时开船往湖州。开后即有人欲围轮筹费,幸得神示早开船。出拖山,风大起,几乎出事。所拖之船,关照切切不可放,平安至大钱口,进口已午后"。①

大钱口是笤溪进入太湖的出口,离湖州不远。这天正是除夕,船上诸人一起过年,又说又笑,颇为热闹,把流浪的苦恼抛在九霄云外。傍晚船靠浙江湖州。

在湖州过新年的荣德生,内心很纠结,一方面为家人的安全高兴,另方面则为无锡的财产担忧。此时的无锡仍在溃军围城中,大年夜,城中静悄悄,没有鞭炮声没有祝福声。

钱孙卿等地方精英千方百计应付溃军,面对溃军的狮子大张口,他们与其讨价还价;另一方面,城市在围困中正常运转,存在不少难题,他们挖东墙补西墙,努力维持。直到26日(正月初三)奉军南下,齐部逃离,8天的围城方告结束。

这场围城保护战,是自太平天国战乱后60年间无锡第一次被战火波及,这期间城郊有大量房屋被毁、财产被掠,荣德生虽遭遇停产损失,但家中与工厂的财产都安然无恙,这让他殊感意外。"家中看守均谨慎,一无损失。暗有仙友相助,守人已知,而余未知也。"② 荣德生认为这是老天保佑。

1925年,无锡的荣氏企业与战火擦肩而过,1926年则是武汉的荣氏企业受到炮火的威胁。本年夏天武汉发洪水,在汉口的申新四厂与福新五厂被洪水围困,逾月始退。后又遇国民革命军

---

① 荣德生:《乐农自订行年纪事》,上海古籍出版社,2001年,第97页。
② 荣德生:《乐农自订行年纪事》,上海古籍出版社,2001年,第97页。

北伐，与直系吴佩孚部在此激战，"七月杪，国民军到汉，首先夺获汉阳之黑山，该山适在厂之对岸，相隔只数百步。而在汉口一方面之北军，列阵于厂后大堤之上。两军对峙，本厂适在火线之中，枪炮不绝，历一昼夜，厂房中弹六七处。幸战事不一日即告结束，否则将不堪设想矣。"① 战争造成荣氏两家企业停机二十日。

1932年1月28日晚，中国军队与日本军队在上海交火，随后双方在闸北、江湾、吴淞、曹家桥、浏河、八字桥一带展开了多次战役。这期间，在上海的申新各厂都停工。2月5日是农历除夕，上海"在往年人民因旧习惯之未能完全废除，常有一番热闹，闸北与南市例有爆竹之声，而今年则不图以迫击炮、机关枪、炸弹等之杀人利器代替爆竹；往年此日人人或熙熙攘攘，拜访亲友，或围炉共话，家族团圆，今年此日，则或黑夜奔走，逃难无门，或妻离子散，家破人亡"。② 受战争影响，从美国购买到达上海的棉花无法正常卸货，"上海工商完全停业，码头起卸，固感困难。而沪东一带之码头，尤形不便。未几又延至吴淞，遂至进口船只，亦发生戒心，而进口之美棉，当然随之而有问题"。

战争引起的新增费用包括兵险费、栈租费、利息、运费、对洋行的付款等，这些费用是厂商（买主）付还是进口商（卖主）付或者两方共同解决就成了问题的焦点。

美安洋行3月2日致函各棉厂，给厂商施加压力。"上海扰乱状况，现已延长月余，再延长一星期或六个月，亦未可知。"他们按合约"1. 船到十天内必须出货；2. 如买主因任何理由不于船到后十天内出货，则十天后之栈租保险费及利息必须由买主担负之；3. 本合同担保之装船开船或交货如遇港工或船员之罢

---

① 《福新第五面粉厂概况》，原载《茂新福新申新总公司三十周年纪念册》，上海世界书局，1929年
② 薛念文：《上海商业储蓄银行研究（1915—1937）》，复旦大学博士学位论文，2003年。

工，或其他非吾人力量所可及之原因，则须延期；4. 本合同须遵守利物浦棉业公会之规则，及利物浦售棉于欧陆口岸堆栈交货之合同。"提出要求："未出棉花所有之种种费用，如栈租利息保险额外费用，由香港与日本重行装船之费，及因展期装船而起之费用等，皆归尊处担任。"①

荣宗敬主导的华商纱厂联合会于3月16日、17日、18日连续召集各厂开会，与美安等各洋行协商对策，提出美棉进口问题的解决方案。

中日双方虽在1932年5月5日签订了《淞沪停战协定》，但中日间的矛盾日趋尖锐，中日间的战火随时可以点燃。对此荣氏兄弟很清楚，他们深感战争的阴影在逼近。

二、炮火下的荣氏企业

1937年，中日在淞沪间再战。荣氏在上海企业申二申九与福新二厂福四福七福八厂在租界内，安全有了保障，而租界外的企业受到破坏。

8月13日，淞沪会战爆发，高郎桥地区属沪东战区范围，当天枪炮声通夜不停，申新五厂、申新六厂宣布停工。次日激烈的空战在高郎桥上空打响，"流弹雨下，工人乃星散"。②8月16日起，申一、申八停业，职工纷纷逃难，疏散回乡。一个月后，主持厂务的荣伟仁（荣德生长子）、王云程（荣宗敬女婿）决意复工，把已经避难返乡的职工招回，9月17日开始部分恢复生产，对于日本侵略军随时可能发动的突然袭击，厂方没采取任何预防措施。10月27日早晨，一场空前的灾难从天而降。据申一布厂工程师孙锦文回忆，那天上午8点40分左右，日军重型轰炸机

---

① 《沪战发生后之外棉进口费用问题》，《纺织时报》，1932年3月28日，第873号，第1—2页。
② 罗苏文：《高郎桥纪事》，上海人民出版社，2011年，第81页。

九架盘旋在申新上空,在八厂细纱间屋顶投下千磅以上重型炸弹十八九枚之多,车间内工作的工人听到隆隆轰炸声已来不及躲避。厂内烟火弥漫,接着日机又从西向东、由北而南,在申一的布机间、细纱间、钢丝、清花等车间逐一投下炸弹,全厂火起,成为一片火海。轰炸机方去,医务人员正在施救,忽然又飞来六架战斗机,用机枪向有人处猛烈扫射。当时尸骸满地,受伤者呻吟呼救,为日机扫射而殒命者有数十人。

据事后统计,那时复工人数仅2000余人,为全体职工之半数,是日共死伤430余人,为复工人数的五分之一,其中当场死亡者70多人,重伤者30多人。

日机轰炸时厂长荣伟仁正在厂内,大难不死。事发后,荣宗敬派儿子荣鸿元到厂察看。走近厂门,只见一片瓦砾,幸存的部分厂房亦已百孔千疮,门窗全无。

日机轰炸上海申新厂之前,荣家在无锡的仓库已被毁。10月6日中午,秋高气爽,晴空万里,因中国没有防空能力,日机如入无人之境,把无锡火车站——淞沪前线物品的重要中转站作为打击目标,铁片飞入新仁栈内,突然起火。荣德生接到电话后,立即从西门外的申新三厂办公楼前往察看,派人抢救,消防车亦来施救,因火势猛烈,满栈存货霎时全成灰烬。新仁堆栈是荣家在火车站旁购地建立的仓库,其既有自建的铁轨,又接河道,转运非常方便。

这次轰炸,日机"掷弹二十余枚,黑烟浓厚,声震城厢。新仁堆栈、车站货栈及办公处、铁路饭店、淮南煤矿公司、长春裕米行、兴盛米行以及陈白头巷、仁寿里一带民房,均遭损毁。尤以新仁堆栈储有我厂(申新三厂)棉花,着弹起火,燃烧甚烈,损失亦最巨。是役被灾三百零五人,死亡一百零一人,直接被炸而死者仅占十六人,余均被坍塌房屋压死及流弹伤亡。"[1]

---

[1]《薛明剑文集》,当代中国出版社,2005年,第975页。

在日机的轰炸下，工人不敢上班，大多回乡下老家，老板们留少数人护厂。各工厂停工后，较大的厂商和批发商店开始装货向苏北疏散。①

日机轰炸的频率越来越高，对无锡从隔日轰炸发展到天天轰炸。11月3日起至10日止，敌机逐日飞来掷弹。11日起，敌机白天与晚上都轮流轰炸，②每隔数小时派一批飞机来，使民众终日躲在防空壕里，吃饭睡眠都失去正常，素称工商繁盛，交通便利的无锡，顿呈瘫痪状态。③

荣巷与梅园离城区还有7公里远，未遭日机投弹，但城区巨大轰炸声，荣德生在乡下也能听到。

11月12日，日军实行大包抄战略，在金山卫登陆，淞沪前线的国民党军队有被日军包饺子的危险，国军防线逐步后退。

日军的轰炸下，地方报纸已全面停业，上海报纸因交通中断，无法运进无锡，时民众对外界所知极为有限，而荣德生家中有尚未进入寻常百姓家的收音机，他比民众早得信息，也比那些有条件迁移的人反应快一步。"知事势已急，不能再留。再三筹思，避往何地？过远恐经济难继，消息隔膜，细观地图，尚以汉口为宜。"④

荣德生选择汉口而不是更安全的成都、重庆，还有一个重要原因，那就是汉口有他的产业申新四厂与福新五厂，他的大女婿李国伟掌管这两家工厂。

13日，将厂事一一托付留守人员，14日晨，天未明，荣德生便匆匆离开荣巷，乘汽车西行，那时汽车还是高大上的商品，无锡有私家车的家庭还只有两位数，无锡县长也没有专车可坐。

---

① 《抗日战争时期无锡大事选》//无锡地方志编纂委员会办公室编：《无锡地方资料汇编》第5辑，第166页。
② 《薛明剑文集》，当代中国出版社，2005年，第60页。
③ 盖绍周主编：《无锡轶事》，大锡出版社，1949年4月，第157页。
④ 荣德生：《乐农自订行年纪事》，上海古籍出版社，2001年，第133页。

7时许，车抵宜兴，荣德生与储南强通电话，未能联系上。储南强担任过县长，后从官场抽身而退，募集资金开发善卷洞、张公洞，得到荣德生的大力支持。

荣德生取道长兴，至湖州福音医院，换乘小车。"是日仅进点心，未及午饭，再走泗安、广德，而至宣城。沿途问讯，农家正在田间耕作，似不知有战事者，告以上海情况，颇觉骇怪。一路向北，即抵芜湖，至旅馆方拟下榻，闻江边有轮船，即驰赴码头，上船不半小时即开。余在船中，觉秩序尚佳，有空军驾驶员数人，分踞头等舱位。十五日过彭泽，附近已在布备。过小孤山，水道改傍北面，靠南已围筑田畦，始知近年汉口水患，即为下游阻塞之故。"①

16日晨8时船抵武汉，李国伟及汉口申四批发经理华栋臣、营业部主任张械泉已在迎候，他们安排荣德生住在批发处后面鼎安里宿舍，出入非常方便，供膳极其丰盛，家具物件齐备。其后到达武汉与荣德生团聚的还有荣毅仁、杨通谊等。因比别人早一步，他们在旅途中都还顺利，而那些"正常反应"的逃难者，旅途中一票难求，人多船挤，风高水吼，吃尽苦楚。

有商业头脑的荣德生趁市场未涨价时，立即在武汉"屯积"了一些房屋。"料知同乡亲友避难来汉者必多，宜早租屋预备，先后共租八处，最后并租得沙逊大楼后面洋栈，专供避难来汉之同事居住。"

在武汉，荣德生牵挂着在故乡的产业，"连日晚间电询无锡情形，大局日坏"，16日，县政府下令警察局、保安队集中，仅到十分之一二，其余警察、保安逃散一空。18日，县长陇体要离开城区去省会镇江，保安队撤宜兴，城内秩序由宪兵一团维持。②

---

① 荣德生：《乐农自订行年纪事》，上海古籍出版社，2001年，第134页。
② 朱邦华：《无锡民国史话》，《江苏文史资料》第129辑，2000年，第215页。

11月中旬，川军第一师接管无锡城防，东南北三城门和水关俱用沙袋堵塞，仅留西门、光复两门和东水关按时启闭。① 此时城区商店住户全部关闭，通运路一带旅馆住的都是找不到自己部队的散兵。

23日深夜，宪兵一团丁树中率部西去，全城成为真空状态，不良分子乘机进入已撤走居民的住宅，大肆抢劫偷盗。② 时在武汉的荣德生通过电话了解无锡的情况，得知"厂栈存货为人运去，家中三四两儿新房已被人开启"。③

国民党部队在撤离无锡前，对一些桥梁设施进行了破坏。如连接五里湖的宝界桥是荣德生把自己60大寿的礼金6万元捐出建造的，是当时无锡最长的桥梁，1935年才竣工，1937年11月23日，为中国军队炸断。④

24日下午日军用钢炮把南门城墙轰了一个大洞，然后蜂拥而来，不料一进城，竟遭殿后部队的迎头痛击，狼狈退出城外。到深夜守军才退出城厢，25日清晨日军入城。⑤ 此后，荣德生与家乡的电话联系便中断。

在武汉，荣德生虽脱离了当亡国奴的风险，可他在家乡与上海的产业多毁于战火，"念及半生事业全付劫毁，深用怅惘。十二月八日后，天天有消息，报纸亦有登载，无锡北门一带市房全被焚毁，豫康、广勤、业勤皆烧去。十二日后，茂新一厂烧，振新老厂砖木建筑亦烧，新厂则因水泥建筑无法烧也；申三栈房、轧厂、布厂、摇纱间均被烧，粗、细纱间及电机间均留，亦因水泥建筑故也，厂中房屋已所存无几。余得此消息，心中焦灼，亦

---

① 秦松石：《沦陷前的无锡》，《无锡文史资料》，第11辑，第71页。
② 朱邦华：《无锡民国史话》，《江苏文史资料》第129辑，2000年，第216页。
③ 荣德生：《乐农自订行年纪事》，上海古籍出版社，2001年，第134—135页。
④ 《乐农自订行年纪事》，上海古籍出版社，2001年，第134—135页。宝界桥到1946年6月才修复，由驻社桥第三方面军提供材料，县拨款200万元（时米每石5.8万元）。
⑤ 盖绍周主编：《无锡轶事》，大锡出版社，1949年，第160页。

无法可想。报载，沪、锡一带被毁纱锭有六十万枚。如此破坏，实非文明国家所应有也"①。荣德生只能借助媒体了解故乡沦陷于日寇铁蹄下的情形。

淞沪会战持续3个月，这期间政府动员沿海工厂内迁，可厂主多不积极。一是工厂搬迁是一项大工程，庞大的设备搬运很费力；二是战时交通困难，在日机的狂轰滥炸下，路途有风险，且桥梁与路轨都受损；三是政府不给力，忙于服务前线的政府，没有多少财力物力为企业迁移提供有力的支持；四是未来的走向不明朗，企业家也缺少前瞻力，他们寄希望于战争能很快结束，不愿意进行伤筋动骨的大搬迁。

被焚毁的茂新第一面粉厂

当然企业与政府也曾有搬迁念头，如9月16日，上海实业界代表32人，以荣宗敬为首，联名呈文行政院，请求政府"力助

---

① 荣德生：《乐农自订行年纪事》，上海古籍出版社，2001年，第135页。

各厂设法迁移安全地带照常工作,输运务求灵活,捐税或减或免"[①]。10月初,上海抗敌后援会派胡西源来锡会见荣德生、杨翰西、程敬堂、唐星海等地方工商界的头面人物,动员工厂内迁。无锡的工厂是10月下旬开始疏散的,去向主要是上海租界,另外还有大后方、香港、国外等,小工厂小行业也有撤往苏北或分散到四乡的。[②]

未雨绸缪,申新三厂为保留"火种",也进行少量搬迁。9月,申新三厂的3部旧纱机和200台新布机首先装船,准备经运河、转长江,运往武汉;10月中旬,又有40台布机和一批棉花、纱、布运出;11月,公益铁工厂也有一批机器和原材料装船西运。不料途中遇到镇江海关的阻拦和刁难,硬要资源委员会的内迁证明,否则不予通行,致使这批设备、原材料和成品迟迟不能西运,其中大部分散落在苏北各地,有的不知去向。只有公益铁工厂的少量机器运抵重庆,依靠随机内迁的几十名工人和技术人员,在菜园坝租地建厂,于1938年6月开工,进行军工生产,是内迁企业中开工最早的企业之一。这个厂后来迁至江北黑石子,发展成为当时颇有名气的公益纺织面粉机器厂,生产各种工作母机。

三、荣氏集团一号创业者的辞世

11月12日,持续三个月的淞沪大会战结束,没有了飞机的轰鸣声与炮弹的爆炸声,上海突然变得异常平静。租界内因涌进了几十万逃难的人群,变得更拥挤,租界外兵火过后,满目疮痍,十室九空,荣氏所经营的企业,除租界内的申二申九福二福四福七福八安然无恙外,其他的都饱受创伤。沪西的申一与申八

[①] 孙思达:《民族工业大迁徙》,中国文史出版社,1991年,第36页。
[②] 朱邦华:《无锡民国史话》,《江苏文史资料》第129辑,2000年,第213页。

如前文所述，被日本飞机轰炸，人员与设备都损失惨重；申五、申六、申七在杨树浦，适在战线，无人看守，在闸北地区之福新各厂也是如此。

荣宗敬本想与其他实业家在上海租界内组织生产自救，但是日军控制下的媒体乱发舆论，要拖其下水成为所谓的中日之间的"和平力量"。为躲避被日本军阀骚扰，也为了防止被国民党政府误会其政治态度，荣宗敬已在考虑是否要离开上海租界。

1938年1月4日深夜，在英国通和洋行经理薛克（Saker）和买办应舜卿的帮助下，荣宗敬从陕西北路家中后门出走，乘上薛克的轿车疾驰黄浦江边，登上停靠在那儿的一艘加拿大轮船，悄悄驶往香港。荣宗敬先生走后不久，王禹卿也到了香港，静观事态发展。

当时有一批上海的有钱人在香港避难。那时的香港发展比较缓慢，与十里洋场相比要落后一大截，荣宗敬与郭顺、简东浦等老友异乡相逢，饭局连连，席间"所闻言语，间有杂以诽谤者，心中大为不快，便秘数日未通"，急火攻心中，他的中风再发，且高烧不退。获悉后，荣德生立即派三子荣一心赴香港探视，并不时电话问候，告知"热度已退，无妨。……不料感受风寒，忽又反复，饮食太多，冷暖不均，港地又乏名医，延至次年正月初九日（2月8日），竟与世长逝，呜呼伤哉！"①

2月15日，在武汉的民国行政院第305次会议通过决议，提请国民政府明令褒扬荣宗敬"提倡实业，苦心经营数十年功绩和不畏日伪威胁，遁迹香港的志节"。17日，国民政府的褒扬令颁发下来，有云："荣宗敬兴办实业，历数十年，功效昭彰，民生

---

① 荣德生：《乐农自订行事纪事》，上海古籍出版社，2001年，第136页。此处荣德生记忆有误，据当时媒体报道，应是2月10日。"香港11日中央社电，纺织面粉业巨子荣宗敬，十日下午五时许，在港南和医院患肺炎逝世，年六十有六。《申报》，1938年2月12日第二版"。

利赖。此次日军侵入淞沪，复能不受威胁，避地远引，志节凛然，尤堪嘉赏。兹闻溘逝，悼惜殊深。应予以命令褒扬，用昭激励。"

3月8日，其后人将其灵柩搬上加拿大皇后号轮运回上海，两天后到达陕西北路他的豪宅里安放。

总公司"换帅"的前后

1938年2月9日,听到兄长归天的噩耗,荣德生悲痛万分。"余在汉得悉,痛失手足,怆怀曷极,悲雁行之遽折,忧事业之摧残,百虑交集,终宵常至失睡"。他派长婿李国伟、二儿荣尔仁、三儿荣一心赴港参与料理后事,自己留在武汉。想必亲友们对荣德生未赴港给兄长送行,定会有议论,个中原因,尚不清晰。

一、荣德生未接烫手的山芋

荣家企业在战火中饱受摧残,一把手荣宗敬又撒手而去,这让荣家的债权人惶惶不安,尤其是那些没有抵押而靠信用贷款给荣家的钱庄,他们急吼吼地要荣家赶快还债,并把荣家告上了法庭。

对这些钱庄的乘人之危,荣家很是气愤,无奈之下只好求助上海滩闻人杜月笙张啸林帮忙。

3月12日,荣宗敬长子、32岁的荣鸿元写信给张啸林:"信康庄控告敝公司,经讼多时,上年已成立和解,分期清偿在案。末期因手续关系,致误时二十分钟,乃孙伯绳认为违约,意图推翻前案,又向法院控告,兹已定期拍卖。窃念先君弃养未终七,孙君伯绳逼人太甚,言之痛心。查(民国)二十四年夏季,司法行政部曾密饬各法院,关于敝公司控诉事件设法缓和,以维实业。拟恳老伯言于当道,冀达缓和目的,毋任企祷,感激之至。"①

---

① 曹可凡,宋路霞:《蠡园惊梦》,上海交通大学出版社,2015年,第164页。

墙倒众人推，信康钱庄的事未了，滋康钱庄通过法院要追究福新面粉一厂股东的责任，如果这个案例的办法能够行得通，福新面粉公司将来祸患无穷。

王禹卿3月15日向杜月笙告急："信康案件昨已由鸿元、鸿三兄弟详述经过情形，并附呈密令及摘录案情，谅邀察及。乃一波未平，一波又起，滋康案判决主文中有如其财产不足清偿时，均由被告荣宗敬、王禹卿、王尧臣连带偿还等语。查闸北光复路福新面粉无限公司既未执行，安知其财产不足清偿？滋康庄即不能对股东请求执行。如谓福新在战区不可供执行，试问闸北是否承认永久丧失？东三省失地多年，德国承认满洲国，我国尚提抗议。长期抗战，闸北近在咫尺，而谓不可供执行，于情于法均不可通。如因环境关系，暂时无法执行，亦应停止执行，不应不执行福新厂即执行股东。荣公去世，弟等适当其冲，况类此者甚多，自不能不为合理之抵抗。弟意恳请我公根据密令函郭院长，值此非常时期，对于茂、福、申新公司案件暂缓执行。滋康一案如定须执行，则应执行闸北光复路之福新厂，万不能谓福新厂不可供执行即执行各股东。我公垂念弟处境困难，迅予去函申说，当能奏效。惟一再烦渎，方寸为不安耳。"

杜月笙为荣家打了招呼，王禹卿回函感谢："所托一节，已承去函为之疏解，感纫异常。滋康事经金融界中人居间劝说，业已和解就绪。诚以欠债还钱，只须时间展长，利息情让，于愿已足。惟类此者正多，逐一料理，正非易事。但愿我公去函后，当局于法理人情双方兼顾，则以后讼事或可对付耳。"[①]

3月17日，已从香港回到上海的王禹卿，与哥哥王尧臣以及公司里几位资深经理吴昆生、陆辅仁等联名致电还在汉口的荣德生，劝其来沪主持公司一切，毕竟偌大的产业不能一日无总经

---

① 曹可凡，宋路霞：《蠡园惊梦》，上海交通大学出版社，2015年，第165页。

理。电报说:"令兄(荣宗敬)去世,纠纷日多,穷于应付,总经理一席,内外一致认为非公莫属,股东渴盼早日莅申,借以安定人心,主持一切。"

要不要接这个总经理,对荣德生来讲是个艰难的选择。在荣宗敬去世后,由他这位元老接盘当"船长",理所当然,众望所归。如果他能在公司最困难时,带领船队闯过险滩,这必将增加他的"政绩"与资本,树立他在公司的权威。可是现在荣家企业已债台高筑,还清债务已属不易,淞沪战争又让荣家雪上加霜,这更增加了荣家企业还债的难度。且火烧眉毛的是,十几家钱庄逼债不断,如何了断?此时的总经理是一个烫手的山芋,接还是不接,不能不让荣德生很是纠结。

左思右想,荣德生实在想不出两全之策,便来一缓兵之计——自己仍留在汉口,避免钱庄的纠缠,总经理位子先搁置,荣鸿元与其长子荣伟仁当协理,荣鸿三(荣宗敬次子)与荣尔仁(荣德生次子)当襄理,共同负责。

对于荣德生不肯回上海任总经理,荣氏集团内部当然有议论。听到这些杂音,荣德生"心绪紊乱。自思一生成败,即在此时,万一弄错一着,如何得了。朝夕萦虑、寝馈不安者累日,即患右手难举之症,心境郁闷,体气渐衰。当日朱梦华先生同住寓中,睹此情况,时加劝慰,横逆之来,更当百事看开,沉着应付,养好身体,方可担当一切,余深韪其言。"[1]

身体不佳的荣德生在武汉每天与朱梦华逛古董市场,择优收藏。战争的流离失所与经济窘迫使古董所有者不得不"变现",古董市场物品丰富而便宜,荣德生抓住商机,收购了一批:"每日出外游散,常至古玩铺观看,买些旧对联,以解烦闷,大多为前清翰林所写,以后即专收翰苑对,在汉购得五百余副。""在汉

---

[1] 荣德生:《乐农自订行年纪事》,上海古籍出版社,2001年,第137页。

共购得古铜镜二百余件，颇多汉晋六朝之品；铜器数十件，彝、鼎、敦、卣、盘、匜均有，不乏三代之物。内有一件，形式奇古，钟鼎文内外刻满，高近三尺，方二尺，惜当日无暇考据，但据朱先生鉴定，决为汉以前物无疑。瓷器则有明窑黑地三彩梅花大瓶一对，颇稀见。此外，有唐壶一柄，质地在陶瓷之间，外涂绿釉；又得铁砚一对，汉铸也；端砚八对，皆出大西洞，颇宜实用。其余碑帖书画，稍买若干。余之购此，非欲附庸风雅，实鉴于战祸一起，中国古代文物必遭兵燹散佚，若不能收集保存，日后存者愈少。"[①] 多年的学习与积累，荣德生在古董鉴定方面已是行家。

以后利用战争中期物价大涨、货币贬值，荣家提前归还了巨额债务，荣德生对当年不接总经理的决策，内心也许很后悔：自己过于谨慎，没有抓住机会当上船长。也许荣德生不当船长的决策是正确的，毕竟荣德生没有开拓的魄力没有冒险的精神，长期生活在兄长的羽翼下，不是当一把手的料。荣德生知道自己能力的边界，这是难能可贵的。

1938年5月19日，日军占领徐州，沿陇海路西进，企图再由京广线从郑州南下武汉，武汉的形势变得紧张。未雨绸缪，荣德生于6月3日坐飞机奔赴香港，这也许是荣德生第一次坐飞机也是最后一次坐飞机。

荣德生对香港是旧地重游。1900年，25岁的他在广东工作，曾路过香港，"忽忽已三十八年，景象大异往昔。当时九龙尚系荒山，除少数渔人外，并无商旅，《辛丑条约》租与英国，逐渐繁荣。租界期限，例应九十九年始满，则尚须五十余年始可收还。所以我国人民在港、九置产，只是租契，不过逐年减短耳。香港则沿海填出数百丈，高楼大厦，建筑整齐。铜锣湾一带，昔

[①] 荣德生：《乐农自订行年纪事》，上海古籍出版社，2001年，第139页。

日均是荒山,常有虎伤人,故山北无人敢行,沿山脚亦渔人不多。但今则马路四通,商市繁荣,尤其浅水湾一带,整洁幽美,景色秀丽,游客至港,必往观光。"[1]

荣德生在香港停留半个月,见了宋汉章等一些老朋友,19号他乘坐邮轮前往上海。21号船从吴淞口入黄浦江,两岸建筑物经过淞沪战争变得残破不堪,惟有荣家的申七仓库躲过劫难,一枝独秀。在新开河码头,荣德生下船,见到了迎接的家人,住进了租来的华业大厦五楼。

第二天,荣德生坐车来到江西路总公司,见到了分别一年多的老朋友,表面上大家都很客气,但总经理一职的纷争加上还债事,使荣德生与总部同仁间产生了不小的隔阂,原来荣宗敬独揽公司大权,现在权力分散到荣鸿元、王禹卿等人手中,"惟事权全非,远异吾兄在日,心中暗觉神伤"[2]。一个统一而强有力的荣氏集团正处在分崩离析中,大房二房间、荣家与元老重臣间的关系面临着重组。

23日,荣德生去拜访中国银行与上海商业储蓄银行的主事者,这两行是荣家最大的债主,荣德生希望他们能再拉一把,给荣家更多的时间来还债。

因荣家欠债太多,企业已由银行监管,荣德生又与银团商量,希望把每月盈余分为三份,一份还银行的利息,一份还钱庄的欠款,一份还无抵押的零星欠款及维持总公司的开支。当事者始未同意,经荣德生的说服,总算同意按此办理。

随着战火蔓延,武汉局势日趋紧张,当局要申四与福五迁往后方的重庆或宝鸡,荣德生希望"不拆、不迁"[3],开足机器,加

---

[1] 荣德生:《乐农自订行年纪事》,上海古籍出版社,2001年,第140页。
[2] 荣德生:《乐农自订行年纪事》,上海古籍出版社,2001年,第141页。
[3] 上海社会科学院经济研究所编:《荣家企业史料》下册,上海人民出版社,1980年,第59页。

紧生产，赚钱还债，可当局很强硬，非拆不可，否则炸毁。这样，在武汉的荣家企业设备分成两块，一块沿江而上到达重庆，一部分则沿京广线转陇海线到达宝鸡，时车皮很紧张，李国伟借助于他年轻时在陇海路工作时打下的关系，将设备顺利运至宝鸡，"在宝鸡圈地四百余亩，迁去纱锭二万枚，布机四百台，粉机约合出粉三千包，电力三千启罗瓦特。运到后，因材料缺乏，装置不易，恐遭日机炸毁，建于窑洞之内，筹备经年，始获完成。"① 这家窑洞工厂在抗战期间发挥了重要作用。

流亡上海的荣德生开始在租界租房居住，子女分散几处，非常传统的他希望家人住在一个屋檐下。于是"四处觅地，无当意者。（1938年）八月后寻到高恩路地，买成四亩余"，请通和公司设计后，招标建筑，订定造价八万一千元，限六个月完工，过限议罚。当时地价每亩连费用合一万四千元，其后到此购地建屋者渐众，地价升高。荣德生又以每亩二万元增添了三亩。②

1939年，荣伟仁得鼻咽癌，为方便照顾这位长子，荣德生以93200元在华山路从李姓手中购买了一套洋楼，其占地二亩七分六厘，建筑坚固，本准备迁入，考虑旧屋对病人不利，便改为在福开森路（今武康路）租用一洋房。住了一段时间，屋主要将此房出售，荣德生便迁至华山路洋楼。

1940年高恩路新寓所落成，请常州名士钱振锽书"五理草堂"额，并自撰跋语。③ 这栋洋楼如今已年过八旬，饱经沧桑，沈福煦、沈燮癸在《透视上海近代建筑》一书中描述道："这是一座古今结合的西式洋楼。此建筑朝南布置，屋前有花园，宽敞雅致。设计合理，构思巧妙。建筑外形属现代派，简洁明快，比例得当，以水平线条为主，连窗户也多为扁扁的，强调水平线，

---

① 荣德生：《乐农自订行年纪事》，上海古籍出版社，2001年，第142页。
② 荣德生：《乐农自订行年纪事》，上海古籍出版社，2001年，第143页。
③ 赵永良主编：《无锡望族与名人传记》，黑龙江人民出版社，2003年，第314页。

是现代主义建筑惯用形态。但底层门廊却用了古希腊的陶立克柱式,以此显示建筑的重点。进入室内,是一间大型的会客厅,面积近100平方米,也可以作为舞厅。房间顶部四周用石膏花饰,显得华美而文雅。厅两侧为衣帽间和休息空间。再过去便是餐厅厨房和备餐室。在底层的东、西两侧建有转弯的木楼梯,沿楼梯上去,为二楼卧室。柚木地板上铺以考究的中式地毯,室内空间气氛和谐而温馨。荣德生与夫人的卧室在朝南的中间一间,两侧是书房和小会客室。东首是两个女儿的房间,西首是三个儿子的房间。三楼是辅助用房、贮藏室,还有客房小卧室,供亲戚朋友过夜。别墅外是美丽的花园,这里有各种名花奇树,一年四季花开不断,林木葱郁,绿草如茵,营造出一个理想的居住环境。"①这种描述容易使读者以为荣德生在这8亩地上只造了一栋楼,据笔者2019年春实地考察,除这栋主楼外,至少还有3幢三层洋楼也是荣家所造。

荣德生喜欢四世同堂,几代人住在一起,这里常有几十口人一起用餐,《乐农自订行年纪事》载,1945年"清明节后各物更高,余全家上下共约七十余人,每日伙食费即需十万以上。自来水每立方尺一百二十元,用过限度罚五倍,电力亦如此,余家时时受罚,每月约需水电费一万元。全家一月开支等于民九苏省两年之支出。幸得各厂时有分润,不然难乎为继矣。自思我尚如此,其余中小贫苦之家可知也。"②

荣德生素爱中国传统的几进几深的大屋,不喜洋房,但因地住法租界,当局不允许盖平房,所有设计图都要报批。高恩路离市中心还是有一段距离,荣氏到江西路三新公司总部上班必须要坐汽车。

---

① 沈福煦、沈燮癸:《透视上海近代建筑》,上海古籍出版社,2004年,第69页。
② 荣德生:《乐农自订行年纪事》,上海古籍出版社,2001年,第174页。

二、无债一身轻

淞沪会战结束后，上海华界为日本所占，其地在炮火中十室九空；而租界这个国中之国却因战争而变得畸形繁华，个中原因有三。

第一，战争导致大量人口涌入租界。1937年至1942年间，上海市华界的人口从212.6万人降至104.9万人，而租界的人口却从169.7万人增至500万人。人口的增加刺激了日用工业品需求的增长，为工业生产提供了充足的劳动力，并为工业生产带来了大量的资金，使租界内企业的规模有所扩大。

第二，国民政府的政策支持。东南沿海相继沦陷后，人口向西南后方转移，使西南地区生活消费品的需求激增。但战前国内工业布局极不平衡，多集中在东南沿海地区，西南后方工业极为薄弱，无法满足庞大的人口需求。1938年国民政府颁布《禁运资敌物品条例》，将沦陷区的货物出口一概视为敌资，对国统区的物资流通也严格限制，但该条例却对上海租界内的货物大开方便之门，没有将租界内各华商企业的货物算作敌资，仍准许流通。

第三，日军的战略企图。日军希望利用上海市场套取外汇并劫掠国统区的物资。淞沪会战爆发后，日军封锁了上海周围海域，禁止中国船只的海上交通，但对第三国的船只并不禁止，在此背景下，租界自然被日军所容忍。

战前租界内共有纱厂19家，纱锭72万枚，其中华商纱厂9家，纱锭34万枚，线锭5万余枚，布机1700台。这9家纱厂，荣家就占了2家即申二与申九。此外租界内面粉厂只有福新二福四福七福八与阜丰几家。这6家租界工厂借天时地利为荣家"翻身"贡献至伟，这也让那些在租界内没有工厂的华商羡慕万分，其后他们也在租界内购地或租地办厂，但后行一步加之规模较小，赚的当然比荣家少得多。在此以荣家租界内的申新九厂

为例。

申新九厂在抗战爆发后一度停工,但很快恢复生产,并添招大量失业工人,以资救济。为增加安全系数,租界内的企业都喜欢"傍老外"作保护伞。1938年4月,申新九厂同英商通和洋行签订合同,以法币500万元的价格将申新九厂百元股票49998股"出售"给英商通和洋行,并规定企业所有权仍归荣氏所有,英商无所有权,但可随时解除此名义,所有本厂利益,除开支外,仍归荣氏(申新九厂)享有。申新九厂于同年5月1日开始改用英商名义。

"外商保护"下的申新九厂发展迅速。此时沦陷区的华商纱厂,不是被敌人炮火所毁,就是被日军强占,而内地对纱布的需求量极为殷切。此外,当时国际上反日浪潮日趋激烈,中国人民的爱国热情日益高涨,虽然日本纱厂出产的产品质量高于国货,但内地各省份排斥日纱,海外众多华侨也纷纷购买申新九厂的产品,导致申新九厂的产品需求很大,当时甚至出现日商纱厂盗用申新九厂商标来扩大销路的事件。申新九厂在这一时期增添了大量设备,产量大大增加,成为当时远东最大的棉纺织厂。

1939年纱价大涨,由300元涨至480元,下半年又升到700元以上。1941年纱价涨到1500元,供不应求的市场、翻倍上升的价格,申二与申九让荣家赚取了超额利润。

1941年底,荣家已把钱庄欠款全部清还,只欠银行抵押借款与仓库损失费。1942年5月,汪伪国民政府宣布币值改革——以汪伪政权的中储券与国民政府时期的法币一对二的比价收回旧法币。当时申新总公司的债务尚欠银行2000万元法币,币值改革后折合为伪中储券1000万元。申新法律顾问过守一曾忆道:"太平洋战争爆发后,申新二、九厂被日军封闭军管,仓库里的花纱不能动用。启封之后,物价暴涨,币值下跌。"按抗战前的金价,每两以115元计算的话,荣家的债务约值174000两黄金,币值改革后金价跃为2520元法币，这些债务变得仅值7936两黄金，比原先要相差20多倍！借此良机，荣家一下子偿还了所有债务。①

"如果没有后来的中日战争爆发导致货币巨额贬值，那么申新被托管、拆分、拍卖，都将是这家企业所将面对的道路，就如同今天我们看到的许多企业巨头在不断地做大、作强的过程中，在它最大、最辉煌的时刻轰然倒下一样。"②

1934年，申新因资不抵债，差点搁浅，其后荣家一直替银行"打工"，并接受银行团的监管，巨额债务压得荣家抬不起头，1938年荣德生不敢接总经理职位，也是怕应付不了债权人的逼债，还不完这如山的债务。可出乎荣德生与荣氏集团高层意料的是，战争引发的货币贬值、恶性通货膨胀以及租界内纱价高而紧缺，让荣家在1942年大"翻身"，"积年陈欠，至此全扫，可谓无债一身轻矣，"③ 荣德生在纪事里写道。

三、众多工厂"体无完肤"

1940年汪精卫南京伪政府成立后，日本采取以华制华政策。

1941年7月10日，汪伪组织"申新纺织第二厂、第九厂接收委员"发布通告："查得申新纺织第二厂及第九厂实为旧政府所办，本会现奉谕接收该两厂，即于本年八月一日起收归国营。凡各界对该两厂如有银款来往，存纱未提货其他纠葛事项，限于本月二十五日以前各自向厂方料理清楚。一经本会接收后，对各界未料之事件，本会概不受理。"但参与经营的英美商人坚决不同意，一方面委托哈华托律师公馆登报予以拒绝："兹据英商申新纺织第九厂有限公司声称：顷见中国报纸登载（接收申新第九

---

① 曹可凡 宋路霞：《蠢园惊梦》，上海交通大学出版社，2015年，第168页。
② 卞欣然：《申新纺织公司兼并时期的财务分析》，上海社会科学院经济研究所硕士学位论文，2006年。
③ 荣德生：《乐农自订行年纪事》，上海古籍出版社，2001年，第154页。

厂委员会）启事一则，不胜骇异。查申新纺织第九厂有限公司，纯系英商所组织之公司，自应照常营业。特此代表声明，以释群疑，而免误会。"另一方面，由英美领事馆和美军驻沪司令霍华德上校商议，决定美军派军驻厂保护。但日本人没有轻易放弃。当月月底申新九厂发生了一件大案，导致申新九厂被迫结束英商名义并函请汪伪组织庇护。

1941年7月27日凌晨，日本宪兵司令部借口申新九厂的总经理吴昆生及其子吴中一指使暗杀捕房高级负责人日本人赤木，派四名便衣连同法租界卢家湾中央捕房的捕探一起闯入吴昆生的家中，将吴昆生和吴中一连夜带往法租界巡捕房，"在法租界卢家湾捕房办公室里关了两个多星期，终于被引渡到北四川路日本宪兵队，又关了将近一个月。"吴昆生父子被捕后，荣家曾多方设法营救，最后通过丽都花园的高兴保找到了特工头子吴世宝，通过吴世宝的关系，吴氏父子才得以被释放。

绑架案发生次月，申新九厂就致函汪伪工商部驻沪办事处，声明结束英商名义，并请汪伪组织庇护，具体声明如下："敝申新九厂前因经济不敷周转，不得已曾一度改组为英商股份公司。嗣因经济已稍微宽裕，即于本月二十日收归自办，已与英商不发生任何关系。故敝公司之性质纯系合伙公司，曾依照法律手续订有合伙笔据。兹因非常时期，厂址在澳门路，有工友七千余人，如何维持工作及营业，台端职权所及，应请本维护实业之本旨，指示方针，俾有遵循，毋任企盼感纫之至。"

太平洋战争爆发前，为了更好地同日军打交道，申新九厂聘用了精通日语、同日伪人员交好的人士担任要职，如先后聘用了日本人小河五郎为顾问、闻兰亭为理事、蒋君辉为襄理。因曾悬挂英国国旗，申新九厂也被军管理，但日军未将厂内的设备物资搬走，只是令其暂时停工，其后，荣家为保住产权找了许多关系。起初找到"满铁"职员小川，但小川没有办法；然后又找到汉奸缪斌，缪是无锡人，也未能帮上忙；最后经常州的钱琳叔，通过江上达联系上了日本军人大川周明。大川周明在日本军人中很有势力，很多军官都是他的学生。大川周明牵头，1942年5月终将申新九厂发还。

结束军管理之后，统益纱厂、信和纱厂和申新九厂仍然没有摆脱困境，因原料困难等因素，1942年上海华商纱厂的产量不足1941年的一半。1943年各纱厂虽然仍在生产，但开工率仅为总规模的一成。所产的棉纱质量也大不如从前。

日军进入租界后，福新二厂与八厂停工，1942年起，他们接受日本的安排，代加工面粉。

与租界内荣氏企业命运迥异的是，租界外的荣氏企业则被弄得"体无完肤"。申新一厂、申新八厂与日商丰田纱厂相邻，也一直是竞争对手。1937年9月，日机先是对申一申八轰炸，后日方又乘战乱之机，"他们暗中雇佣日本浪人和汉奸、流氓用铁锤、铁棒将申一的细纱机逐台捣毁，车头、马达、油箱均被敲破，皮带盘、滚筒等被打得粉碎，还把重要机件如马达、钢丝轴等拆光抢走，仓库里的纱、布、原棉及机物料悉被劫去。国民党军队撤退，沪西沦陷，申一被日军占领，不久就由丰田接受'委任经营'，改名丰田第三纺织厂。由于战争损失和人为破坏，据事后调查，申一、申八原有纺机12.3万多锭，只剩下3万余锭，仅及原有设备的四分之一，原有布机1300多台，被毁三分之一，留下900余台。"①

1942年，为示"中日友好"，汪精卫政权要日方把所占中国企业还给原来的所有者。日方为达永久控制申新一厂，要荣家把该厂卖给丰田，为荣德生所拒绝。其后他们鼓动小股东，给荣德

---

① 朱龙湛：《飞跃的发展 惨淡的经营——申新一厂建厂始末》，《江南大学学报》1991年第6期。

生施加压力,要他卖厂,荣德生坚决不答应。

1940年,战争已进行到第四年,离结束还遥遥无期。无锡西水墩的茂新一厂经兵燹烧毁,未烧尽者又被拆去,砖瓦亦搬,仅存围墙及烟囱、水箱,余屋及马达则为邻居拆去。茂新二厂设备完好,可被军管理。在济南的茂新四厂,已押与银行。申新三厂军管理,内部多遭拆毁,修复不易。

1942年,日本也搞起了"统一战线",发还了荣家未破坏的几家企业:福新一厂、三厂与茂新二厂,经再三考虑,荣家决定"收回后租与原办人,以省周折及拆坏毁损。商定租约,经数月之久,一面发还,一面订租,期限两年,自本年五月一日起至三十三年五月一日前为止,每半年收租一次;福一、三、六及福新栈,则按月收租,微有不同。数年无利,至此稍有微利可分,茂新每股分三元,即五分息也。福新开股东会,议定分配盈余,而股东意见分歧,发生误会,口舌纷争,足见人心之难平也。"①

1943年正月二十,荣德生从上海回无锡,这是自抗战爆发以来他第一次回故乡,他到父母坟地、梅园与故居,6年不见,人是物非,"梅园门口大梓树一对已不见,其余花木尚存,大厅及两轩门窗俱无,匾对皆空……出园至家中,树木也较前长大,门窗略缺,尘秽满目,无一坐处。"②当晚,荣德生住在城内四郎君庙巷长婿宅。第二天城门不开,荣德生在城内访亲问友,把酒言欢。晚餐于福新办事处,诸同仁多年不见,相叙言欢。第三天,城门仍未开,荣德生设法从城墙缒下。

出城后,他来到茂新面粉厂,这是荣德生创业的起点,该工厂已遭大破坏,只存围墙一圈及烟囱、水箱。荣德生又至申三,工人自治区房屋拆去一座,其余七座尚存,门窗皆无。申三有布

---

① 荣德生:《乐农自订行年纪事》,上海古籍出版社,2001年,第154页。
② 荣德生:《乐农自订行年纪事》,上海古籍出版社,2001年,第162页。

厂与纱厂，布厂新布机600台只剩200台，英机500台一段全毁，美机夹英机400台一段尚存；纱厂水泥钢骨车间未损，三层楼摇纱间已毁，二层楼细纱间小有移动，机器大件尚存，小件已无，四边热水管上面之透风管概被拆毁；底层粗纱钢丝车间尚好，清花车部分已移动，少去最新式清花机一部及打纱头机。日本人利用申三剩余的机器继续经营。

1943年，汪伪政府发还荣氏部分企业，7月底荣家接收了申五申六与申三。28日荣德生与三儿荣一心、大侄荣鸿元等一起来到无锡申新三厂点收，此时能开之机只有一万余锭，恢复至战前，难度极大，只能慢慢地扩充。通过借款收花，备料修理，11月17日试机，出花卷十二个，至1944年初正式复业。申三开业后，经常遇到停电与原料短缺，只能三天打鱼两天晒网。

1944年，荣家各厂情形如下："茂一毁，茂二出租，茂四停；福新一、三、六出租，福五内迁，福二、八自营，时开时停，福七停多开少。申一仍为丰田所占，申二、五停顿，陆续售些物资，藉顾全局开支；申三开一小部分，幸存有材料，以物价高涨，颇有润色，股东得有生活；申四内迁，申六停，勉开部分下脚机，藉资开支；申七出租如上年，申八毁，申九开一小部分，并代人织袜，略得余润，然内中存货逐渐枯竭矣。"荣宗敬去世后，荣氏集团丧失了台柱子，总部对下的控制力严重削弱，"各厂人事、行政渐趋分歧，各顾其私，破坏大局。"

据统计，荣氏企业在抗战时期共计损失纱锭207484枚、布机3226台、粉磨64部，分别约占战前企业全部设备的36％、60％、18％；其中上海申新八厂和无锡茂新一厂全毁；申新三厂库存的5万多担棉花、3413件棉纱、64223匹棉布、10200只面粉袋、1万只麸皮袋、10700只棉花袋和4千吨煤，连同一部分厂

房和机器设备,有的被日军抢走,有的被浇上柴油,放上硫磺、炸药,纵火焚烧或炸毁;茂新二厂库存的几万包小麦、面粉、麸皮,也被洗劫一空。整个荣氏企业直接经济损失,按战前币值计算,总价值达5281万元。[①]

[①]《荣家企业史料》下册,第184、186页;《申新第三纺织厂战时损失报告》,无锡市第一棉纺织厂档案馆藏。

百味杂陈的人生

人生不如意事十之八九，实业巨子荣德生也常如此感喟。荣德生比兄长多活十多年，1938年荣宗敬去世后，荣德生经历了几次剧烈的人生折磨。

一、抗战胜利后接收乱象

1945年8月15日，日本无条件投降，中国十四年抗战全面胜利，消息传到沦陷区上海，爆竹腾喧，欢呼达旦。10月10日国庆日，上海举行大型灯会进行庆祝，荣德生与妻子同出观灯，但见人山人海，欣喜若狂。日本对中国整整50年的打压终于划上休止符，饱受列强欺凌的东方古老民族成为战后世界四强，国际地位一跃千丈。

抗战结束后荣家面临着如何收回被日本侵占的产业，这些产业会不会被标上"伪"字、成断线风筝而为权势者所侵吞？未雨绸缪，早在1943年，荣德生次子荣尔仁受命从上海绕道赴战时首都重庆，与各方接触，建立联系。1944年7月，荣家在重庆成立公益工商研究所，聘请诸多政界大佬工商名流学界精英担任理事，其中有翁文灏、吴稚晖、钱新之、王云五、何粹廉、方显庭、陈光甫、王志莘、李芑均、黄任之、商惜冰、顾毓琇、顾毓瑔、霍亚民等，吴稚晖任理事长。开办时，申新纺织总公司和茂新、福新两面粉公司，拨出基金二千万元，租定重庆棉花街二十

八号四楼大厦一座,作为所址,延揽海内专家从事研究工作。①研究问题分工业经济、衣食工业及化学工业三系。

1945年8月15日,荣尔仁致电上海的荣一心,并嘱转荣鸿元、荣鸿三、王禹卿、王尧臣及吴昆生,"胜利来临,普天同庆,甚念近状。陷区工厂,据政府颁布,沦陷两年以上者,概归政府接管,然后再行甄别发还。本范以尔仁在内,各方布置,已承经济部示意,可由在渝机构自行接收,已在呈准之中,请告家君暨诸友好勿念。"自行接收,相当于"免检",这对荣家企业来说,是一大利好,不仅少了许多周折,也利于尽快恢复生产。

随即在后方的荣尔仁派出庞大的接收队伍,从内地回到上海和无锡,"接收"自家的企业。总公司全权负责人是荣尔仁和李国伟;负责接收纱厂的专员是李冀曜、顾鼎吉;负责接收面粉厂的专员是华迩英、章剑慧;总公司驻沪办事处负责人顾鼎吉、钱钟汉;去福新第一、三、七厂的接收员是李佑人;福新第二、四、六、八厂的接收员李昌弟;福新第五厂的接收员蒋叔澄、荣德新。

以无锡申新三厂为例,沦陷时,该厂始终未与敌伪合作,且从未向伪组织注册。敌投降后,曾由重庆申新总公司具呈经济部,及本厂具呈经济部战时生产局苏浙皖区特派员,先后奉批"应准自行派员接收,仰将接收情形及资产清册呈报候核",即委派薛明剑、谈家桢、郑翔德为接收人员到厂办理外,并请经济部战时生产局苏浙皖区特派员驻江苏省办事处吴处长到厂指导。

薛明剑、谈家桢、郑翔德原是申新三厂的高管,刘郎重来,即使这样,申新三厂的接收也不顺利。战时申三损失惨重,该厂原有纱锭七万枚,布机一千五百台,并有可以发电7200基罗华脱(瓩)之电机,设备完善之劳工自治区,规模宏敞之仓库,经

---

① 荣尔仁:《公益工商研究所创办经过》,《公益工商通讯》第一期,1947年10月。

敌人烧抢偷毁后，绝大多数设备都损坏。该厂战前原有汽车三部，小汽轮二艘，均在敌人占领时失踪。那时汽车可是奢侈品，有汽车的公司并不多。

荣家想恢复生产却困难重重，"燃料之极度缺乏，机件之不易补充，原棉之不易采购，运输之不尽畅通，工友之难于招集，金融方面因银钱业尚未复业未臻灵活，以及钢丝针布、纺织配件、建筑器材、五金材料等之采办困难等种种原因，在在均足影响工作之推进。而工厂原动问题之不克解决，更为致命之打击。所幸昔日重要干部均已归来，除将可以整理之纱锭尽力加紧装配开工外，一面拟具详细复兴计划，在废墟中引行建立现代化之工业基础，以达建国之目的。"

申新三厂的两部发动机1943年9月被日本军队拆走，拿到安徽淮南煤矿与繁昌煤矿，为了追回申新三厂的"心脏"，荣家费了九牛二虎之力，各机关相互推诿，"官说官话，不顾民瘼，比之日人，不相伯仲。数年之间，变质至此，大可慨叹。"① 荣德生认为国民党的接收大员态度蛮横，同日本侵略者没有两样。

战争结束后，荣德生梳理了无锡财产情形，茂一全毁，申三损六成，公益铁工厂未运到后方的机械全不知去向，房屋被毁严重；竞化女校房屋因曾驻日军马队，柱脚损坏，颇难修理，无此材料也。大公图书馆馆内书柜只只翻乱，抛掷满地，价高稀见及书品较为整齐者大都已无。惟有茂新第二面粉厂战时没有受到破坏，但荣家丧失了工厂控制权，为了拿回自己工厂，荣德生与当局交涉，其间，"周折多端，来往公文，奔走联络，接收到手，时逾三月，用去车旅费、看守费等已不赀矣。"

同沦陷区诸多民众一样，荣德生刚开始对取得抗战胜利的国

---

① 荣德生：《乐农自订行年纪事》，上海古籍出版社，2001年，第176页。

民党政权是满怀热望的，可这些接收大员们吃拿卡要，让人们万分失望。蒋介石1948年7月27日在南京国防部会议上讲话也证实了此点："我们在军事力量上本来……制空权、制海权完全掌握在政府手中，论形势较过去在江西围剿时还要有利。但由于在接收时许多高级军官大发接收财，奢侈荒淫，沉溺于酒色之中，弄得将骄兵逸，纪律败坏，军无斗志。可以说，我们的失败，就是失败于接收。"

除厌恶国民党官员粗暴的工作作风外，另让荣德生不满的是国民党官僚资本战后的大肆扩张，原来荣家强大的竞争对手是在华日资棉纺企业，战后荣家与许多大老板都希望政府将这些日本企业拍卖或补偿受损的华资纱厂，可日企及汉奸的纺织产业都被国民党政权没收，组成官营的中纺公司。战后2年，中纺公司迅速成为全国棉纺织业的超级巨头，计有180万纱锭，生产设备约占有全国棉纺织业的40%，在原料、产品市场也居控制地位。1947年申新系统企业与中纺公司相比，前者的纱锭相当于后者的38.0%，布机相当于11.5%。① 这巨无霸式的国有企业让荣德生等民营纱厂倍感压力，他感慨道：

> 没收大批敌伪产业，原皆我国人民血汗，被敌攫去，转而向我榨取倾销，作经济侵略之资本，今我一旦获此，洵属可喜。但日本纱厂接收后全部改为国营，亦是与民争利，以后民营纱厂恐更将不易为也。若论国家经济，统治者富有四海，只须掌握政权，人民安居乐业，民生优裕，赋税自足，制定预算，量入为出，发行通货，准备充足。如是，则威信既立，措置自裕，对内努力建设，对外争光坛坫，国家局势自有日新月异之效。若措施一差，误入歧途，虽千方百计，

---

① 上海社会科学院经济研究所编：《荣家企业史料》（下册），上海人民出版社，1980年，第558页。

终难平稳。因知富强非难事,只在用人之当与不当耳。能用民力,不必国营,国用自足;不能使用民力,虽一切皆归官办,亦是无用。因官从民出,事不切己,徒然增加浪费而已。①

战后荣德生回到荣巷乡间,巡视先人坟墓。先母墓尚完好,但墓周边的树木一棵不剩。祖墓上松柏只剩八株,余均伐去,这些树木都是1880年,荣德生父亲母亲所栽,几十年的日晒雨淋,使其乔木成荫,树干粗壮。先父墓上则完好如前,仅墓后伐去柏树十余株,这得力于看守者的保护。"全山南之坟墓,树木大都被伐,惟章山张姓墓柏树数百株,依然青葱蓊郁,无一损伐。余深以为奇,趋而问之,据云屡有人来伐树,总是切实恳求,设法阻止,故独能保留。此看守者可谓竭忠尽力,足以风世矣!"迷信风水的荣德生为先人墓地的选址四处寻觅佳土,花费了大量的心血,可战乱使祖坟上的树木也成为盗贼们的"战利品"。

二、古稀之年遭绑架

1946年开年,荣德生喜事连连,在美国留学8载的五儿荣研仁(1919—1975)学成归来,并带回了三个新人:儿媳与孙子孙女。

安家在上海的荣德生,经常回无锡,那里是他的故乡,有他兴办的企业、园林,有他众多的好朋友。春天他来到梅园,梅林清香四溢,"九年不见梅开,倍觉心神怡畅",梅园内摩肩接踵的观光客来自于四面八方,荣德生睹此很有成就感,"回想三十年前辟园植梅,今日竟成为苏省名胜,初非意料所及。"②

---

① 荣德生:《乐农自订行年纪事》,上海古籍出版社,2001年,第175—176页。
② 荣德生:《乐农自订行年纪事》,上海古籍出版社,2001年,第182页。

元宵节，他在无锡城中公园参加公寿宴，荣德生是7位寿翁的一员，几十位老朋友为他们庆生，劫后重逢，每个人都兴奋不已。

4月3日，荣德生又回到无锡，5日清明节，他去祭宗祠，原本此仪式一年一次，可日本侵略导致9年中断。7日他给亲人们扫墓，共有六处：父亲、母亲、祖母、祖父、祖坟与兄荣宗敬。12日，无锡地方绅士聚会祝杨映潭八十寿，并贺重游学官，荣德生特书联为赠，以纪盛事。

此时因抗战胜利，民众压抑多年的消费热情开始迸发，而日本战败也使其在中国与东南亚等地的市场丧失，这给中国老板们带来了机会，荣氏企业加班加点地生产。

福矣，祸之所伏。71岁的荣德生万万没有想到的是，劫匪们看见荣家财源滚滚，便把他视为"财神"，做了详细"攻略"。

4月25日上午10时许，荣德生和三儿荣一心、女婿唐熊源同乘一辆汽车，准备到江西路申新公司总部上班，在家附近高恩路弄堂口转角处，突然被一辆警车拦住去路，车上跳下3人，手持第三方面军公文，并出示淞沪警备司令部证件，口称"劳驾老先生到司令部走一趟，弄清问题，就会送回"，将荣德生扶上警车，疾驰而去。

车过衡山路转向梵皇渡车站，沿中山路一直开到曹家渡秣陵路北面闸北水电公司附近，这一带当时都是行人很少的郊区。一看行驶路线不对头，荣德生就意识到了自己落入绑匪之手，他疑惑、他担心。疑惑是不是国民党在背后操纵这个事情。担心他的那些未竟事业怎么办？

4月30日国民政府宣布5月5日从陪都重庆还都南京，可这时全国首富荣德生却处于"失联"状态，这让蒋介石、国民党当局与上海警界都非常难堪，也让全国娱记们兴奋不已，各种猜测各种八卦满天飞。

在黑暗斗室中，荣德生"终日无事，思潮时涌，从世界、国家、社会，而至事业、家庭，无不一一思之"。在绝境中，荣德生当然有过绝望有过烦躁，但"余夜中不寐，屡见白光，知有神护，谅不至无救，故心中较定也。"① 他想起 1940 年，二儿荣尔仁被绑匪劫持了 58 天，他也曾经历漫长的牵挂与煎熬。

匪方又迫令荣德生缮写亲笔书信，由匪首骆文庆将该函匿藏在祥生饭店（亚尔培路口）下层厕所内洗面盆下，再以电话通知申九副经理陈品三去拿取。

"昆生兄大鉴，五日去信已知收到，惟对筹款未成办法，司令视吾方无诚意，今再明白详示数目，美金 100 万元，余请求折减，彼云应得合力速筹稍为减少两成，信到急速办理，即刻自行筹款，电话到，切实答复，余离家十七日，心急万分，万一不妥，吃苦不起，即公司全局亦不能了，此信即与二儿看后，守秘密，顺请台安，5 月 13 日。"

吴昆生是申新九厂的经理，是荣家的老臣，由他转信荣氏家属。信中所谓"司令"即指匪首。赎款从开价美金 100 万元减到 80 万元，不久，又来其第二信，赎款数再减至 50 万美元。

"示儿知悉，13 日去信汝等，未能照办，此间长官颇为震怒，余求之再三，乃允捐输美金 100 万美元，并想出一个切实的办法，盖余之名望，既由加入各厂股东而来，今惟有向各厂分筹，愿汝向各厂经理恳求，看余之老面子，营救余之老命，余为办事业，招此困难，须切实急速进行，下开各数向各厂分担，在余股份名下支付，计申一美金 5 万元，申二出美金 10 万元，申三出美金 10 万元，申六出美金 5 万元，申九出美金 20 万元，共计美金 50 万元，切切实实，不可缺

---

① 荣德生：《乐农自订行年纪事》，上海古籍出版社，2001 年，第 184 页。

少，当不足之数，请申九帮忙，以股票作抵可也，或请昆生兄想办法，勉力筹足，此事必须刻日办妥，不可大意，以全余之残年，否则余之老命不保，汝等亦恐遭受不堪设想之恶果，此嘱，德字。4月15日（按：此系阴历，阳历为5月16日。）"

函内所称"长官"亦指匪徒而言。匪方以一时未能达到目的，担心时日过长，泄漏风声，乃出一匿名恐吓信由邮局寄交詹荣培，转致荣氏家属，内容备极威胁，原文如下：

"尔仁先生台鉴，迳启者，前致一函，不蒙采纳，甚觉遗憾，昨日贵友竟陈荒谬意见，诚属可恶已极，似此令尊兹已沦于极危险之境矣，阁下等视同儿戏，乃将令尊面提审问，判处死刑，奈令尊风烛残年，老泪纵横，苦求再三，声言稍假时日，准予躬亲修函，请速为筹措，以解倒悬之危，以全其残年等情，故念令尊古稀之年，尚明大义，且所提实际分筹办法，亦尚近情理，故不揣烦厌，再度致书于阁下，限文到两日内切实筹妥，以清手续，否则除将处以死刑外，阁下等悔以制裁令出之，非谓言之不预也。端颂时祺。"

此敲诈信颇显文字功力，也让荣家左右为难，既要警察帮忙，又怕与警察合作太多，逼绑匪撕票；既想破财免灾，又怕钱送了，人却没了。警察希望匪徒在与荣氏家属接洽赎票时将绑匪一网打尽，而荣家家人考虑的就是人质最大安全系数，接洽赎票的多次活动均瞒过警方人员在暗中进行，匪徒们得以从容勒索到美金50万元，于5月29日凌晨1时将荣德生释放回家。

这次虎口脱险，给荣德生身心造成了巨大创伤，他请金石名家汪大铁刻两颗图章，上书"曾入地狱""再生之德"。

绑架案幕后黑手是哪一个，荣德生在自订行年纪事中用曲笔写道："实则起意者为黑心商人，利用匪徒，原拟将余灭口，幸匪以金钱为重,余尚得以生还。此次破案,劫匪治死罪者有八人,然起意者以行使贿赂反而逍遥法外,但此种人天良已灭,日后终无好果。余为心存忠厚起见,不肯发人隐私。呜呼,天下无公道久矣!"①

1946年对于荣德生来讲,既是受难的一年,也是丰收的一年。此年"由于战后的特殊情况,荣家企业还是获利丰厚。联合国善后救济总署以大批美麦运华,由国民党的行政院善后救济总署委托各面粉厂代磨加工面粉,荣家各面粉厂从中赚了不少钱。战后人们亟需添置衣着用品,国内市场扩大,棉纺织品一时供不应求;廉价美棉大量倾销,纱布投机盛行,棉纺厂大量抛售期货栈单,这些都成为棉纺业发大财的机遇和手段。1946年荣家纱厂产量虽低于战前,但赚的钱却是空前的。仅申新二、五厂,一年就分红5次,股东和高级职员们所得股息、红利,总数就折合黄金1.4万多两。这一年,成为棉纺业的黄金时代。总计,上海申新各厂,单是账面盈余就有161亿元,约合黄金8万多两。"②

三、进军机械制造业

1938年荣宗敬去世后,32岁的荣鸿元担任三新公司的总经理,但此时的荣家企业已开始散枝开叶,出现了几个山头——大房以荣鸿元为代表,继承总公司名义,管辖申新一、六、七、九厂以及福新一、二、三、四、六、七、八厂;二房一支以荣德生为代表,管辖申新的二、三、五厂,茂新的二、三、四厂和天元、合丰等厂;另一支在荣德生女婿李国伟掌控之下,管辖申四、福五等厂。荣鸿元掌管的系统还可分为以下几个脉络:(1)福新系统,王禹卿主持。(2)申九,吴昆生主持。(3)申一,

---

① 荣德生:《乐农自订行年纪事》,上海古籍出版社,2001年,第185页。
② 计泓赓:《荣毅仁》,中国文献出版社,2006年,第73页。

王云程主持。(4)申七,由荣鸿元领导。荣德生二房也可分为:(1)荣尔仁、荣研仁。荣尔仁经营申二、五厂,荣研仁主管天元公司上海贸易部分,无锡天元由荣德生自己掌握。(2)荣一心,唐熊源主管申新三厂、合丰企业公司。(3)荣毅仁,荣纪仁,荣鸿仁主持茂新各厂。①

荣尔仁本想借助于接收的"东风",改变这种"割据"局面,恢复到战前高度一统的状态,但他的"大申新计划"遭到了荣鸿元与吴昆生、王禹卿等重臣的抵制,只能是纸上谈兵。

局面至此,荣德生决定另起炉灶,另创一个规模宏大、门类也比较齐全的"天元实业公司",先将他名下的"茂、福、申新资金划分股份",自任经理,七个儿子分任副经理,"专营实业,不可做投机买卖,立下禁例"。经营范围包括金、木、水、火、土、食品、纺织七大门类,涉及采矿、冶金、煤炭、电力、机器制造、化工、塑胶、水泥、砖瓦等数十个行业。食品、纺织两大门类要发展深加工,如食品工业要由面粉扩展至饼干、点心之类,纺织工业要包括棉、麻、毛、丝和人造纤维的纺、织、染整及服装加工。

1945年11月在重庆民族路蓝家巷特五号,荣德生、荣尔仁、荣孙熙仁、荣伊仁、荣毅仁、荣研仁、荣鸿仁、宋美扬、李冀曜、唐熊源、顾鼎吉、李国伟共12人,集资法币五千万元,正式成立天元股份有限公司,时分五千股,每股一万元。股东为荣乐农一千股(注:荣乐农即荣德生),荣孙熙仁五百股(注:孙熙仁是去世长子荣伟仁的妻子),荣毅仁五百股,荣研仁五百股,荣尔仁一千股,荣鸿仁五百股,荣伊仁五百股,宋美扬、李冀曜、唐熊源、李国伟、顾鼎吉各一百股。

---

① 上海社会科学院经济研究所经济史组编:《荣家企业史料》(下册),上海人民出版社,1980年,第662页。

1946年，天元公司迁至上海汇丰大楼，同时在无锡筹建天元麻毛棉纺织厂，向慎昌洋行订购美国Saco Lowell棉纺纱锭10092枚。① 1947年，因建厂工作进展需要以及受当时恶性通货膨胀等影响，天元公司召开股东会议修改章程，改选荣德生、荣尔仁、荣一心、荣毅仁、荣研仁、荣纪仁为董事，荣鸿仁为监察，增资为法币二百亿元，计二百万股，每股一万元；荣乐农六十万股，荣孙熙仁、尔仁、一心、毅仁、研仁、纪仁、鸿仁各二十万股。②

天元公司在上海设立总公司，总经理荣德生，副总经理荣研仁，又在纽约、伦敦、曼谷、香港等地设立分公司，经营进出口贸易。总公司下设三个部：业务部，经理翟克恭；财务部：经理刘德麟；生产部：经理费富焘。公司计划建立几大系列工厂，含重工业与轻工业等多门类。

1948年1月，由荣德生父子控制的申新二厂、申新三厂、申新五厂和茂新公司、合丰企业公司、天元事业公司（后又加开源机器公司）在沪组成总管理处，实行统一管理，由荣德生任总经理，荣尔仁为副总经理。下设生产、业务、财务、贸易四个部，由尔仁的三个弟弟和妹夫唐熊源分任部经理。

荣德生很早就想涉足机械制造行业，只是条件一直不成熟。1948年春他决定成立"开源机器工程公司"，选定了苏锡公路和梁溪交汇处、蠡桥北块的一片农田，以每亩52石大米的高价，购得土地40亩作为厂基。4月17日举行破土典礼，动工兴建，他说："吾国工业发展应首先注重重工业。因必先有重工业，才可利用机械从事种种生产，故筹办开源机器工程公司，由铸锻、冶炼而至修理零件，先将基础巩固，日后发展自易。"③ 开源机器厂工程公司是荣家企业唯一成规模的重工业工厂，是荣德生毕生

---

① 翁心鹤：《天元麻毛棉纺织厂建厂经过》，《无锡文史资料》第22辑，1990年6月。
② 申新史料研究委员会编：《申新系统企业史料》第四编第一期，1957年1月，油印本。
③ 荣德生：《乐农自订行年纪事》，上海古籍出版社，2001年，第214页。

奋斗到晚年才摘取的一个硕果。

开源的建厂工程由上海国华建筑公司承包。第一金工车间于1948年8月首先完工，翻砂间、第二金工间、冷作间、发电间、办公室、职工食堂等，在此后一年间相继建成。其中第一、第二金工间是按外国图纸施工建造的，其余各项建筑均由国华公司自行设计。①

开源厂的资本总额为老法币165亿元（合100万美元），由荣德生管辖的无锡申新三厂和上海申新二、五各出43.725亿元，占总投资的53%；其余由荣德生及其子、孙三代个人投资，其中荣德生、荣尔仁、荣毅仁、荣研仁、荣鸿仁、荣智谦各出8.25亿元，占总投资的30%，荣智勤出28.05亿元，占总投资的17%。②

开源厂建厂前后，荣德生、荣一心父子通过各种关系，物色了一批学有专长的高级科技人员，其中有著名的机械工程专家孙德和博士、材料学家周惠久教授（后他们都当选为中国科学院院士）以及刘德成、刘先志教授等，聘请他们担任厂长、总工程师、公用部主任和设计部主任等职务。在开源厂建厂初期的工程技术人员中，有留学生6人、工程师10多人，其中取得博士学位的3人，担任过大学教授的3人。③ 这样一支高水平的工程技术力量，在当时的机器制造厂家中，恐怕是绝无仅有的。

1948年9月，通过推荐和严格挑选，开源厂招收了第一批工人，共50余人，不但要求他们必须体格健壮，而且技术等级一定要在五级以上。10月，又招收了20名艺徒，报名的条件之一就是需要具备初中毕业的文化水平，应试者达260多人，录取后进艺训班培训。

---

① 陈文源 王建中：《从公益铁工厂到开源机器厂——荣德生创办机械制造工业的历程》，见宗菊如、陈林荣：《中国民族工业首户——荣氏家族无锡创业史料》，世界华人出版社，2003年，第429页。
②《奋进之路——无锡机床厂四十年大事记》，自印本，1988年，第4页。
③《开源机器厂概况》《申新系统企业史料》第四编第一期，1957年1月，油印本第72页。

同时创办两所私立大学

大学是西学东渐的产物，民国时期一些实业家斥资高等教育，如陈嘉庚于厦门大学、张謇于南通学院，在中国同时创办两所私立大学的惟有荣氏集团，这两所大学在20世纪50年代初的院系调整中消失，但当今的江南大学与东华大学仍存有它的余脉。

一、坚持办学40载

"余髫年习商，读书无多，迨后置身实业，职务繁冗，深感学识缺乏之痛苦，渐悟教育事业之可贵。三十岁后，子女日众，乃与族中长者、乡间学者研究教育，咸以设学校、植人才实为地方之基础。"[①] 荣德生开始涉足公益事业是在他而立之年。时政府提倡兴学，荣氏家族涌现出一批热心教育人士如荣福龄、荣吉人、荣椿年、荣德生、荣宗敬、荣瑞馨、荣子俊、荣永吉等，荣瑞馨出资2000元建筑新校舍，其他人共捐年费600元，其中荣氏兄弟每年承担200元，原名荣氏家塾，后改为公益小学校。

1906年，全国绝大多数儿童还在私塾读书，小学在全国不多见，无锡知县伊峻斋特题写校额并亲自参加荣氏家塾落成典礼以表重视。1910年起，该校所有费用开始由荣氏兄弟全部承担。

因办学成绩突出，荣德生多次受到地方政府和教育行政当局

[①] 荣德生：《追述工商中学始末》，上海大学、江南大学《乐农史料》整理研究小组选编：《荣德生与兴学育才》，上海古籍出版社，2007年，第121页。

的表彰。1915年，荣德生荣获教育部颁发的一等金质褒章；1918和1926年，分别荣获教育总长和江苏省教育厅长亲笔题写的匾额。1921年8月26日，著名教育学家陶行知陪同美国专家孟禄博士到公益小学参观。康有为也曾赋诗赞扬荣德生的办学精神："安得如君千万辈，全华儿女作干城。"

1947年前荣氏兄弟办校一览表

名称	创建年月	地址	规模	备注
公益小学	1906	荣巷荣氏宗祠	7间教室	有初等高等
公益第二小学	1913	梅园西部	2间教室	1928年有学生41人
公益第三小学	1913	大渲港西	1间教室	1928年有学生55人
公益第四小学	1913	锡山下余巷	4间教室	1928年有学生150人
竞化女子第一小学	1908	荣氏宅西	4间教室	1928年有学生150人
竞化女子第二小学	1915	河塔口	2间教室	最多时学生超过70人，1927年停办。
竞化女子第三小学	1915	仙蠡墩		1927年停办。
竞化女子第四小学	1915	徐巷	2间教室	1927年停办。
公益工商中学	1919	荣巷杨丝桥	商工两科，学制四年。	1922年工科，1927年商科停办。
豁然洞读书处	1927	梅园	分高中初中各1班	最多20名学生。1934年结束。
公益中学	1929	工商中学原址	始为初中	1947年增高中

续表

名称	创建年月	地址	规模	备注
申新学校（沪）	1917	上海沪西周家桥	1927年前仅有初等，此后增高等	1928年学生120多人。
申新学校（锡）		夹城里		职工子弟学校
申新职员养成所	1928	工商中学	相当大专纺织专业一个班	共四期毕业80人。
申新机工养成所		工商中学	相当中专	
申新三厂工人夜校	1930			

　　私人办学有一个很大的问题，就是不稳定性，随着经济周期的起伏，出资者因企业困难，资助中断，学校不得不关门。公益小学在荣德生兄弟的大力资助下，成为无锡为数不多的能坚持办学的私立小学。与它同时期创办的模范、日新、鹅湖等城中、乡间的私立小学，到1935年，或已停办，或屡次改名，或归入公立，唯独公益小学"垂三十年而步步进展……领袖各乡私校。"①

　　为解决小升初问题，荣德生办了十多年小学后，决定建一所中学，这就是1919年开始招生的公益工商中学，它占地30余亩，有教室十余间，学生宿舍20间，教师办公室十余间，大礼堂一所，篮球场、足球场、网球场各一片，并附建公园、农场、池塘以及生活设施，这是无锡较早的规模宏大的私立中学②。不同于

---

　　①《无锡私立公益第一小学校三十周年纪念刊》，上海大学、江南大学《乐农史料》整理研究小组选编：《荣德生与兴学育才》，上海古籍出版社，2007年，第106页。
　　②《无锡市第五中学校史》，1982年，未刊稿，无锡市方志馆藏。

普通中学，这所中学类似于现在的职业学校，其设工、商二科，学制四年。

为了使教育"切于实用"，荣德生在校内建立了实习工场、实习商店和实习银行。实习工场分设金工、木工、铸工、机械等四个车间，配备各种进口的新式车床和数十名经验丰富的技术工人，由龚锡生任主任。工场的主要任务是为工科学生提供见习和实习的场所，同时也对外营业。这个实习工场，正是荣德生后来创办机器制造工业的滥觞。遗憾的是，工科因生源不足，1924年停招，学校也因1927年的革命大潮而停办。①

从1919至1927的八年间，该校培养的学生数不多，但不少学生很有成就，如有后来成名的经济学家孙冶方（商科1923届）、科学家钱伟长，有共产党无锡县书记薛永辉等，更有部分毕业生成为荣氏企业的骨干，如长期担任申新三厂厂长的郑翔德。对此，荣德生在总结自己办学成果时颇感欣慰地提到，"余历年所办学校，以工商中学得人为盛……工商毕业生都能学得实

工商中学教师合影

① 公益工商中学1925年停招商科，改为普通初中，1927年停办两年后续办。

用技术，今日各工厂、各企业担任技术员、工程师、厂长者不少，尤以纺织界为最多。"①

工商中学因政治风暴停办，为解决子弟上学问题，1927年荣德生创办梅园豁然洞读书处，该校在课程设置与传授方式上都吸收了传统书院制度的精神。第一期高中学生5人，乙组学生7人，最多仅20余人。校长钱孙卿，不定期地来校作报告。教师朱梦华讲授古文经史诗词等课，教师许心鲁讲授数理化英文等课。每一老师上课半天，上下午相互轮流。至抗战爆发，读书处停办，十年间共培养学生百人，人数虽不多，但学生成才率相当高。

荣德生在教育上投入多少，无从统计。私立公益第一小学，1930年统计，其有高小男生91人、初小男生234人，女生1人，男教职员11人；全年经常费3720元，临时费196元。私立竞化女学，高小女生27人、初小男生7人，女生141人；教职员男3人、女4人。全年经常费1810元，临时费241元。②时教师工资多在20—30元间。

公益工商中学建筑、设备共10万元，为保证学校经费，荣德生以九六公债五十万元作为基金，每年三万元利息来维持学校日常开支。③到1932年，荣氏兄弟"办中学、小学、女学等多处，图书馆一所，共有男、女学生千余人，年需经费三、四万元。"

荣氏兄弟在兴办文化教育事业上是舍得下血本的，《茂新福新申新三十周年纪念册》创办学校略史说："公益工商中学，此校自购地建筑及经常临时诸费，前后八年间，总费约二十五万元。其余各小学暨图书馆前后费用数称是。"到1929年，荣氏用

---

① 荣德生：《乐农自订行年纪事》，上海古籍出版社，2001年，第212页。
② 《无锡年鉴（1930年）》，无锡市史志办公室编：《民国时期无锡年鉴资料选编》，广陵书社，2009年，第279页。
③ 荣德生：《乐农自订行年纪事》，上海古籍出版社，2001年，第86页。

于文化教育事业的费用达五十万元之巨,当时荣氏企业集团资本约二千万元,文化教育事业的投资约为其资本的2.5%。

日本侵略给公益中学以巨大破坏,"因校址在锡宜大路之旁,故校舍或燬或毁,内部椅桌、床铺、书籍、仪器、模型、标本、设备,痛遭劫掠,荡然无存。自是或屯敌骑,或驻伪军,黉舍被占,弦歌久辍。"① 战后荣德生拨资一万万元,修缮校舍,购置用具,重新开张,并将工商中学由初中升格为完中。1948年5月填报的统计数据显示,公益中学占地34.37亩,校舍160间,俸给费145620万元,办公费16280万元,特别费5000万元。初级部4个班308人,高中部2个班67人。费用上的天文数字,盖因当时严重之通货膨胀,但是这样的投资仍然称得上大手笔。②

工商中学宿舍

荣氏兄弟1906年起就办小学,但办中学则是在13年后,在积累了30多年的中小学办学经验后,他们开始筹划在家乡办一

---

① 荣德生:《为私立公益中学董事会重新立案呈无锡县县长转江苏省教育厅文》(1947年2月1日),上海大学、江南大学《乐农史料》整理研究小组选编:《荣德生与兴学育才》,上海古籍出版社,2007年,第166页。
② 上海大学、江南大学《乐农史料》整理研究小组选编:《荣德生与兴学育才》,上海古籍出版社,2007年,第170页。

所大学。由小学、中学再到大学，荣德生是层层推进。

二、赞助众多名校

荣德生既会聚财，也会散财，他热心公益事业，办了十多所小学、中学与大学；他建了一所对社会免费开放的私家园林——梅园；兴办公益图书馆；在无锡城市建设方面他出力尤多，开原路、开原寺、宝界桥、南禅寺妙光塔、东林书院等都有他的心血；他还给许多慈善机构捐款……

对高等教育事业，荣氏昆仲非常热心。1919年上海交大（时称上海实业学堂）建图书馆，该大楼除了政府3万元的拨款外，其余4万多元都来自于捐款。捐款最多的是荣宗敬荣德生昆仲，为1万元，黎元洪总统、中国银行、周舜卿、虞洽卿、穆藕初各

1919年上海交大图书馆荣熙泰铜像落成时，自左至右为荣德生荣宗敬张叔和唐文治

捐 1000 元，总理段祺瑞捐 500 元，江苏省省长齐燮元 100 元，最少的捐五角，共募得洋 41496 元。①

上海圣约翰大学是一所教会大学，其校址原在苏州河南岸，1909 年圣约翰大学在苏州河北岸又购地 84 亩，辟为运动场，师生来往两岸皆用渡船。1935 年，荣德生捐款 5000 美元，在校园内建成木桥一座，省却了师生摆渡过苏州河的麻烦。②

1928 年，荣德生捐出南京成贤街部分基地，资助中央大学扩建校舍。在此前一年，他捐出南京成贤街 5 亩地及部分款项，资助建造无锡同乡会会所。

无锡国学专科学校 1920 年在无锡创办，1950 年停办，校长一直由国学大家唐文治担任，唐与荣德生关系密切，荣长期担任该校经济董事，为该校捐款。

1931 年荣德生之兄荣宗敬将包括丽娃河在内的 60 亩地捐赠给大夏大学③，现为华东师范大学中北校区一部分。

1945 年，申新公司在交通大学工业管理系设置 5 个奖学金名额，并同意为获奖的学生毕业后提供工作岗位。④

1947 年 2 月全部建成的上海立信会计专科学校新校舍，耗资十亿二千五百多万元法币，其中立信全体校友募集了 8000 万元，而申新纺织总公司和荣氏集团捐助了 1 亿 8 千万元。⑤

荣德生次子荣尔仁 1947 年给私立光华大学捐款 6 亿元，指定建设男生宿舍一座，冠名为"德生堂"。为回报荣尔仁，光华大学校长朱经农亲自颁发给他光华大学法学荣誉博士学位。⑥

---

① 《交通大学校史》编写组：《交通大学校史资料选编》，第一卷，西安交通大学出版社，1986 年，第 321 页。
② 张姚俊：《老上海城记 河与桥的故事》，上海锦绣文章出版社，2010 年，第 158 页。
③ 《荣宗敬捐赠大夏西河》，《申报》1931 年 3 月 4 日。
④ 蔡溥：《岁月悠悠忆恩师——怀念沈立人教授》//上海交通大学安泰经济与管理学院编：《足迹与风采》，上海人民出版社，2018 年，第 4 页。
⑤ 汪春劼：《校长风度》，青岛出版社，2014 年，第 67 页。
⑥ 《光华大学昨校庆，并举行廿二届毕业典礼，赠给荣尔仁荣誉博士》，《申报》1947 年 6 月 30 日。

在江南大学兴办之前，荣德生想引进复旦大学到无锡，从而使无锡的高等教育上一个新台阶。

1936年冬私立复旦大学规划扩建，因上海土地难觅，国民党元老叶楚伧、吴稚晖等提议将复旦迁至无锡扩建，得到蒋介石的"欣赞"。

经吴稚晖联络，荣德生捐资万元购得太湖边大力嘴（又称大力渚、大雷渚、大雷嘴）山田1014亩，通过江苏省教育款产处转赠给复旦大学作为迁锡建校基地。

1937年3月13日，考试院副院长钮永建，由南京乘自备汽车来锡，与吴稚晖、叶楚伧、吴忠信、钱新之、李登辉诸氏，往大力嘴察勘山田。

3月28日，国民党元老吴稚晖与钮永建、钱新之和复旦副校长吴南轩、前校长李登辉、教务长章益、总务长殷以文、理学院金问洙院长等，再次到大力嘴察勘，筹备兴建民众大学，并商讨复旦大学迁校事宜，他们分别由京、沪乘车抵锡，于梅园会集。荣德生亲往迎接，并设宴招待。①

经商议，复旦大学除商学院及新闻系永久留沪外，其余文理法三院全部迁锡，准备在无锡逐渐增设农工学院，因地制宜，利用当地优势，先设水产、纺织等专业。建校计划分三大步骤：第一，于当年暑假间，由本校土木工程系师生组织测量队，前往测量地势（所绘图案后存校中）。第二，聘请建筑师设计新校舍图样。第三，利用政府新补助之款，向四行储蓄会抵借100万元为建校经费。如果没有日本的侵略，一二年内，建校计划就可完成。"巍峨黉舍，将矗立于太湖之滨，理想之学府，可得实现。不幸抗日战争爆发。学校迁渝，数年之中鸠工兴建者，乃在嘉陵

---

① 《复旦大学将迁无锡》，《新无锡》1937年3月29日。

江上之北碚，而非无锡太湖之滨，绝非始料所及。"①

抗战胜利前后，虽曾有人主张将国立复旦大学②迁往苏北，但因吴稚晖等人坚持，又有荣德生等人积极奔走，复旦迁锡成案未予更改，1945年10月在荣巷原公益中学内设立了"复旦大学复员委员会驻锡办事处"。荣德生多次接待来自上海、南京的官员和经办人，一起选定原公益中学、竞化女子小学和惠山昭忠祠、蒋顾家祠、云起楼等五处房屋，经修缮后作为临时校舍，将内迁重庆的大学部2000多名学生和留在上海补习部的1400多名学生，在1946年初首先迁来无锡上课。终因复旦师生反对由上海迁无锡，迁锡之事未成，但荣德生要在无锡办一所正规大学的理想，并未因此而放弃。他的三儿子荣一心秉承父亲旨意，着手创办私立江南大学。

三、创建中国纺织工学院

荣宗敬去世后，荣氏集团开枝散叶，未再定于一统，但仍抱团办学。中国纺织染工业专科学校由吴中一于1941年向当时的申新纺织第九厂建议而创立。荣德生任主席校董，荣鸿元和吴中一、唐鑫源分任正副校长。在小沙渡路（今西康路）、新闸路自建校舍。"以研究高深学术，养成纺织染工业专门人才为宗旨。"该专科学校开设了纺织染工程及纺织机械制造两个科系，学制3年。该校从上海各大学中聘请如朱物华、钟兆麟、曹鹤荪、苏元复、钱宝钧、徐燕谋等知名教授任课。投考专科的学生应具有高中毕业资格，入学须参加国文、外国文、公民、数学、物理、化学等考试，合格后，方被录取。学生待遇优厚，免缴学费，膳食由学校供给，毕业后由学校负责安排工作。每年应考者千余人，

---

① 复旦大学校史编写组编：《复旦大学志》第一卷（1905—1949年），复旦大学出版社，1985年，第146页。

② 1941年底，复旦大学由私立转为国立。

而录取的仅20人左右。①

历经多年的发展，中国纺织染工业专科学校校董会认为，"战后工业复兴，需才殷切，过去毕业学生，学力尤感未充，人数亦属有限，亟宜充实必修课程，加长修业年限。"② 1946年，校董会将原来三年制的中国纺织染工业专科学校改为四年制，并正式更名为"中国纺织染工程学院"，聘请荣尔仁为主席校董，吴中一、唐鑫源为正、副院长。该校聘请各大学、工厂有经验的名师，经费由申新公司负担，设有纺织、染化、机电三个科系。随后又于1947年呈教育部，定名为私立中国纺织工学院，设纺织工程系及染化工程系。全校教职员为24名，对其学历进行统计，其中9名是海外毕业学者，4名毕业于英国波尔登大学，英国孟却斯特大学、美国纽必佛大学、美国本薛文尼大学、美国瓦海瓦大学及日本东京师范大学毕业各1名，有6名教师毕业于南通学院，其余的毕业于国内的交通大学、武汉大学、厦门大学、复旦大学等院校。③

纺织工学院的办学经费由申新各厂共同承担，纺织工学院基地及旧屋部分，照当时比例分配如下：茂新10%，申新九厂38.06%，二、五厂25.97%，三厂25.97%。新屋部分，照以前建筑时各厂负担费用之百分比分配，即：一厂5.48%，二五厂10.81%，三厂5.48%，六厂7.19%，七厂2.14%，九厂68.9%。④

---

① 苏轩：《中国近代纺织学科建制化研究》，东华大学博士学位论文，2015年。
②《中国纺织染工程学院．中国纺织染工程学院创办经过》，《公益工商通讯》，1947年第4期。
③ 苏轩：《中国近代纺织学科建制化研究》，东华大学博士学位论文，2015年。
④ 荣毅仁：《为出售新闸路房屋地皮并分配价款案》，《荣德生与企业经营管理》下，上海大学出版社，2004年，第1279页。

中国纺织染工业专科学校经费分配表（1947年）

厂名	实际运转锭数	二月份	三月份
申新一厂	24000	317180	578540
申新二厂	20000	264320	482120
申新三厂	30000	396470	723180
申新四厂	35000	462560	843710
申新五厂	12000	158590	289270
申新六厂	30000	396470	723180
申新七厂	16000	211460	385700
申新九厂	60000	792950	1446360
总计	227000	3000000	5412060

（上海市档案馆：Q193—1—492，《申新各厂分摊中国纺织染工程学校公益工商研究所及江南大学等经费的函件》，1948年，第2页）

中国纺织工学院1947年有44名教师，714名学生[1]，"该校培养的人才不仅输送到荣氏的申新纺织企业，而且服务于全国各地的纺织工业部门。学院对学生免收学费和膳宿费，并无偿为学生提供书籍和制服。"[2]

私立纺织工学院是荣家创办的第一所高校，它的成功办学模式对办好私立江南大学既是借鉴，也是激励。只是纺织工学院是一所专科院校，而江南大学是一所综合性大学，而当时江苏省只有3所综合性大学，即中央大学、金陵大学、东吴大学。中央大学是国立的，金陵与东吴都是教会大学，惟有新诞生的江南大学是私立的综合性大学，这也表明荣德生所办的江南大学一开始，"站位"就很高。

---

[1] 宋秋蓉：《近代中国私立大学发展史》，陕西人民教育出版社，2006年，第283页。
[2] 忻福良主编：《上海高等学校的沿革》，同济大学出版社，1992年，第262页。

四、兴办私立江南大学

私立江南大学可谓生不逢时，它于 1947 年秋开张，此时国共内战正酣，在打败国民党对山东与陕北重点进攻后，共产党化被动为主动，从防守转向进攻，刘伯承邓小平部队千里跃进大别山。

国民党政权不仅在前线丧师失地，在后方也火烧眉毛。1947 年 2 月的黄金风潮，引致通货膨胀高企，社会动荡；5 月爆发的"反饥饿反内战反迫害"学生运动，遍及国统区各大都市，5 月 5 日上午，无锡全城爆发以人力车工人和其他苦力工人为主的群众抢米风潮，近万人参加，被抢米店、粮行、面粉厂、堆栈等 115 家。抢米群众冲进县前街国民党县政府，砸坏门窗、拆毁县府大门，扛着"无锡县政府"的门匾上街游行，抢米风潮延至 6 日下午。

5 月 21 日至 6 月 2 日，无锡国专、无锡师范、省立教育学院的学生举行罢课、绝食、抗议，声援南京"五二〇惨案"中受难同学。

时局如此混乱，可荣德生一家却仍在快马加鞭，要在家乡办一所私立大学。

为拿到办学的"营业执照"，他们找关系打通关节，在首都南京、省城镇江一个又一个政府部门间"流窜作案"，希望好事快办。

为尽快拉起队伍，他们借助无锡众多的知名教授帮忙牵线"挖人墙角"。

与坟主谈判，希望能迁坟，配合建校；与乡民谈判，希望能出让土地；为校舍早日竣工，他们边征地边设计……

能不能再等等，等时局安定后再办大学，面对劝阻的声音，有过彷徨与犹豫的荣德生最终还是毅然决然地勇往无前。

1947 年，据统计，全国专科以上学校共 207 所，其中，国立

大学 31 校，私立大学 24 校，国立独立学院 23 校，省立独立学院 13 校。专科学校，国立 20 校，省立 33 校，私立 24 校。[①]

1948 年私立大学增加到 27 所，新增的 3 所私立大学为江南大学、珠海大学、海南大学。27 所私立大学，17 所有教会与外资背景，独资的只有私立江南大学，其他的多为合伙经营或官方背景或有政府补贴。如私立珠海大学，创立于 1947 年，原校址在广州市东山区竹丝岗二马路，由陈济棠将军、陈济棠兄长陈维周、中国文学家黄麟书、广州市长李扬敬将军、尹芳浦及教育家江茂森等广东省籍人士所创办。

民国时期私立大学的经费来源有多种模式，其一是教会学校，经费多来自于国外；其二是以学养学。以学费为主要经费来源，如大夏大学、光华大学、复旦大学、广东国民大学、朝阳学院等属此类型。1931 年上述学校的学费收入占全校总收入的比例分别为 52%、77.2%、83.3%、71%、82%。抗战期间，国土沦陷使许多学生无力承担学费，国民政府对部分私立大学给予经费赞助，1939 年补助私立光华大学的数额是 4 万元，次年 4.5 万元；复旦大学 13.8 万元，次年 12.6 万元；大夏大学 9.2 万元，次年 8.4 万元。[②] 其三是以产养学。以企业捐助款、租息为主要经费来源，如厦门大学、南通学院。据统计，1931 年厦门大学的企业捐助款、租息占全校总收入的 68.23%；南通学院的企业捐助款、租息占全校总收入的 88%。[③] 以产养学需要企业势力雄厚并长盛不衰。可随着陈嘉庚与张謇事业的挫折，两校都面临不小的挑战，厦门大学最后不得不改为国立，南通学院虽没有关闭，但发展比较缓慢。

---

① 中国教育科学研究所：《中国现代教育大事记》，教育科学出版社，1988 年，第 602 页。
② 韩戍：《战时私立大学与国民政府教育部》，《民国研究》2016 年第 2 期。
③ 宋秋蓉：《20 世纪上半叶中国私立大学产生与发展的历史轨迹》，《高等教育研究》2006 年 11 月第 27 卷 第 11 期。

荣氏之所以敢独资创办一所私立大学,是因为经过40多年发展,荣氏集团从一艘"小木舢"发展成为一个"企业舰队",在面粉与纺织行业荣家都成为全国的龙头。

私立江南大学第一批开办费30亿是按申新各厂的产量与利润进行合理分配的。具体情况见下表:

江南大学经费分配表(万)

厂名	总认款	已付	应找
申新一厂	34500	23000	11500
申新二厂、五厂	67000	44600	22400
申新三厂	34500	23000	11500
申新六厂	45000	20000	15000
申新七厂	24600	16400	8200
申新九厂	94400	63000	31400
总计	300000	200000	100000

(上海市档案馆:《申新各厂分摊中国纺织染工程学校公益工商研究所及江南大学等经费的函件》,1948年,Q193—1—492,第43页。)

江南大学开办费是200个亿(约相当于当时100万美元),招生后的运转需要日常费与设备费,这些费用也是申新几个工厂共同负担的。

私立江南大学除独资外,另一特点则是创建伊始便创办理工学院。学校有3院9系,文学院设中文、外语、史地、经济学系;农学院设农艺、农产制造系;理工学院设数理学系、机电工程、化学工程三系。

因工学院需要实验室与大量的耗材,一般私立大学都承担不起,除国外背景的教会大学与有财政支持的国立大学外,多不办工学院。国立大学中设立法学院、工学院、农学院的比例分别为71.1%、71%、58.1%;而私立大学的同类比例则只有27.3%、

13.6%、31.8%。[1] 私立大同大学虽有工学院，也是在学校积累20多年后才开始增办。1947年诞生的3所私立大学，海南大学与珠海大学都未设工学院，而江南大学创办伊始便有机电工程与化学工程专业，这在私立大学历史上应是"异数"（严格讲，教会大学不算私立大学。）为何私立江南大学创校伊始，便办工科，除了荣家"财大气粗"外，也与荣家发展实业，对工科人才极度渴望有关。

如果说，荣德生先生有"自利"之心，对工科有所偏爱的话，那么他对文科的重视则让后人对他的大格局大胸怀刮目相看。

新建的江南大学9个系中，文科占了4个：中文、史地、外语、经济，除此他还设立了高逼格的江南研究院。"本院先设下列四个研究所【现（1）与（4）两研究所工作已开始，余两在筹备中】（1）哲学研究所，（2）数学与理论物理研究所，（3）中国文艺研究所，（4）西洋文学研究所。"[2]

为使私立江南大学能引人注目，荣德生在学校硬件与软件上都花了不少心思。

硬件之一是校园选址。与鼋头渚隔湖相望的后湾山，依山傍水，风光旖旎，成了江南大学新校园所在地。正是这山水形胜的优美校园为众多教授选择江南大学加持。钱穆先生曾在燕京大学、北京大学、云南大学、昆明西南联大、成都华西大学、四川大学等地任教，1947年他任江南大学文学院院长：

> 余之院长办公室在楼上，窗外远眺，太湖即在目前。下午无事，常一人至湖边村里，雇一小船荡漾湖中。每一小时花钱七毛，任其所至，经两三小时始返。……其时汤锡予

---

[1] 胡建华：《现代中国大学制度的原点：50年代初期的大学改革》，南京师范大学出版社，2001年，第36页。
[2] 无锡市第一棉纺织厂：《江南大学公益中学关于校舍分配、家具购置、经费开支的文件及第一次校董事会议记录》，1947年，永久卷，目录号8。

(注，指汤用彤)赴美国哈佛讲学归，特来访。告余，倘返北平，恐时事不稳，未可定居。中央研究院已迁至南京，有意招之，锡予不欲往。彼居江南大学数日，畅游太湖、鼋头渚、梅园诸胜，其意似颇欲转来任教。①

哈佛三杰之一汤用彤欲加盟新生的江南大学，部分因素也是看中了这绝佳的校园美景。刘家和是私立江南大学第一届新生，晚年他回忆大学时光时写道：

新校址三面环湖，风景非常优美。推开我宿舍的窗户，太湖湖光山色就可以展现眼前。早晨起床，从宿舍前往湖边的饭厅，湖面笼罩着一片白茫茫的雾气。虽然看不清湖面，但是可以清晰地听得到湖面上咿咿呀呀的渔船摇橹声。吃完饭去图书馆看书，不一会儿，雾气就慢慢散开了，有的一丝一缕地从图书馆窗前升起，煞是好看。傍晚的时候，还可以观赏到太湖日落。现在的人恐怕很难想象当时的优美情境。②

校园选址解决后，如何达到建筑与山水的和谐，荣家请来了国内顶尖的建筑师赵深。赵深1898年出生在无锡一个普通的教师家庭，父亲去世早，家境窘迫，家中的开销曾一度需要父亲的世交资助。赵深1911年考入清华学堂，在此学习8年。1921年赴美后进入宾夕法尼亚大学建筑专业，别人需要4—5年时间才能完成建筑专业的学习他只花了两年半。宾夕法尼亚大学是中国"第一代建筑师"的大本营，朱彬、范文照、赵深、杨廷宝、陈植、梁思成、林徽因、童寯等都曾负笈于此。

赵深与荣德生长子荣伟仁是连襟，他们分别娶了孙荫午的二女与三女。自然荣家的许多建筑如申新三厂、茂新面粉厂（现仍

---

① 钱穆：《八十忆双亲 师友杂忆》，生活·读书·新知三联书店，1999年，第272—273页。
② 刘家和：《刘家和先生口述史》//刘川生主编：《讲述·北京师范大学大师名家口述》，光明日报出版社，2012年，第206页。

存，改为无锡民族工商业博物馆）与私立江南大学都是由这位颇负盛名的建筑师操刀。

1947年9月17日后湾山新校舍由上海陆根记营造厂承建开工。第一期工程包括：教学大楼、男生宿舍、饭厅等，工程价为当时货币法币65亿元。第二期工程包括：女生宿舍、机械、电机实习工场等约为法币10亿元。陆根记营造厂是当时建筑界的大牌，它的作品有上海百乐门、南京国民大会堂、国立美术陈列馆以及励志社大礼堂、昆明大戏院。

正是这种精品意识，荣氏在校园硬件建设中既找到了好的"食材"（校园位置），又请到了好的"大厨"（一流的设计师与建筑公司）。

私立江南大学创建时，以大佬吴稚晖为董事长、戴季陶与荣德生任副董事长，荣一心荣鸿元荣鸿三荣尔仁等为董事。

1947年10月27日上午10时在荣巷临时校舍大礼堂举行首届开学典礼。荣德生副董事长亲自主持，江苏省教育厅代表、无锡地方党政官员和各界来宾及全体教职员和学生共400多人出席。会上年过古稀的荣德生先生介绍了学校创办缘起，并指明创办江南大学的目的在于"造就人才，为国效用"，勉励学生努力学习，学以致用。校政委员乐幻智、校长章渊若、教务长唐君毅和无锡县议长李惕平、县长徐渊若等相继致词。董事长吴稚晖、副董事长戴季陶、校董荣毅仁还有校主荣一心因事未来捧场。

私立江南大学从立案到招生仅几个月时间，效率极高，但因新校舍尚未竣工，师生们在临时校舍过渡。临时校舍分三处，称作"三院"。第一院在荣巷公益中学内的国立边疆学校原址（曾为公益铁工厂厂址），第二院在荣巷荣德生宅内，第三院则在梅园。

设在荣巷公益中学内的江大第一院，是学校的本部，这里包括全部教室、阅览室、标本陈列室、办公室、医务室和体育场等教学、管理机构设施及学生宿舍、食堂等后勤设施。

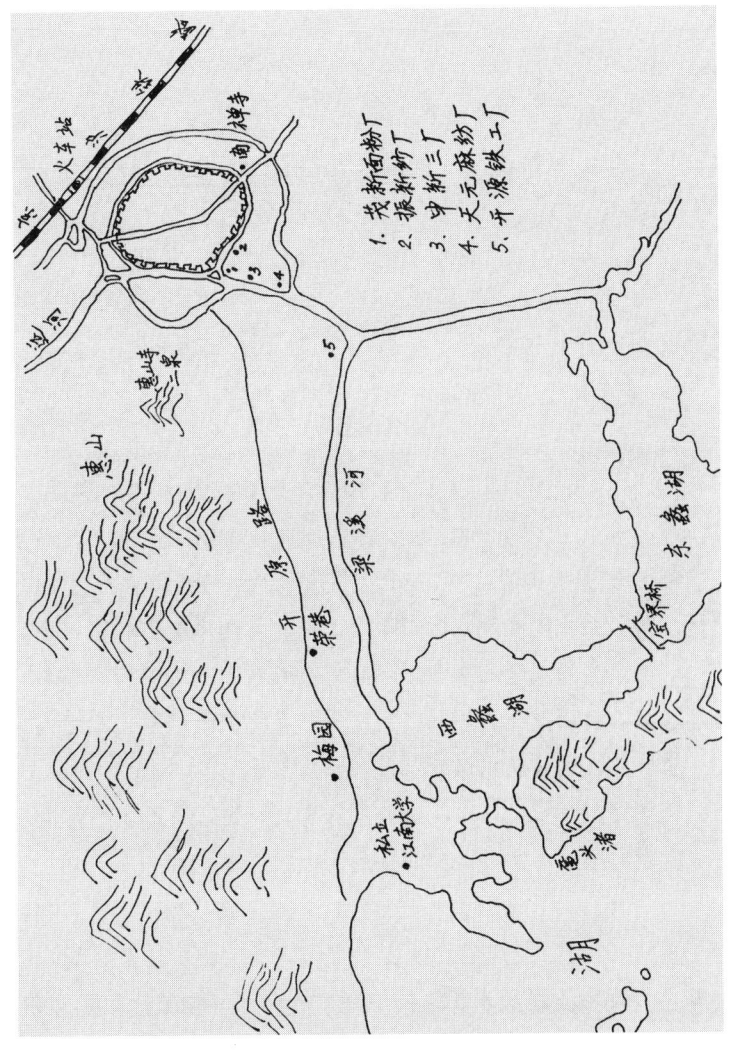

私立江南大学与荣氏企业位置示意图,王文姬绘

江大第二院设于创办人荣德生住宅内,主要作为部分教授、职员及其眷属的宿舍,还有补习班也设于第二院。

文学院院长钱穆就住荣宅转盘楼。"楼共五间,中为客厅。西二间,一为先生读书写作寝息用,一为藏书兼随侍学生标点《四

部选粹》用。东二间，一为随侍学生寝室，一为先生好友王庸夫妇居住。"①

第三院设在梅园内的太湖饭店，一部分作为教授宿舍，一部分作为哲学研究所用房。太湖饭店原是一排依山而建的二层楼房，有客房二十多间，一律照上海三马路新惠中特等房间式样布置。兼营中西大菜及零点，还设有会议室、阅报室、运动场、弹子间、浴室、餐室等场所，特请行家管理，是当时无锡设备最好的旅馆。梅园占地81亩，里面有乐农别墅、宗敬别墅、太湖饭店等多处建筑，荣德生将这些家产都无偿拿出供办学之用。

1948年10月2日，荣德生与众多嘉宾一起来到太湖之滨，参加私立江南大学开学暨新校舍落成典礼，他对台下480名学生、82位教职员工说："在三十年前，即认为湖滨兴学最为理想，后因种种关系未克实现，以至于今。深盼各同学努力勤奋，竞尚实学，课余多参观生产事业，不必好高骛远，贪多务博。学习宜细嚼缓咽，食而能化。学问以实用为归，将来做事亦力戒好大喜功，宜脚踏实地，从头做起，自有成就。"②

可年轻的学子们很难听进校主的忠告，也理解不了一位大实业家乱世办学的艰辛，国共两党的大决战牵住了他们的心。

1949年4月，百万大军过长江，无锡解放，私立江南大学也换了人间。7月，校董会改组名单宣布，由荣德生任董事长，钱孙卿、荣毅仁任副董事长，吴中一、汪君良、陈品三、秦德芳、荣鄂生、郑翔德、顾毓琇等七人为董事。

重组后的董事会最大的变化是没有了国民党党政要员，没有了中央级别的"保护伞"。

---

① 诸宗海：《国魂常在师道永存》//无锡市政协编：《钱穆纪念文集》，上海人民出版社，1992年，第65页。

② 荣德生：《乐农自订行年纪事》，上海古籍出版社，2001年，第213页。

私立江南大学工业管理系 1951 年毕业级师生合影

1951 年私立江南大学迎来了首届毕业生，董事长荣德生曾为学生毕业纪念册题词，他希望学生们习实学、做实事，使用的是一套崭新的话语系统。

1952 年，私立江南大学随全国高校院系调整而解散，其按专业划归到现在的东南大学、苏州大学、上海财经大学、华东理工大学、扬州大学等学校。私立江南大学存世仅5载，它是全国唯一没有拿到政府补助和社会捐助、完全由荣氏集团独资创办的大学，走

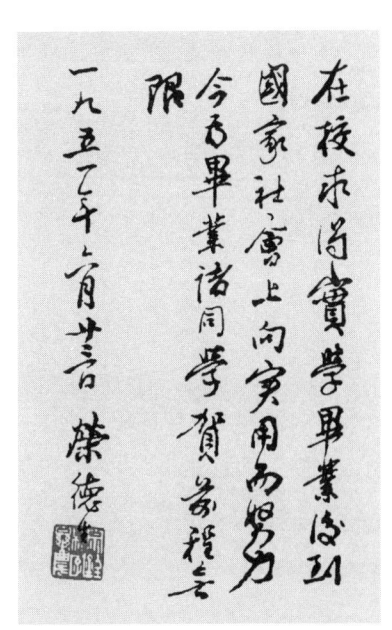

校董荣德生为第一届毕业生题词

的是一条别具一格的"实业兴学"路线;它创办了全国第一个面粉专修科、第一个食品工业系,在专业设置上有其独到之处。

当年钱穆、郭廷以、唐君毅、牟宗三、朱东润、金善宝、朱宝镛、秦含章、周同庆等知名学者汇聚在太湖之滨,短短五载,因战争影响,在此求学者不足2000人,但也不乏优秀之士。2020年,北京师范大学资深教授、著名历史学家刘家和自述92年人生和学术时说:"从1947年到1949年,我在江南大学读了两年。这是一所新学校,不太知名。可是真奇怪,恐怕对我这一生的影响至关重要,我有太多东西是从这个学校学的,我不能不感谢这个学校和我的老师!"[1]

---

[1] 刘家和:《丽泽忆往:刘家和口述史》,商务印书馆,2021年,第78页。

故乡情深：政权鼎革中的选择

1945年抗日战争胜利，国民党的威望如日中天，1949年，国民党不得不夹着尾巴逃到海峡对岸，四年内时局转换如此迅速，这完全出乎多人意料之外，也让荣德生等一批"先富起来的人"面临着留还是走的人生选择。

一、扩厂迎接解放

1948年开始，各纺织厂再次衰退，此次衰退的程度远超以往，甚至濒于崩溃。主要原因有三：一、美国纺织品的大肆倾销，同时还扶植日本的纺织业，使日本廉价的纺织品再次占据中国市场；二、原棉供应的减少，一方面国民政府限制外棉的进口，对外棉输入实行限额分配，另一方面内战爆发，常有炸桥断路，封锁市场，国棉的供应受到阻碍；三、国民政府的管制政策，内战爆发后，国民政府将纺织业纳入战时管制，采取棉纱限价配售、限价收购、运销管制等政策，并由此引发敲诈勒索等行为。此际，纺织业的超额"红利"已成为完全过去式。

1949年前，国共内战的战场都在江北，无锡乡下虽也有共产党的武工队，其对荣家企业还没有构成直接威胁。可枪炮一响，黄金万两，国民党为应付巨大的军事开支，一方面把众多有钱人视作掠夺对象，杀鸡取蛋，另方面则是恶性通货膨胀，把人们辛辛苦苦攒下来的积蓄化为乌有。"米每石六千万元，油每斤一百十五万元，面粉每包二千四百万元，原棉每百斤四亿元，棉纱每

件二十四亿元,利息每万元每天六百元,木工工资每工七百五十万元,普通女工每日亦在五百万元以上。申三每月职工薪资共五千亿元,税款亦在千亿左右。就是会计方面,亦觉麻烦不堪,难以计算。纸张、笔墨、人工,消耗均极可观。如此数字,真是痴人说梦,通货膨胀,达于沸点。"[1] 在这种乱局下,企业经营必难上加难。

法币彻底失去价值后,国民党政权用金圆券而代之,并在8月19日起,强制推行限价政策,所有物价必须维持8月19日的市价,不准上涨,严惩囤积居奇而发国难财的奸商。无论任何人均不得储藏黄金、白银、银圆和外币,持有者必须于9月30前向政府银行兑换金圆券。逾期任何人都不得持有,私藏不报者严办。此项工作由"皇太子"蒋经国亲自在上海主持。

面对当局的巧取豪夺,许多大老板们以阳奉阴违狡兔三窟应之,为杀鸡儆猴,9月3日,上海警方以"私套外汇,囤积居奇"名义逮捕申新纺织总公司总经理荣鸿元。大侄子荣鸿元被拘押,荣德生既震惊又伤心,最终在关押77天后,鸿元被判处有期徒刑六个月,缓刑二年,此案荣家为了捞人,损失巨额费用。"侄之不慎,法之不法,可叹亦复可恨,天下之乱自此始矣!"

蒋经国限价政策有如筑高坝堵洪峰,维持到11月2日,坝垮后"哀鸿遍野",这期间无数民众响应政府号召或迫于政府压力,把黄金白银换成了金圆券。这场灾难中,荣德生损失多少并不清楚,他的部下,时任申新六厂经理的荣鄂生在《思庵行年随录》记道:

> 黄金解禁后,中央重订金银兑换率黄金每两一千元,白银每两十五元,黄金兑换价格较上次收进时五倍其值。《大公报》社评,有"金钞兑换率提高五倍,是对抗不遵兑者以

---

[1] 荣德生:《乐农自订行年纪事》,上海古籍出版社,2001年,第211页。

奖励,对守法照兑者以惩罚"之言,余兑去全部金钞,大上其当,追悔莫及。

申六厂一家按政府法令售出大量纱、布之损失,约计在九百万至一千万金圆券之数,再生产之能力大受影响而削弱矣。"①

9月24日,山东省会济南被解放军占领,国共对决的结果日趋明朗,11月2日,辽沈战役的结束,11月6日淮海战役开始,中国人民解放军摧枯拉朽之势,使部分人加快了移民的步伐,移民中有一些是荣德生交往多年的亲友,如亲家华绎之、宋汉章,福新骨干王禹卿,私立江南大学文学院院长钱穆、上海银行行长陈光甫等。

学者易劳逸在《毁灭的种子》一书中如是描述:

大概早在1948年11月,随着经济的崩溃和共产党向南京和上海的步步逼近,失魂落魄似的逃窜已经开始。一些显赫的政界要人和富商大贾,携带着他们的家眷,纷纷夺路而去。看到那些到达香港、台湾、广州、澳门、汕头和桂林的人们,就像读一本《中国名人录》。其中有王云五、蒋鼎文、李石曾以及宋子文和孔祥熙的家底。在11月,大概有31000人通过基隆和台北机场来到了台湾;仅仅在这个月的一个星期中,就有50000人逃到了香港。接着在以后的几个月里,这个数字就直线上升。国民党政府对撤退也做过安排。12月1日,曾经通知各级官员可以预借二个月的工资,作为遣散他们家眷的经费,但是本人必须坚守工作。在上海,由于开出的船只早已被全部预订,所以在12月初,轮船招商局就宣布这个月没有多余的保留票了。结果,上海的不动产价格

---

① 荣鄂生:《思庵行年随录》,中共无锡滨湖区委宣传部、无锡市滨湖区档案史志馆编:《滨湖文库》第11册,广陵书社,2021年,第688页。

暴跌50%，因为在逃跑之前，老板们都急着要把能带的全带走。有些东西一时找不到买主，也只好拜托给外国人，当然主要是苏联人和捷克斯洛伐克人，请求用他们的名义帮助看管这些财产。因此，在金圆券改革的末尾，上海已经弥漫了悲观、失望和失败主义的情绪。①

同官员、文人跑路不同的是，企业家们因涉及机器、原材料、市场、厂房、仓库等事宜，移民时面临着更多的难题，由是他们财产转移起步更早。

早在1948年春，申新集团主要管理人荣鸿元开始作迁厂准备，除拆迁申一、申六、申七等厂机件运往香港、台湾外，荣鸿元还于香港设立大元纱厂，纱厂于8月开工生产，拥有纱锭2.5万锭。申新九厂所订购的美国机器也改变收货地，运往香港，10月2日，纬纶纱厂开工生产，开业时共有纱锭38600锭，工人1500名。申新九厂向纬纶纱厂转移了大量人力物力，首先是资金上向纬纶注资300万元；其次是技术设备上，从上海派遣100多名熟练的技术工人到纬纶协助生产，并将上海申新九厂的部分车床、纱车及其它设备运往纬纶；第三是人员配备上，由申九的核心人物之一吴昆生负责纬纶的运营。

申新一厂订购的外国机器和3万多纱锭，也改运香港，与美商在港合办南洋纱厂，装机2.5万纱锭。1949年2月，荣鸿元把上海鸿丰二厂出售，除偿还部分债务外，资金则全部留存香港。②

申新企业系统另外的主要管理人荣尔仁也在进行迁厂事宜的准备。申新二、五厂拆迁1.8万枚纱锭运往广州，与广东实业公司共建广州第二纺织厂，1948年7月开始正式生产。荣研仁（荣德生第五子）负责天元实业公司国外部，他在泰国与泰国政府及

---

① 易劳逸：《毁灭的种子》，江苏人民出版社，2014年，第179页。
② 李占才、张凝：《荣毅仁的父辈》，河南人民出版社，1993年，第287页。

泰商联合开办纱厂。① 申四、福五系统，也利用订购的机器在香港设立了九龙纱厂，拥有纱锭 2.5 万枚。申新企业在香港设立纱厂的纱锭数达到 11.36 万枚，"抽逃资金达 1000 万美元以上"。②

1948 年冬，许多有身份有地位的人面临是走还是留的选择，一些大学教授们聚众商讨，意见不能统一。在这一问题上，荣德生与几个儿子之间也发生了不可调和的矛盾。

荣德生大儿荣伟仁早逝，遗孀带着子女移民香港；二儿荣尔仁、三儿荣一心、五儿荣研仁都主张转移资产到境外；六儿荣纪仁已自杀；七儿荣鸿仁 22 岁，尚未成家立业，只有他和四哥荣毅仁愿意与父亲一起留在内地。

除了考虑有大量的土地、厂房等不动产无法转移外，荣德生与共产党之间历史上也没有什么恩怨，他"对国民党已经失望，对共产党提出的'发展生产、劳资两利'方针抱以希望，期望政权更替之后，未来能在无锡开设更多工厂，发展地方经济，服务家乡人民。"③ 综合各种考虑，有着强烈家国情怀、桑梓情结的荣德生认为选择留下绝对比跑路境外要好。

12 月 2 日，荣德生从无锡回到上海，"但闻公司中人一片离沪声，非香港即台湾或竟出国，纷纷攘攘，终日惶惶，几若大祸临头，并劝余去港。余力加劝阻，坚持镇定。'余非但决不离沪，并决不离乡，希望大家也万勿离国他往！'但言者谆谆，听者藐藐，仅宋汉章太太与李国伟老太太均听余言而中止。"④

荣尔仁、荣一心、荣研仁向来对父亲很敬重，可这次他们与父亲的观点完全对立，相互间发生了激烈争执，大家都动了

---

① 李占才：《十字路口：走还是留 民族资本家在1949》，山西人民出版社，2009 年，第 19 页。
② 上海市委统战部等编：《中国资本主义工商业的社会主义改造（上海卷）》，中共党史出版社，1993 年，第 1193 页。
③ 周孜正：《易代之际 荣德生的人生选择》，《中国民商》2017 年第 1 期。
④ 荣德生：《乐农自订行年纪事》，上海古籍出版社，2001 年，第 215 页。

情绪。

3日荣德生从家中去公司总部,想见久未谋面、刚释放归来的大侄荣鸿元,可鸿元已在几天前飞到台湾。在总部,"忽闻申三有拆锭二万运往台湾设厂之说,余初不置信,旋得悉确有其事,并拟乘余在沪,定初七(7日)装箱起运,余遂即日赶返无锡。至厂,果见正在拆运。余大加申斥,不准移动,已拆卸者装上,已下船者搬回。余表示决心留在祖国,生平未尝为非作恶,焉用逃往国外!当时虽有人劝余,政局不稳定,宜审慎考虑,为自己打算者,余不听。"① 在荣德生的阻挡下,申新三厂拆装上船的机器重新搬回厂房。

当时媒体公开报道了荣德生的人生选择:"时局紧张,人心不安之际,工业南迁之气甚嚣尘上,京宁沪沿线各厂准备南迁者甚多。惟工业巨子荣德生则坚决反对,认为搬迁结果,生产力量不但遭受打击,且原料人工诸问题,亦甚严重。本来申新厂方正准备以二万锭迁台设厂,经荣先生一再阻止,已打消此意。"②

正当父子间为走还是留闹得不可开交时,又传噩耗,12月21日在东南亚开拓市场的荣一心,乘坐的飞机在香港失事,机上35人全部遇难。

荣一心,"性温厚,体魁梧。幼就读荣巷公益小学,毕业后,即入荣氏自办之公益工商中学,会革命军兴,学校改组,一心先生昆季辈均于梅园读书处专攻国、英、算学科,课余即至申新等三厂工场实习。先生敏于学而慎于言,苦心精研纺织之学,渐有心得,遂求深造。民国十八年赴美攻读,入罗威尔大学。廿一年归国后,即主持申新三厂,德生委以全权。""先生鉴于国内工业人才之缺乏,无锡无大学之设施,毅然发起创办江南大学,承其

---

① 荣德生:《乐农自订行年纪事》,上海古籍出版社,2001年,第215页。
② 《荣德生反对工厂南迁》,《商报》1948年12月11日。

父德生老先生之意,择后管社山,于前年建新舍,置图书,办仪器,规模已具。今有教职员七十余人,学生两级四百余人。以私资办大学,而具识见者,求之国内,颇为罕见。"荣一心遇难时36岁,"先生之殁,其夫人华氏,无锡华艺珊先生之女公子,闻讯痛绝,遗有一子六龄,女六人,夫人怀孕待产。"①

荣德生长子荣伟仁,1939年死于鼻咽癌,时年33岁;而三子与六子都丧生于1948年。

"余迭遭三子之丧,痛摧心肺,抱痛西河,无以自解。昔曾文正攻太平军,于三河城及安庆之役,国华、贞干两弟均遭死难,由此知立功创业,必有牺牲。余所丧三子(伟仁、一心、纪仁),自其表面观之,或由于病,或殒于非命,或出于自戕,然溯其远因,皆为事业而死。余老年遇此逆境,万念俱灰。"②

刚刚创建不久的私立江南大学根基未稳,却逢学校灵魂人物荣一心命遽归西天,全校师生闻之莫不悲痛。12月24日,学校下半旗并全体素食哀悼荣一心,28日下午二时,学生自治会举行荣一心先生追悼会,全场四壁满悬挽联花圈,典礼于庄严肃穆中开始,校董代表薛明剑、副校长顾惟精、来宾荣汉成和全体师生参加,十分隆重。学生自治会主席李赐主持,全体静默志哀,继献花圈,请祭文,末由薛明剑报告荣一心先生生平事迹,语极沉痛,全场情绪异常悲伤。③ 荣尔仁荣毅仁荣研仁荣鸿仁四兄弟联名送来挽联,语及亲人们的哀伤:沪港间往来亦极平常可念高堂痛子独遭不测,云雾中驾驶原非易事谁无兄弟从今咸有戒心。

1948年终于过去了,这一年留给荣德生的是刻骨铭心的多灾多难:两个儿子英年夭折;众多亲人移民境外,从此天各一方,

---

① 华晋吉:《荣一心先生简传》,宗菊如、陈林荣:《中国民族工业首户——荣氏家族无锡创业史料》,世界华人出版社,2003年,第626页。
② 荣德生:《乐农自订行年纪事》,上海古籍出版社,2001年,第216页。
③ 戴月波主编:《江南大学纪事(1958—2017)》,南京大学出版社,2018年,第408页。

此生再也没有相见①；境内企业因资金与原料的流失而"失血"过多，陷入困境。

二、融入新时代

1949年4月23日无锡解放，5月27日上海解放，75岁的荣德生迎来了一个新时代。

中国人民政治协商会议第一届全体会议1949年9月21日至30日在北京举行，共有各民主党派、人民团体和无党派民主人士等单位的代表（含候补代表）662人，其中全国工商界正式代表15人，候补代表2人，他们是陈叔通、盛丕华、李范一、李烛尘、简玉阶、包达三、姬伯雄、周苍柏、俞寰澄、张絅伯、吴羹梅、巩天民、荣德生、王新元、刘一峰。

中国人民政治协商会议第一届全体会议代行全国人民代表大会的职权，代表们具有较高的政治地位。荣德生北洋时代担任过3年省议员、国民党时代也做过3年省临参会参议员，新政权建立后，党和政府给荣德生极高的政治荣誉，他不仅是政协代表，而且在这次会议上他还当选为第一届全国政协委员，时委员总数180人，无锡市只有他1人。

9月24日上午，记者访问了75岁高龄、因病未能出席人民政协会议的荣德生先生。

荣先生微笑着说："人民政协会议开幕了，全国各党派各界代表齐集一起，这是中国历史上空前的，人民可以真正出来讲话了。我是很兴奋地希望能参加这个会议的，可惜因为生了外症，加上气喘的毛病，所以不能出席了。"

申新三厂副厂长谈家桢先生补充道："这主要是荣先生在近九十天来身上生了一个疖子，最为肿大时有碗口那么样，现在虽

---

① 次子荣尔仁1950年曾回内地有几个月的短暂居留。

然已经在痊愈中,但究竟年纪大了,所以没有能去出席。"

荣先生说起,他虽然在病中,虽然医生嘱告要安静地休息,但他还是每天仔细地阅读报纸的。对于人民政协开幕时各位代表的讲话,他说:"毛主席的话再好没有了,他什么地方都为大众谋福利,这种精神真令人钦佩。"荣先生也说到了黄炎培先生的讲话中,有"民族工商业者变成新的柱子,参加建造新中国大厦"的这一段意思,他说:"我很同意,而且要很好地来做。"①

不久,上海《文汇报》记者黄裳来到荣德生住所,"一个清早,八点钟,我走进了巷子里的一黑漆门。眼前是一个小小的花园,一位头发几乎全白了的老先生,站在厅堂的走廊上。上身穿着白粗布的小褂,下面是灰士林布裤子,扎着裤脚管,一双布鞋,精神很好。房子里,从地上堆得高高的一包包用报纸包着的旧书。坐下来以后,他先谈了一些替大公图书馆买书和替另一个博物馆买些金石陶俑的事。这就是这位老先生的工作和消遣了。事实上,他还并不会放下他肩上挑着的那一副重重的担子。他可以随口报出他的纱厂里的造纱成本,电气占多少,原棉占多少,利息占多少,工资占多少,卖价多少,要贴多少,清楚得很。然而他的兴致仍旧是好的。这可以看得出,从他的有时激动的语气上看得出。"②

1945至1952年荣德生都住在无锡城内四郎君庙巷大女婿李国伟的房子,此房建于1930年。整个宅第坐北朝南,主楼面阔五间,高两层,仿西式砖混结构,另有门间、厨房、餐厅和附房,共计建筑面积672平方米。③ 它与现在的钱钟书故居相邻。

一年前荣德生赴镇江参加江苏省临参会会议,并陪同国民政府副总统李宗仁、江苏省主席王懋功、蒋介石之子蒋经国在无锡参观,一年后却不到北京出席会议,外界对此也有议论,视荣德

---

① 《荣德生畅谈对人民政协感想》,《苏南日报》1949年9月26日。
② 黄裳:《荣德生访问记》,《文汇报》1949年10月17日。
③ 无锡房屋产权监理处编:《无锡市名人故居》,凤凰出版社,2011年,第118页。

生立场有问题,对此荣德生在《乐农自订行年纪事》中曾有辩驳:"全国人民政治协商会议推余为委员,举行大会,余因病不克出席参加,殊为遗憾。或有疑为规避者,余亦不强辩,气血衰,精神坏,无力于此。专心维持事业,虽病不辍,责任所在,未能逶卸。人民参加新中国政权,为无上光荣,何必规避?"[1]

新社会劳资关系也有新变化,工人成为企业主人,老板被视为剥削者,荣德生在《乐农自订行年纪事》中叹道:"解放二月,人事纷扰,兴奋过度,浪费金钱,既不自爱,亦少爱人,视余若铜山金穴,盲呼盲从,不知进退,余心中烦闷,无法应付。"[2] 此种不尊重企业家的行为当时比较多见,"相当一部分职工不愿意再受老板的支使,例如有家店主要店内工友去发一封业务上的电报,一工友反过来质问他:'你脚生不生?'店主只好自认晦气。有些工人或店员则对老板颐指气使,老板的工资被职工扣发,连出门都要向职工请假。荣德生、盛康年等人的工资就被工人停发,理由是不见他们来厂工作。"[3]

在强调新社会工人翻身作主时,管理人员开始畏首畏尾,一些工人劳动态度变差,荣德生任总经理的申新三厂出现了管理上的新难题:

> 解放以后,大部分工人气度很大,生产情绪提高,但也还有一部分职工由于从长期的国民党反动统治压迫之下解放出来了,吐出了一口大怨气。他们对过去资本家以低价强买工人劳动、犯一点小规就被开除、减扣工资等无理行为或多或少带有报复情绪。而对发展生产、劳资两利政策的精神不够了解,因而产生"替资本家做工,不好一些也无所谓","现在解放了,一切劳动纪律可以不要遵守了"的错误观念;

---

[1] 荣德生:《乐农自订行年纪事》,上海古籍出版社,2001年,第223页。
[2] 荣德生:《乐农自订行年纪事》,上海古籍出版社,2001年,第223页。
[3] 杨奎松著:《中华人民共和国建国史研究1》,江西人民出版社,2009年,第356页。

另一方面，部分职员、管理人员过去以官僚态度去对待工人，遭到工人反对，现在他们不从改变过去那种错误态度、树立新的正确的态度着手做起，而采取了放任不管的做法。也有的人错误地认为"工人解放了，民主了，管理就不行了"，致使解放后在生产上有某些松懈散漫的现象。①

1949年10月1日中华人民共和国宣告诞生之时，华南西南西北等地尚未全部解放，国家支出浩繁。为了平衡财政收支、压缩通货发行数字，中央人民政府于12月2日通过发行人民胜利折实公债2亿分的决定，以私营工商业为主要发行对象。折实公债1分所代表的实物为：大米6市斤、面粉1.5市斤、白细布4市尺、煤炭16市斤，按时价计算。折实公债从1950年1月5日起在全国开始发行。经过广泛动员，行业认购，推销到户，无锡市购买公债1339100分，常州市410270分，镇江市121405分，扬州市137000分，徐州市325124分，南京市320000分，②无锡市所购买的公债数量超过了常州、镇江、扬州、徐州、南京市的总和，荣德生个人就购买了15万分（企业13万分，个人2万分），与之相对比，私立江南大学全校教职员工认购折实公债数字：计教授会464分，讲助会274分，职员会160分，工友会75分，学生会约20分，另沈立人副主委个人增购100分。③

在为国家做贡献的同时，荣家企业经营艰难。申新三厂"1949年7月以后，资金和原料不足的困难更形严重，出现了开工不足的现象。由于国营苏南建中贸易公司的扶持，供给了六千担原棉，才勉强度过了1949年下半年的困难。到了1950年三月份后，存棉用尽，困难更加严重。从每周开工六天六夜（十二班）降到五天五夜（十班），最后又降到四天四夜（八班），仍维

---

① 宋军：《解放后的申新三厂》，《纺织建设》第二卷第六期，1949年6月15日。
② 江苏地情网 http://jssdfz.jiangsu.gov.cn/szbook/slsz/mzdpgslz/index.htm。
③ 戴月波主编：《江南大学纪事（1958—2017）》，南京大学出版社，2018年，第417页。

持不了,甚至一夜达到库存棉花不够一天使用的程度。工人们经常站在申新桥上焦急地观看着有无棉船摇来。工人的工资到期发不出,伙食也是朝筹暮借。资本家在外欠债高达三十九万元,每天拆息最少要十件二十支纱,占到总成本的十分之一。申三的情况弄得像资本家说的那样,这个千疮百孔的烂摊子,已经到了无法维持的山穷水尽地步了。"①

在克服困难过程中,面对原申新骨干多在境外不归的新形势,荣德生对申新组织架构进行了重组,1950年5月8日,申新总管理处成立,申新总公司撤销,新的总管处设组织管理委员会(相当于董事会),荣德生任主席。总管理处实施收支、生产、业务、稽核、购料统一管理。这样申新各厂纳入了总管处的统一管理,各厂的权力实际上全部都交到了总管处的手中。

为帮助申新,1950年5月,人民银行曾向申新贷款100多亿元,作为流动资金。"其后因为生产上及检修上之需要,又陆续贷予巨款,前后共达900多亿"。②

得到政府帮助的荣氏企业市场竞争力不断下降,对政府的依赖性越来越强,荣氏在锡企业接受国家加工订货与自营的比例就能证明。

单位	1950(%)		1951(%)		1952(%)	
	自营	加工	自营	加工	自营	加工
申三	59.96	43.04	7.57	92.43	3.03	96.97
天元	75	25	10	90		100
茂新	85	15		100		100

(无锡市编纂组:《荣氏在无锡企业的社会主义改造》,《资本主义工商业的社会主义改造江苏卷下》,第24页。)

---

①《无锡市第一棉纺织厂厂史》,第198—199页,1964年刊印本,国棉一厂档案馆藏。
②《解放三年来的申新》,上海市档案馆藏,Q193—1—1233。

在政府的扶持下，20世纪50年代初期，荣氏企业经营情况有所好转，但仍存在相当大的困难。

五家荣氏企业1949—1952.6月的盈亏情况（单位：万元，折合现人民币）

单位	1949	1950	1951	1952年上半年
申三	−130	62.28	128.55	117.18
天元	−10.94	21.98	52.3	39.76
茂一、二	2.46	−23.68	−192.15	−282.16
开源	0.117	0.626	−17.94	

（无锡市编纂组：《荣氏在无锡企业的社会主义改造》，《资本主义工商业的社会主义改造江苏卷下》，第25页。）

1950年6月25日朝鲜战争爆发，党中央立即在全国推行土地改革，荣德生以他的政治敏感，明白土地改革非同寻常，7月26日他抱病出席了在上海召开的华东区军政委员会第二次会议，并在大会发言："解放后还是首次离开无锡，因为身体多病，这一年中北京全国政协开会也没有去，华东第一次会议也没有去，但这次华东会议是非去不可。我知道，土地改革是国家的一件大事，关系人民生活的改进、工商业的发展、新中国的建设，所以抱病要到上海出席的。一周间开会期中，仍旧因为身体支持不了，所以没有完全参加讨论，那是很惭愧的。"[1]

中华人民共和国成立后，无锡由一个小县城升格为市，并成为新设立的苏南行署所在地，一夜间，无锡政治地位超过"老前辈"苏州与常州。1949年苏南行署主任是管文蔚，副主任是刘季平、陈国栋，1950年底，经政务院批准，苏南行署增加了两位副主任——荣德生与钱孙卿，"各界闻讯，莫不振奋，这说明了今天苏南的人民政府邀请各民主党派、各界民主人士共同参加，已

---

[1]《荣德生副主席发言》，《苏南日报》1950年7月29日。

经在统战工作上提高了一步。"对这两位新晋升的"省级干部",党报记者进行了采访,"我一生只晓得办事业,发展生产,凡建设性的问题,我非常高兴计划,并且努力以赴。至于政治方面,却是外行了。何况目前气血不调和,身体太坏,脚里没有力,头常要昏眩;所以我听见了这个消息,非常不安。后来想想,现在的政府是人民的政府,在政府里做事,也就是为人民服务,那么同过去做官是不同的。所以只要我的身体好起来,当然要尽力地去做,和我办工业一样的精神"。①

年轻时,荣德生曾渴望有伯乐官员保举他进入官场,但未能成功;75岁时,荣德生为共产党所重视,平步青云,成为苏南行署副主任。《乐农自订行年纪事》虽有朱复康先生帮助整理,但遗憾的是也只记到1949年。

早在民国成立初年,荣德生就建议无锡拆城筑路,因阻力较大,此一设想未能变现。新政权建立后,雷厉风行,1950年3

无锡市拆城开工典礼

① 江峰:《荣德生钱孙卿访问记》,《晓报》1950年12月14日。

月，市政府组成拆城筑路指挥部，4月1日，于吉祥桥堍举行拆城筑路誓师大会。至1951年3月10日，古城墙全部拆除，拓建成8米宽的环城路。① 从拆城筑路这件工程上，荣德生就感受到共产党比国民党有更高的办事效率，更强的政治动员能力。

中国人民政治协商会议第一届全国委员会委员任期从1949年10月到1954年12月。1949年10月举行第一次会议，1950年6月举行第二次会议，1951年10—11月举行第三次会议，但荣德生因身体原因都没有赴京出席会议。

1952年1月起，一场针对工商界的"反行贿、反偷税漏税、反盗窃国家财物、反偷工减料""五反"运动在各地展开。中央与上海市领导对荣家还是采取保护政策。"上海市委于4月30日向中共中央汇报了此次对上层资本家宽大处理的根据及其情况：（一）守法户四十八人（占三百八十九人的百分之十四点九）。根据从宽处理的原则，其中大体可归纳为六类：（1）解放前对民主运动有贡献及解放后历次运动中表现积极者，如盛玉华、胡厥文（带头坦白自评为严重违法户）、黄延芳、市政府委员项叔翔、民建中委沈予揎及宁思宏等。（2）经营对国计民生有利的主要工业，工厂大、工人多、设备佳、技术好、生产丰、纳税多、作用大的或在解放后积累资金或自国外调回资本，运入机器，扩大设备积极者。……

荣德生父子虽在"五反"运动中平安着陆，但"'五反'运动后，人民政府和工人阶级已完全有可能控制资本主义工商业的局面，资本家实际上已丧失了控制企业的权力。"②

---

① 汪春劼：《无锡，一座江南水城的百年回望》（增订版），同济大学出版社，2021年，第30页。
② 罗平汉等著：《党史细节》，人民出版社，2011年，第204页。

三、斯人已去余音犹在

1952年7月25日,自知来日无多的荣德生向陪伴自己的最小儿子荣鸿仁(1926—2014)口授遗嘱:

> 余从事于纺织、面粉、机器等工业垂六十年,历经帝国主义、封建主义、官僚资本主义及反动统治的压迫,艰苦奋斗。幸中国共产党领导全国人民革命胜利,幸获解放,目睹民族工业从恢复走向发展,再由于今年"三反"、"五反"的胜利,工商界树立新道德,国家繁荣富强指日可期。余已年老,此次病症,恐将不起,不能目睹即将到来的工业大建设及世界和平,深以为憾!
>
> 毅仁、鸿仁要积极生产,为祖国出力;尔仁、研仁再不可滞留海外,应迅速归来,共同参加祖国大建设。毋违余志,是所至嘱。①

29日晨7点,荣德生生命画上句号。30日苏南行署机关报《苏南日报》刊载了《荣德生遗嘱》《荣德生副主任传略》与新闻稿《苏南人民行政公署副主任荣德生逝世》,"官宣"中写道:

> 荣氏为中国有数的大企业家,一生为发展民族工业而奋斗,创办了很多纺织、面粉和机器厂,对祖国的建设起了一定的作用。抗日战争中,日本帝国主义要和他"合作"经营,遭到了他的拒绝;无锡市解放前,国民党反动派要他迁厂到香港,他不答应。解放后,他眼看着新中国建设蒸蒸日上,非常高兴。在临终以前,他还嘱咐他的儿子荣鸿仁,要他的儿女们好好地为建设新中国服务。荣氏病逝的消息传出后,苏南人民行政公署管文蔚主任、钱孙卿副主任,都亲自

---

① 《口授遗嘱》,《苏南日报》1952年7月30日。

先后到荣氏寓所吊唁。

苏南人民行政公署管文蔚主任、钱孙卿副主任,亲自到荣宅吊唁并慰问荣氏家属后,回到苏南人民行政公署,就决定:一、发布荣副主任讣告;二、组织治丧委员会;三、定期举行追悼会;四、拨发治丧费三千万元(旧人民币——编者注)。

治丧委员会名单如下:主任委员:管文蔚;副主任委员:钱孙卿、张之宜、姚惠泉、冯晓钟;委员:曾山、冷御秋、刘先胜、周一峰、陆小波、顾风、荣毅仁、顾复生、包厚昌、刘国钧、金逊、吕炳奎、忻元锡、郑翔德、侯保三、夏佩白、庞甸材、范谷泉、陶叔南、陈品三、吴中一、杨同德、荣棣辉、萧宗汉。

治丧委员会已于昨日开始在无锡市四郎君庙巷开始工作。

治丧委员会名单除政府官员外,部分是荣德生的亲朋好友、荣氏集团的重要骨干。30日,中央人民政府政务院给苏南人民行政公署发来唁电:

苏南人民行政公署:惊悉荣德生副主任因病逝世,殊甚哀悼,特此电唁。政务院 七月三十日①

8月2日,荣德生大殓,从上海专程前来向先生作最后告别的有98人,地方友好及同事来吊者,共近千人。② 11日,苏南及无锡市各界在竣工不久的市人民大会堂公祭中国人民政协委员、华东军政委员会委员、苏南人民行政公署副主任、中华全国工商联合会筹备委员会委员荣德生。苏南人民行政公署主任管文蔚致悼词,他说:"荣德生先生是我们共产党的朋友,

---

① 《中央人民政府政务院唁电》,《苏南日报》1952年7月31日。
② 《薛明剑日记》,陈文源主编:《荣德生文论存稿类选》,古吴轩出版社,2015年,第32页。

他的事业遍中国。""荣德生先生的一生，是为开发民族工商业奋斗的一生。他是一个事业心很强的人，有和困难搏斗的精神，是一位爱国主义者，是一位民族工商业家。"

荣德生去世后，荣家亲属制作了铅印线装本小册子《荣德生讣告》。

8月13日晨8时，荣德生的棺木由市中心四郎君庙巷出发，由三班脚夫经西门、荣巷、须登堂进他一手打造的梅园，暂搁诵幽堂，子女均坐汽车前往。尽管那天并非假日，气温较高，但无锡万人空巷，为一位大实业家送最后一程，"邑中以解放迄今从未有仗仪出殡之举，德生先生后嗣虽力主简单，排道仅挽联花圈，军乐国乐外未加点缀，然沿路观者塞途矣……"①

人们感激荣德生为家乡所做的非凡贡献，他的企业曾使数以万计的民众有了生存保障，他打造的梅园给难以计数的人带来美的愉悦，他兴办的学校让众多的家乡弟子有了求学之所，他捐资建造的路桥方便了几代人的出行……

---

① 斯知非：《中国经济学界奇异的双子星》，上海三联书店，2011年，第215页。

后　记

　　这本书稿的问世开始让我相信真有天上掉馅饼的事。

　　2020年12月9日，我正在北京国家图书馆查阅资料，突然接到王振羽先生的微信电话，向我这个无名之辈约稿，完成中国近代实业家丛书的一本。

　　王先生是凤凰出版传媒的副总编，在下至今还未与他谋过面。至于如何与他成为微信好友，我这个健忘症患者已完全记不清了。王先生是朋友圈的高产者，每天都要转发多条有文化含量的博文并附上自己的精彩点评——其知识渊博、独具慧眼，常以简练文字对近当代名人间错综复杂的关系进行勾连，读罢我时有茅塞顿开之感。

　　在这个崇尚娱乐化的数字时代，出版行业困境重重，笔者对这本没有合约的书稿能否问世，心里是不抱多大希望的。可当2022年仲春突然收到拙作的校对稿时，实感惊喜莫名。

　　感谢王振羽先生予我的宝贵机会，当然也要感谢传主荣氏兄弟。作为中国最早一批实业家，他们怀着实业报国的雄心，在建立商业帝国的同时，也投身公益事业，架桥修路，造园办学，鄙人所供职的江南大学一直得到荣氏家族三代人的经费支持。荣氏家族既会聚财又会散财，既富于商业基因，也多家国情怀。

　　2020年不才在《绅商之道：荣德生的28个侧面》一书的后记中写道：

　　"现今的企业家传记都充满了赞扬甚至诏媚"（见周桦

《褚时健传》前言，中信出版社 2016 年），面对一代实业巨子荣德生，笔者写作时没有对他拔高，没有过度包装，更不做过度发挥，这同"行规"很不搭，在此只能对"荣迷"们说声抱歉了。德生一辈子都比较低调，他不喜欢站在"C"位，也许九泉之下的他能认可笔者的写作取向。

这本著作，在下一如旧往，不追求文学性故事性，而是秉着客观中性，以史料说话，去呈现传主的命运悲欢、人际网络、商业头脑、企业经营高光时刻的风采、至暗时刻的泪丧……

20 世纪 80 年代以来，改革春风吹拂神州，一大批企业家成长起来，从中我看到荣氏兄弟的影子，他们都有着实业报国的情怀，有着坚韧不拔愈挫愈勇的斗志；他们踏实勤奋，以工作为乐；他们聪慧，一直追随最新技术流变；他们喜欢冒险，敢于尝试新工艺新路线。正是因为涌现了成千上万的优秀企业家，我们这片苦难深重的大地才走出贫穷，告别短缺经济。关注中国企业家的人生历程，总结中国企业家的成败得失，其实是让当今与未来的企业家得到更多的历史借鉴，使中国的企业在全球商战中愈战愈强。我想这也是江苏人民出版社策划此一丛书的立意所在。

特别感谢陈文源先生，几十年来他呕心沥血，搜罗、比对、编辑、出版了几百万字的荣氏资料，这些基础性工作是学术研究的铺路石。此外本书还吸收借鉴了众多学界研究成果。

十分感谢江南大学人文学院的刘桂秋、史应勇、庄若江、蒋明宏以及马克思主义学院张云霞、高鸣、吕庆广、陈卫华、潘加军、章兴鸣、郑宇等老师，感谢浙江海洋大学伍大福教授，感谢汤可可先生、钱江先生、无锡市图书馆文史室的朱刚兄、孟明锋兄、章虹女士与江南大学图书馆的蒋新兄、顾烨青兄以及无锡博物院的阎智海友，感谢同济大学出版社陈立群兄，感谢江苏省社科院历史所叶扬兵所长，感谢南京理工大学陈钊博士，感谢荣巷古镇历史文化研究会荣华源会长，感谢设计学院代福平兄，感谢

《江南晚报》汪自力兄与《无锡日报》朱重阳兄，这些良师益友或贡献有价值的高见；或提出方向性建议；或给笔者提供线索；或帮我查阅资料，在此对他们致以衷心的谢意。曾任江南大学工会副主席的邱洪良先生忍着病痛通校书稿，减少了拙著的硬伤，其情其义我深为感念。

荣氏兄弟的企业同无锡商会有密切的互动，尤其是1949年荣德生曾深受无锡商会会长钱孙卿的影响，选择留下来建设新的中国、服务家乡无锡。本书得到国家社科基金一般项目："抗战后无锡商会档案的整理与研究（1945—1949）"（20BZS095，项目主持人：周孜正）的支持，特此说明。华南师范大学历史系周孜正兄为拙著修正提供了详细的方案，笔者受益匪浅。

本书责任编辑王翔宇先生以其精湛的编辑技艺与高度的敬业精神，不仅从文字上为拙著把关，且从出版的角度替拙著费神，他的艰辛付出使本书才有问世的可能，他是本书的幕后英雄，谨致诚挚的谢意！

2022年是荣德生去世70周年，2023年是荣宗敬先生诞辰150周年，谨以小书敬献给这两位有着大气魄大格局的实业家。

汪春劼

2023年1月8日于江南大学